# 古典文獻研究輯刊

## 初 編

曾 永 義 主編

## 第 24 冊

### 八仙人物故事考述

張 俐 雯 著

### 二郎神傳說研究

江 亞 玉 著

國家圖書館出版品預行編目資料

八仙人物故事考述　張俐雯　著／二郎神傳說研究　江亞玉
著 ── 初版 ── 台北縣永和市：花木蘭文化出版社，2010〔民
99〕
目 2+98 面／序 2+ 目 2+122 面：19×26 公分
（古典文學研究輯刊　初編：第 24 冊）
ISBN：978-986-254-386-3（精裝）
1. 民間故事　2. 神仙　3. 民間信仰　4. 通俗文學　5. 文學評論
539.596　　　　　　　　　　　　　　　　　　99018494

ISBN - 978-986-2543-86-3

9 789862 543863

古典文學研究輯刊
初　編　第二四冊　　　　　　　ISBN：978-986-254-386-3

八仙人物故事考述
二郎神傳說研究

作　　者　張俐雯／江亞玉
主　　編　曾永義
總 編 輯　杜潔祥
出　　版　花木蘭文化出版社
發 行 所　花木蘭文化出版社
發 行 人　高小娟
聯絡地址　台北縣永和市中正路五九五號七樓之三
　　　　　電話：02-2923-1455／傳眞：02-2923-1452
網　　址　http://www.huamulan.tw 信箱 sut81518@ms59.hinet.net
印　　刷　普羅文化出版廣告事業
初　　版　2010 年 9 月
定　　價　初編 28 冊（精裝）新台幣 45,000 元

# 八仙人物故事考述

張俐雯　著

## 作者簡介

　　張俐雯，東吳大學中文研究所博士，朝陽科技大學通識中心副教授。

　　曾獲數十次全國小說、散文、新詩類文學獎獎項。出版學術專著《時尚豐子愷：跨領域的藝術典型》與《近現代新編叢書述論》、《沈謙先生紀念文集》、《一生只愛你一回》、《眷村憶往》、《大墩文學獎》等合集。撰有豐子愷論文、書法論文多篇、「趣看豐子愷」影片；文學作品散見《笠》、《人間福報》、《國文天地》等。研究專注於現代文學、書法美學、文學與藝術、文化創意。教學上曾獲得朝陽科技大學全校優良教師獎。

## 提　　要

　　本書以八仙人物的組合經過與故事流變歷程為研究課題。八仙是：鐵拐李、鍾離權、呂洞賓、張果老、藍采和、何仙姑、韓湘子、曹國舅等八人。本書除了就此一神仙組合的人物生平、事蹟、傳說化的過程做一探討之外，還歷數八仙組合的每一階段其中分合的意義。

　　道教在八仙組合過程中，有相當重要的影響；而八仙信仰也反映了道教神仙信仰和修煉方術的轉變。本書有專章分析道教與八仙緊密的關係。

　　八仙組合定型於明朝萬曆年間的《八仙出處東遊記》，本書詳論其故事情節，並比較不同時代的八仙作品，剖析《八仙出處東遊記》呈現八仙人格化故事的成熟面貌，成為後代八仙故事衍化、生生不息的基礎。

# 目

# 次

# 第一章 緒 論

## 第一節 研究動機與範圍

### 一、研究動機

　　民國二年，北京大學的劉復、沈尹默先生聯合了錢玄同、沈兼士等人，發起了著名的北京大學歌謠徵集活動，正式將「不登大雅之堂」〔註1〕的民歌俗語，賦予文學的研究。而後，隨著民國九年「北京大學歌謠研究會」出版的「歌謠周刊」以來，民間文學的研究便蓬勃發展，至今猶然。

　　綜觀臺灣的民間文學研究狀況，近八十幾年來，亦呈欣欣向榮之勢。以研究內容為例，有王昭君、梁祝、牛郎織女、二郎神等的專門論著。其中有關八仙個人的研究，有呂洞賓、何仙姑、韓湘子等著作。〔註2〕然而，卻缺乏八仙故事的整體研究。本文試圖承續前有的基礎，釐清八仙此一神仙團體組合演合演進之脈絡，此為研究動機之一。

　　八仙傳說流傳極廣，不但早已跨越了民間文學的界線，更成為小說、戲劇、曲藝、電影、繪畫、雕塑等文藝創作的題材，可以說是家喻戶曉，深入

---

〔註1〕 見鄭振鐸《中國俗文學史》第一章：「俗文學就是不登大雅之堂，不為學士大夫所重視，而流行於民間，成為大眾所嗜好，所喜悅的東西。」，頁1。

〔註2〕 有關八仙的研究成果，有王年雙的《南宋文學中之民間信仰－呂洞賓傳說及其他》完成於民國69年；陳宇碩的《何仙姑故事研究》，完成於民國73年；陳麗宇《韓湘子研究》，完成於民國77年等三本碩士論文。陳玲玲的《八仙在元明雜劇和臺灣扮仙戲中的狀況》，是完成於民國67年的碩士論文，雖然是八仙整體的研究，然而僅限於戲劇上的探討。

人心。因此，八仙故事的確值得深入研究，此為研究動機之二。

在中國的道教文學中，八仙故事的內涵非常豐富。當其始創時，原來是道教吸收民間盛行的傳說人物進入自身的神仙系統，藉著文學的形式向民間廣泛傳播，由於人們不斷地添加、改造，使得八仙形象，傾向於現實性和人情味，和道教信仰中的神仙原貌略有距離。因此，分析八仙傳說的發展、演變，將有助於八仙故事的了解。此為研究動機之三。

## 二、研究範圍

八仙傳說源遠流長。唐、宋以前的筆記、仙傳中屢見記載，而且各說不一。至元明戲曲，在人物組合、形象上，漸趨於定型；直到明朝中葉《八仙出處東遊記》的完成，才確定八仙成員與故事情節，並為後世沿用迄今。因此，本文研究的範圍在時間上涵蓋唐、宋、元、明四代；依據的資料包括了仙傳資料、地理方志、筆記小說、戲劇——等等。

本書既定名為《八仙人物故事考述》首先必須界定「八仙」，係指《八仙出處東遊記》一書中第一回所云：「鐵拐、鍾離、洞賓、果老、藍采和、何仙姑、韓湘子、曹國舅。」〔註3〕中所確定之八位神仙；而「故事」則採較廣義的說法，指民間文學創作中，敘事散文作品總稱，〔註4〕如神話、傳說、小說、民間故事等。本論文的內容，在探討八仙故事的淵源、演變情形，尤重此一集團組合的形成與發展；對於八仙故事在發展成熟後所象徵的內涵、民俗學中的豐富意蘊、小說戲劇裡的象徵意義，因非本文主旨所在，只有俟諸他日了。

## 第二節　前人研究成果

由於八仙的故事在民間流廣甚廣，尤其是明朝中葉吳元泰所撰的《八仙出處東遊記》中，所描述的八仙過海故事，更是膾炙人口，使人津津樂道。因此，幾乎任何一本介紹民間神祇的通裕讀物都加以涵括，惟對論文的研究殊少助益。

---

〔註3〕見吳元泰《八仙出處東遊記》第一回〈鐵拐修眞求道〉語，頁1。
〔註4〕見天鷹《中國民間故事初探》中，分為：神話、傳奇、傳說、現實生活、故事類笑話等五種，頁14。

　　迄今爲止最具參考價值的學術論文，仍屬近年完成的三本碩士論文：王年雙的《南宋文學中之民間信仰——呂洞賓傳說及其他》、陳宇碩的《何仙姑故事研究》、和陳麗宇的《韓湘子研究》，專篇介紹三人，考證十分詳實。另有趙景深所撰的〈八仙傳說〉〔註5〕、浦江清〈八仙考〉〔註6〕兩篇專論，除了考證八仙傳說來源外，並有個人獨到的意見，具有一定的深度，足以啓發後來學者的研究方向。

　　關於近代的八仙研究，在一般道教著作中或多或少有提及，但很少有全面的、通盤的析論。因此，本書乃計劃對八仙組合作全盤性地探討，或可補前人之闕。

　　近人有關八仙的研究，仍有一些值得注意：

一、專書部份

　　如呂宗力、欒保群編《中國民間諸神》兩冊，其中收錄兩百餘則神祇，將八仙資料收入「壬編」中，表示其爲道教諸神中，在民間影響較大的神，在〈八仙〉條目下，有編者按語，頗可參考。〔註7〕另馬書田《華夏諸神》一書裡，也有八仙的探討，可作參考。〔註8〕劉守華撰《道教與中國民間文學》一書，闢有專章介紹八仙傳說；〔註9〕文史知識編輯部有《道教與傳統文化》，其中的〈八仙的來歷〉與郭立誠所撰的《中國人的鬼神觀》中〈八仙過海祝高壽〉兩篇文章，頗具參考價值。〔註10〕

二、期刊部份

　　如呂洪年〈略論八仙傳說〉〔註11〕、馬曉宏〈呂洞賓神仙信仰溯源〉，〔註12〕對八仙的形象都有析論。

　　本研究在這些期刊論文的闕引下，才得以尋覓出一較具體可行的方向，期就八仙傳說的形成與組合的完成做一探討。

---

〔註 5〕　見《東方雜誌》，第三十卷二十一號，頁 52～63。
〔註 6〕　見《清華雜誌》，第十一卷第 1 期，頁 89～136。
〔註 7〕　〈八仙〉條目見《中國民間諸神》下冊壬編，頁 901～959。
〔註 8〕　〈八仙〉條目見《華夏諸神》，頁 154～199。
〔註 9〕　〈八仙〉條目見《道教與中國民間文學》，頁 60～85。
〔註 10〕　〈八仙的來歷〉收於《道教與傳統文化》頁 232～239，〈八仙過海祝高壽〉收於《中國人的鬼神觀》頁 27～46。
〔註 11〕　見《民間文學論壇》，總號 15 期，頁 12～16。
〔註 12〕　見《世界宗教研究》，總號 25 期，頁 79～97。

# 第三節　研究方法與論文結構

　　本書以人物傳說的演變歷程與組合的過程為主要研究課題,故採以下兩種方法:一是歷史考證法,先就歷史中探索八仙究竟屬真實人物抑或虛構人物;再進一步追溯傳說人物神仙化的過程,來解釋他們被作家敷演成作品的基礎為何,這是屬於淵源學的研究範疇。〔註13〕

　　本書共分為六章:

　　首章為緒論,分為「研究動機與範圍」、「前人研究成果」與「研究方法」三個部分,並定義本論文所謂的「八仙」人名。

　　第二章則專就八仙此一神仙組合中人物的生平、事蹟、傳說化的過程做一探討。

　　第三章則就八仙組合中有關組合的階段,分項說明。

　　第四章由道道教神仙思想的發展與演變裡,分析道教與八仙的關係。

　　第五章則分析八仙故事的成熟期作品《八仙出處東遊記》一書的結構與內容,呈現八仙組合的具體內容。

　　第六章為結論。

---

〔註13〕參考《比較文學理論之影響研究》中〈淵源學的方法〉,頁245～252。

# 第二章　八仙成員考述

在「傳說學」的領域裡，「人物傳說」是重要的內容之一。其中，人們直接取材於歷史人物的事蹟予以敷演，或依據想像力而創造一些並非真實存在的人物，透過口述的方式，得以廣泛流傳、代代相承。這些人物傳說常常創造了許多人物的典型，八仙就是其中的一種。

本章以八仙成員為研究對象，「八仙」一詞取自將八仙人物組合並加以定型的《八仙出處東遊記》，該書第一回開宗明義所列出的八仙是鐵拐李、鍾離權、呂洞賓、張果老、藍采和、何仙姑、韓湘子、曹國舅。

八仙成員的傳說，從唐代以來，已經開始分別流傳。最早的是張果老與韓湘子，其次是藍采和，都是屬唐及唐末出現的人物；宋代文獻中則出現鍾離權、呂洞賓、何仙姑、曹國舅和鐵拐李。本章將逐一探討八人的傳說事蹟，在流傳演變的過程中，如何被後代文人所採納，成為文學的素材。由於八人出現的時間不一，在此僅以時間的先後做為分節的依據，分為「唐代出現的人物」、「宋代出現的人物」兩節來敘述。

## 第一節　唐代出現的人物

### 一、張果老

唐玄宗在晚年醉心道術，尤其重視術士或異人，見於記載的便有張果、吳筠、司馬承禎等，[註1] 其中張果的道術極高，頗受禮遇。他的事蹟在唐代

---

〔註 1〕張果、吳筠、司馬承禎等三人《舊唐書》皆有傳，張果見於《舊唐書》卷一

流傳頗廣，見於記載頗多，現今所見資料中最早的是劉肅所撰《大唐新語》，書中將張果附會成具有法術的隱者。但是，劉肅果真是張果故事的始創者嗎？這是個疑問。張果的傳說可能早在唐憲宗元和二年《大唐新語》成書前即已普遍流傳，〔註2〕直到劉肅，才將這個傳說用文字記載下來。

《大唐新語》中，有關張果的傳說記載頗為完整，卷十〈隱逸篇〉云：

張果老先生者，隱於恆州中條山，往來汾晉，時人傳其長年秘術。耆老咸云：「有兒童時見之，自言數百歲。」則天召之，佯屍于妒女廟前，後有人復於恆山中見。至開元二十三年，刺史韋濟以聞，召通事舍人裴晤馳驛迎之。果對晤氣絕如死，晤焚香啟請，宣天子求道之意，須臾漸蘇。晤不敢逼，馳還奏之。乃令中書舍人徐嶠、通事舍人盧重玄齎璽書迎之。果隨嶠至東都，于集賢院肩輿入宮，倍加禮敬，公卿皆往拜謁。或問以方外之事，皆詭對。每云：「余是堯時丙子年生。」時人莫能測也。又云：「堯時為侍中。」善於胎息，累日不食，時進美酒及三黃丸。尋下詔曰：「恆州張果先生，游方外者也。跡先高尚，深入窈冥。是混光塵，應召城闕。莫詳甲子之數，且謂羲皇上人。問以道樞，盡會宗極。今特行朝禮，爰申寵命，可授銀青光祿大夫，號曰通玄先生。」累陳老病，請歸恆州。賜絹三百匹，並扶持弟子二人，並給驛送至恆州。弟子一人放回，一人相隨入山。無何壽終，或傳屍解。〔註3〕

《大唐新語》的內容，主要是記錄唐武德初至大曆末士大夫的政治生活、著作活動等，四庫全書將它列於「子部」的「小說家類」，據《四庫提要》的說法是：「其書有乖史家之體例，今退置小說家類。」〔註4〕原因是它常常在歷史事實中加入許多傳說。但玄宗授張果銀青光祿大夫一事，在《舊唐書》中記載得很明確：

百九十一〈列傳〉第一百四十一，吳筠與司馬承禎俱見於《舊唐書》卷一百九十二〈列傳〉第一百四十二。

〔註2〕《大唐新語》共十三卷，前有自序劉肅稱：「元和丁亥歲序」，元和丁亥為憲宗元和二年，因此《大唐新語》的撰成時代不會晚於元和二年。書中分為三十門，皆取軼聞舊事有裨勸戒者，故《新唐書·藝文志》列入雜史類。傳說故事往往互相抄襲，張果傳說的創作始於何時何人，今日已難考索，如果依照傳說先簡後繁的原則，《大唐新語》的記載可能不是最早的傳說內容。

〔註3〕見《大唐新語》卷十〈隱逸篇〉。

〔註4〕見《四庫全書總目提要》卷一四○。

二月辛亥，初置十道採訪處置使，徵恆州張果先生，授銀青光祿大

夫，號曰通玄先生。〔註5〕

至於那篇詔書，亦收在《全唐文》卷二十三：

恆州張果先生，游方外者也。跡先高尚，深入窈冥。是混光塵，應

召城闕。莫詳甲子之數，且謂羲皇上人。問以道樞，盡會宗極。今

特行朝禮，爰申寵命，可授光祿大夫，號曰通玄先生。〔註6〕

可見《舊唐書》及《全唐文》的編者都相信歷史上有張果這個人。《大唐新語》
的記載中把「張果」的名字寫成「張果老」，後人以為「『老』字是人們對他
的尊稱，也因為他的模樣長得老，顯得歲數大」〔註7〕的緣故。自《大唐新語》
後，提及張果事蹟的便有「張果」、「張果老」兩種稱呼；〔註8〕至於「張果先
生」的「先生」稱謂，則是對道士的尊稱。

　　《大唐新語》記載張果的傳說，描述他有「長生秘術」、會「佯屍」、可
「累日不食」，這說明了他是個高明的道士，〔註9〕而「玄宗好神仙，往往詔
郡國徵奇異之士」，〔註10〕所以玄宗對他禮敬有加、授為大夫，在推崇道教的
唐朝來說是自然的事。

　　另外，成書於寶曆、大和年間的《國史補》也有〈張果老衣物〉條：

天寶末，有人於汾晉間古墓穴中，得所賜張果老敕書、手詔、衣服

進之，乃知其異。〔註11〕

這一條雖簡略，仍可印證《大唐新語》的記載。著成時間稍晚於《大唐新語》、
《國史補》的《次柳氏舊聞》一書，也記載了張果傳說：

玄宗好神仙，往往詔郡國徵奇異士。有張果者，則天聞其名，不能

---

〔註5〕見《舊唐書》卷八〈玄宗本紀〉第八。

〔註6〕見《全唐文》卷二三〈加張果封號制〉。

〔註7〕見馬書田《華夏諸神》，頁172。

〔註8〕例如宋賈善翔撰《高道傳》卷二〈張果〉條稱「張果」，《正統道藏》題張果
　　　所撰書亦為「張果」；著成時代約為唐宋間的《獨異志》卷下則言「張果老」，
　　　與元雜劇相同；而明吳元泰《八仙出處東遊記》同時出現「果老」（第一回）、
　　　「張果」（第二十回）兩種不同稱呼。

〔註9〕正史、野史筆記和道教仙傳中，記述道教徒擅長神通異能的事例不少，這些
　　　人物是由修煉氣功、內丹成就，表現出種種異能。張果的「長生秘術」是屬
　　　於延壽的異能，「佯屍」屬於變化的法術，「累日不食」則屬辟穀長壽的修煉
　　　法。

〔註10〕見王讜《唐語林》卷五。

〔註11〕見李肇《唐國史補》卷上〈張果老衣物〉。

致。上亟召之，乃與使偕至，其所爲變怪不測。又有邢和璞者，善算心術，視人投算，而能究知善惡夭壽。上使算果，懵然莫知其甲子。又有師夜光者，善視鬼。後召果與坐，密令夜光視之。夜光進曰：「果今安在？臣願得見之。」而果坐於上前久矣，夜光終莫能見。上謂力士曰：「吾聞奇士至人，外物不足以敗其中，試飲以堇汁，無苦者，乃眞奇士也。」會天寒甚，使以汁進果，果遂飲盡三卮，醺然如醉者，頹曰：「非佳酒也。」乃寢，頃之，取鏡視其齒，已盡燋且鱉矣。命左右取鐵如意以擊齒，盡墮，而藏之於帶。乃於懷中出神藥，色微紅，傅於墮齒穴中，復寢。久之，視鏡，齒皆生矣，而粲然潔白。上方信其不誣也。〔註12〕

《次柳氏舊聞》是武宗時宰相李德裕在文宗大和八年完成的作品。內容是記錄高力士所言玄宗宮中的事。原來是高力士把這些事告訴柳芳，柳芳傳其子柳冕，柳冕再告訴李吉甫，李吉甫傳子德裕，李德裕記載下來以成書。《四庫提要》說：「似非實錄，存以備異聞可也。」，〔註13〕因此也只能視爲雜史。然而《次柳氏舊聞》中，敷演了玄宗以邢和璞、夜光、堇汁三試張果的情節，將《大唐新語》中的傳說擴而充之，使得張果的故事具有玄妙的色彩，賦予張果傳說原始的面貌，留予後代文人想像與創作的空間，與民間傳說源源不絕的生機。

後來，成書於宣宗大中九年的《明皇雜錄》卷下所錄的張果傳說，幾乎和《次柳氏舊聞》完全相同，顯然受了後者影響。〔註14〕鄭處誨的《明皇雜錄》因襲了《次柳氏舊聞》之後，五代人修《舊唐書》、北宋歐陽修編《新唐書》，都收錄張果的傳說入〈方伎傳〉，也都取材於《次柳氏舊聞》張果的記載。

宋太宗時李昉編纂的《太平廣記》卷三十〈張果〉條引《明皇雜錄》、《宣室志》、《續神仙傳》三書云：

張果者，隱於恆州條山，常往來汾晉間，時人傳有長年秘術。耆老云爲兒童時見之，自言數百歲矣。唐太宗、高宗累徵之，不起。則天召之出山，佯死於妒女廟前。時方盛熱，須臾臭爛生蟲。聞於則

---

〔註12〕見李德裕《次柳氏舊聞》第六。
〔註13〕見《四庫全書總目提要》卷一四〇。
〔註14〕見鄭處誨撰《明皇雜錄》，書成於大中九年，記張果老事。晚《次柳氏舊聞》約二十一年。

天，信其死矣。後有人於恆州山中復見之。果常乘一白驢，日行數萬里。休則重疊之，其厚如紙，置於巾箱中。乘則以水噀之，還成驢矣。開元二十三年，玄宗遣通事舍人裴晤馳驛於恆州迎之，果對晤氣絕而死。晤乃焚香啓請宣天子求道之意。俄頃漸甦，晤不敢逼，馳還奏之。乃命中書舍人徐嶠齎璽書迎之。果隨嶠至東都，於集賢院安置。肩輿入宮，備加禮敬。玄宗因從容謂曰：「先生得道者也，何髮齒之衰耶？」果曰：「衰朽之歲，無道術可憑，故使之然，良足恥也。今若盡除，不猶癒乎？」因於御前拔去鬢髮，擊落牙齒，流血溢口。玄宗甚驚，謂曰：「先生休舍，少選晤語。」俄頃召之，青鬢皓齒，愈於壯年。是時公卿多往候謁，或問以方外之事，皆詭對之。每云：「余是堯時丙子年人。」時莫能測也。又云堯時爲侍中。善於胎息，累日不食，食時但盡美酒及三黃丸。玄宗留之內殿，賜之酒，辭以：「山臣飲不過二升，有一弟子，飲可一斗。」玄宗聞之喜，令召之。俄一道士自殿檐飛下，年可十六七，美姿容，旨趣淡雅，謁見上，言辭清爽，禮貌臻備。玄宗命坐。果曰：「弟子當侍立於側，未宜賜坐。」玄宗目之愈喜，遂賜之酒。飲及一斗，不辭。果辭曰：「不可更賜，過度必有所失，致龍顏一笑耳。」玄宗又逼賜之，酒忽從頂湧出，冠子落地，化爲一榼。玄宗及嬪御皆驚笑，視之，已失道士矣，但見一金榼在地覆之。榼盛一斗，驗之，乃集賢院中榼也。累試仙術，不可窮紀。乃下詔曰：「恆州張果先生，游方之外者也。跡先高尚，心入窈冥。久混光塵，應召赴闕。莫知甲子之數，自謂羲皇上人。問以道樞，盡會宗極。今則將行朝禮，爰申寵命，可授銀青光祿大夫，仍賜號曰通元先生。」未幾，玄宗狩於咸陽，獲一大鹿，稍異常者。庖人方饌，果見之，曰：「此仙鹿也，已滿千歲。昔漢武元狩五年，臣曾侍從，攸於上林時生獲上鹿，既而放之。」玄宗曰：「鹿多矣，時遷代變，豈不爲獵者所獲乎？」果曰：「武帝舍鹿之時，以銅牌志於左角下。」遂命驗之，果獲銅牌二寸許，但文字凋暗耳。玄宗又謂果曰：「元狩是何甲子？至此凡幾年矣？」果曰：「是歲癸亥，武帝始開昆明池。今甲戌歲，八百五十二年矣。」玄宗命太史氏校其長曆，略爲差焉。玄宗愈奇之。其後累陳老病，乞歸恆州，詔給驛送至恆州。天寶初，玄宗又遣徵召。果

聞之，忽卒。弟子葬之。後發棺，空棺而已。〔註15〕

《太平廣記》中此條引自三書，是否經過整理，不得而知，但已將《大唐新語》和《次柳氏舊聞》二書的張果傳說加以彙集並予補充。例如，它襲取《大唐新語》的文字作爲根本，再取《次柳氏舊聞》中有關「擊齒、生齒」的情節，進而補充了「張果騎白驢」、「弟子飲酒」、「獲鹿」諸事。《太平廣記》中所記載的張果傳說，可能是綜合了兩種以上的異說，經過選擇融合之後重寫出來。因爲傳說故事在流傳過程中，內容細節往往不是定於一尊，而是不斷地創造中。《太平廣記》收集了宋朝以前的傳說故事就常成爲後世取材的源頭了。

## 二、韓湘子

韓湘在兩唐書中並未被單獨立傳，其名字只見於《新唐書·宰相世系表》，〔註16〕至於他的生平事蹟則未有任何敘述。前此陳麗宇撰《韓湘子研究》論文曾把韓湘的生平勾繪出一個具體的輪廓。〔註17〕現在略述如下：韓湘，字北渚，〔註18〕他的父親是韓老成，爲韓愈的姪子，韓老成卒於貞元十九年，韓愈曾撰〈祭十二郎文〉以悼之。韓愈〈祭十二郎文〉有提及韓湘之處，〈祭十二郎文〉云：「汝之子始十歲，吾之子始五歲。」，由此推知，韓湘約生於貞元十年。

據《新唐書》戴其祖父韓介爲韓愈兄，〔註19〕則韓湘爲韓愈的姪孫輩。《諱行錄》載韓湘於穆宗長慶三年登進士第，〔註20〕當時韓湘及第後，攜詩訪姚合。其詩已佚，姚合的答詩今存。〈答韓湘〉詩云：

> 疏散無世用，爲文乏天格。把筆日不休，忽忽有所得。所得良自慰，
> 不求他人識。子獨訪我來，致詩過相飾，君子無浮言，此師應亦直。
> 但慮憂我深，鑒亦隨之惑。子在名場中，屢戰還屢北。我無數子明，
> 端坐空嘆息。昨聞過春關，名繫吏部籍。三十登高科，前途浩難測。
> 詩人多峭冷，如水在胸臆。豈隨尋常人，五藏爲酒食。期來作酬章，
> 危坐吟到夕。難爲間其辭，益貴我紙墨。〔註21〕

〔註15〕見《太平廣記》卷三十〈張果〉條。
〔註16〕見《新唐書》卷七三上。
〔註17〕民國 77 年有師範大學陳麗宇《韓湘子研究》碩士論文。
〔註18〕見《新唐書》卷七三上〈宰相世系表〉。
〔註19〕同註 18。
〔註20〕見洪興祖《韓子年譜》卷三。
〔註21〕見《全唐詩》卷五〇一。

這首詩提及韓湘累試不第，中舉時年已三十。據〈世系表〉載，湘其後累官至大理丞。〔註22〕

　　韓湘之父老成，與叔祖韓愈同由湘之祖母鄭氏撫養成人，二人年齡相近，感情甚篤。元和十四年春，韓愈以諫迎佛骨表事，貶潮州刺史，行至藍關時，韓湘由京師趕來同行，韓愈作〈左遷至藍關示姪孫湘〉詩云：

　　　　一朝封奏九重天，夕貶潮陽路八千，本爲聖明除弊事，豈將衰朽惜殘年。雲橫秦嶺家何在？雪擁藍關馬不前，知汝遠來應有意，好收吾骨瘴江邊。〔註23〕

這首詩是一首七律佳作，內容並無任何奇幻的色彩，但在日後卻被筆記小說加以引錄。

　　首先，唐段成式《酉陽雜俎》前集卷十九載有關韓湘的傳說云：

　　　　韓愈侍郎有疏從子姪自江淮來，年甚少，韓令學院中伴子弟，子弟悉爲凌辱。韓知之，遂爲街西假僧院令讀書。經旬，寺主綱復訴其狂率，韓遽令歸，且責曰：「市肆賤類營衣服，尚有一事長處。汝所爲如此，竟作何物？」姪拜謝，徐曰：「某有一藝，恨叔不知。」因指階前牡丹曰：「叔要此花，青、紫、黃、赤，唯命也。」韓大奇之，遂給所須，試之。乃豎箔曲，盡遮牡丹叢，不令人窺。掘棵四面，深及其根，寬容入座。唯齎紫曠、輕粉、朱紅，旦暮治其根。凡七日，乃填坑，白其叔曰：「恨較遲一月。」時冬初也。牡丹本紫，及花發，色白紅曆綠，每朵有一聯詩，字色紫分明，乃是韓出官時詩，一韻曰：「雲橫秦嶺家何在，雪擁藍關馬不前」十四字，韓大驚異。姪且辭歸江淮，竟不願仕。〔註24〕

其中的「疏從子姪」意思是指遠房的親戚，是否就一定指韓湘，這是不能確定的。《韓湘子研究》一文以爲：

　　　　其一，元和十四年韓愈貶潮州時，湘同往，是歲湘年二十七。而《酉陽雜俎》所載韓愈子姪染花之事，則在韓愈由潮州北歸之後，是時湘年已在三十上下，與段氏文中「年甚少」之疏從子姪相去甚遠。

　　　　其二，韓湘養育於韓愈，久居京師，自不應有遠從江淮投親之事。

〔註22〕同註18。
〔註23〕見《全唐詩‧左遷至藍關示姪孫湘詩》見卷三四四。
〔註24〕見《酉陽雜俎》前集卷十九。

〔註25〕

除了以上的理由外，元人陳櫟《定宇先生集》卷三〈題韓昌黎畫圖〉云：

> 後來好事因此詩所云，傳會謂湘有仙術，開頃刻花于牡丹上，現前
> 詩二句。按《唐史》及《諱行錄》，湘字北渚，擢長慶三年進士第，
> 官至大理丞，不聞其好仙也。〔註26〕

因此，歷史中記載的韓湘應無「染花」之事。在《酉陽雜俎》以前，並沒有
這樣的記載，但是在《酉陽雜俎》中提及「疏從子姪」即指韓湘，韓湘具有
法術會染花，已經成了後世敷演韓湘傳說最力之處了。段成式其書成於晚唐，
其內容雖「多詭怪不經之談，荒渺無稽之物」，〔註27〕但可資談助的地方非常
多，所以後人常常競相徵引。

有關韓湘其人的仙道化，較完整的資料見於杜光庭所輯的《仙傳拾遺》。
杜光庭是五代後蜀的道士，韓湘的傳說經過他的渲染後，成了一篇離奇的故
事，《太平廣記》也著錄在卷五十四〈韓愈外甥〉條。

《仙傳拾遺》卷四〈韓愈外甥〉云：

> 唐吏部侍郎韓愈外甥，忘其名姓，幼而落拓，不讀書，好飲酒。
> 弱冠，往洛下省骨肉，乃慕雲水不歸，僅二十年，杳絕音信。元
> 和中，忽歸長安，知識闃茸，衣服滓弊，形止乖角。吏部以久不
> 相見，容而恕之。一見之後，令於學院中與諸表話論，不近詩書，
> 殊若土偶，唯與小臧賭博，或廄中醉臥三日五日，或出宿於外，
> 吏部懼其犯禁陷法，時或助之。暇日偶見，問其所長？云：「善卓
> 錢鍋子。」試令爲之，植一鐵條尺餘，百步內，卓三百六十錢，
> 一一穿之，無差失者。書亦旋有詞句，以資笑樂。又於五十步內，
> 雙鉤草天下太平字，點畫極工。又能於鑪中累三十斤炭，支三日
> 火，火勢常熾，日滿乃消。吏部甚奇之，問其修道，則玄機清話，
> 該博眞理，神僊中事，無不詳究。因說小伎，云能染花，紅者能
> 使碧，或一朵具五色，皆可致之。是年秋，與吏部後堂前染白牡
> 丹一叢，云：「來春必作含稜碧色，內合有金；含棱紅間暈者，四
> 面各合有一朵五色者。」自劚其根下，置藥而後栽培之，俟春爲

---

〔註25〕見陳麗宇《韓湘子研究》碩士論文，頁21。
〔註26〕見陳櫟《定宇先生集》卷三。
〔註27〕見《四庫全書總目提要》子部小說類卷十四。

驗。無何潛去，不知所之。是歲，上迎佛骨於鳳翔，御樓觀之，一城之人，忘業廢食。吏部上表直諫，忤旨，出爲潮州刺史，至商山，泥滑雪深，頗懷鬱鬱，忽見是甥迎馬首而立，拜起勞問，扶鐙接轡，意甚懃懇。至翌日雪霽，送至鄧州，乃白吏部曰：「某師在此，不得遠去，將入玄扈，倚帝峰矣。」吏部驚異其言，問其師：即洪崖先生也。東園公方使柔金水玉，作九華丹，火候精微，難於暫捨。吏部加敬曰：「神僊可致乎？至道可求乎？」曰：「得之在心，失之亦心。校功銓善，黜陟之嚴，仿王禁也。某當日復當起居，請從此逝。」吏部爲五十六字詩以別之曰：「一封朝奏九重天，夕貶潮陽路八千。本爲聖朝除弊事，豈將衰朽惜殘年。雲橫秦嶺家何在？雪擁藍關馬不前，知汝遠來應有意，收好吾骨瘴江邊。」與詩訖，揮涕而別，行入林谷，其速如飛。明年春，牡丹花開，數朵花色，一如其説。但每一葉花中，有楷書十四字曰：「雲橫秦嶺家何在？雪擁藍關馬不前。」書勢精能，人工所不及，非神僊得道，立見先知，何以及於此也？或云：其後吏部復見之，亦得其月華度世之道，而跡未顯爾。〔註28〕

杜光庭的《仙傳拾遺》撰成年代爲五代後蜀，時間晚於《酉陽雜俎》，承襲之跡頗明顯。例如：《酉陽雜俎》中，韓愈族姪只會染牡丹花，《仙傳拾遺》中除了染花，還會「卓錢鍋子」（穿錢串子）；又有雙鉤草書的絕技，五十步內，能寫出「太平天國」四字；還能燒炭三十斤三天，保持火勢旺盛。另外，《酉陽雜俎》裡面把花上出現詩的情節放在韓愈被貶之後；而《仙傳拾遺》即將詩安排在韓愈貶官的前一年秋季種花時，暗示：「非神仙得道，立見先知，何以及於此也？」故事演進至此，韓愈外甥的仙道角色也就正式成立了。

在《酉陽雜俎》與《仙傳拾遺》中對於主角的描述，前者是「韓愈侍郎有疏從子姪」，後者爲「唐吏部侍郎韓愈外甥，忘其名姓」，都沒有説明是韓湘。直到北宋劉斧撰《青瑣高議》，除了採擷《仙傳拾遺》此一系列的傳説外，更進一步把故事坐實於韓湘身上：「韓湘，字清夫，唐韓文公之姪也。」〔註29〕而且首先題名「韓湘子」，把他視爲道教人物。至於韓湘「字清夫」，

---

〔註28〕《仙傳拾遺》卷四〈韓愈外甥〉條。

〔註29〕《青瑣高議》前集卷九〈韓湘子〉條，内文同於《仙傳拾遺》等書，文長不具錄。

出自《青瑣高議》，乃小說家言，不足徵信。〔註 30〕因此，《酉陽雜俎》一文，是韓湘傳說的最初線索，《仙傳拾遺》又把韓湘傳說添入道教色彩，《青瑣高議》明白揭示主角即韓湘，此後有關韓湘的傳說就不斷地演化與傳播了。

## 三、藍采和

正史中並無藍采和的事蹟，最早的記載見於五代南唐沈汾的《續仙傳》。《續仙傳》卷上第二云：

> 藍采和，不知何許人也。常衣破藍衫，六銙黑木腰帶闊三寸餘，一腳著靴，一腳跣行，夏則衫內加絮，冬則臥於雪中，氣出如蒸。每行歌於城市乞索，持大拍板三尺餘，常醉踏歌，老少皆隨看之。機捷諧謔，人問，應聲答之，笑皆絕倒，似狂非狂，行則振靴踏歌云：「踏踏歌，藍采和，世界能幾何？紅顏一春樹，流年一擲梭，古人混混去不返，今人紛紛來更多；朝騎鸞鳳到碧落，暮見桑田生白波，長景明暉在空際，金銀宮闕高嵯峨。」歌極多，率皆仙意，人莫之測。但將錢與之，以長繩穿，拖地行，或散失或不回顧；或見貧人即與之、或與酒家。周游天下，人有為兒童時見者，及斑白見之，顏狀如故。後踏歌濠梁間，於酒樓上乘醉，有雲鶴笙簫聲，忽然輕舉於雲中，擲下靴衫、腰帶、拍板，冉冉而去。〔註 31〕

沈汾在《續仙傳》序云：「自幼及長遊歷，凡接高尚所說，兼復積年之間，聞見皆明銘於心」，〔註 32〕於是成書三卷。細看這條仙話的記載，其中描摹細緻，頗類小說，然而卻是古籍中最早有關藍采和的記錄。藍采和的形象豐富生動：六條黑木裝飾的腰帶闊三寸，穿一隻靴子。而他「夏則衫內加絮，冬則臥於雪中，氣出如蒸」更與常人有異。據胡孚琛《魏晉神仙道教》說：「魏晉尚奇異，當時社會上發現有不畏寒熱的特異體質的人，人們便廣為傳頌，載入書籍。桓譚《新論》和曹植《辨惑論》皆對不寒不熱之道有所記述。例如魏明帝時河東的焦先，傳言冬天裸而不衣、入水不凍、處火不焦，文人將其事添枝加葉，傳為神仙。道教便以為這些人都是修道而成，並造出不寒不熱的法術，以此爭取道徒。」〔註

---

〔註 30〕傅璇琮《唐才子傳校箋》卷六〈韓湘〉有詳考。
〔註 31〕見《續仙傳》卷上第二。
〔註 32〕見《續仙傳》序。
〔註 33〕見胡孚琛《魏晉神仙道教》，頁 180。

33〕所謂「造出不寒不熱的法術」係指晉葛洪《抱朴子》內篇裡的「不寒不熱之
道」，〔註34〕藍采和的行徑與此類似。

　　另外，他乞索的情形也饒富趣味。當他乞索時，手持著用以擊節調節樂曲
的木片（拍板），邊走邊唱，乞錢維生。所謂「踏歌」是民間歌舞的形式，不但
踏地而歌，有時還伴有舞蹈動作，〔註35〕藍采和唱歌的內容頗有出世的意味，
乃出自南唐隱士陳陶所作。〔註36〕而浦江清亦以爲藍采和名字的由來也源出於
這首道曲，〔註37〕並非他的眞名。那麼，他的眞名與籍貫是什麼？元雜劇《漢
鍾離度脫藍采和》說：藍采和是個伶人，藝名藍采和，他的原名是許堅，字介
石，唐末盧江人，後爲鍾離權數次點化，引渡成仙。〔註38〕許堅確有其人，《南
唐書》有傳，《江南餘載》則有簡略記載：「許堅，字介石，盧江人，有異術，
嘗往來盧阜茅山間；李璟時，以異人召不至，後不知所終。」〔註39〕傳中並沒
有許堅爲伶人的記錄，而且許堅卒於北宋景德中，與南唐時《續仙傳》所說藍
采和最後飛昇的時間不能相扣，因此元劇可能只是將兩者附會，敷演成戲劇。

　　成書於北宋初的《太平廣記》也收錄了《續仙傳》的全文，此後有關他
的傳說多承襲以上說法，似無太大的更動。

# 第二節　宋代出現的人物

## 一、鍾離權

　　正史中並沒有鍾離權的記載，《宋史》中曾出現過「鍾離先生」，但是鍾
離權則未必是這一位「鍾離先生」。《宋史·王老志傳》云：

> 王老志，濮州臨泉人。事親以孝聞。爲轉運小史，不受略謝。遇異
> 人於丙中，自言吾所謂鍾離先生也，予之丹，服之而狂。遂棄妻子，
> 結草廬田間，時爲人言休咎。〔註40〕

〔註34〕晉葛洪《抱朴子》內篇卷十五〈雜應篇〉。
〔註35〕見《中國風俗辭典·踏歌》條，頁681。
〔註36〕見龍袞《江南野史》卷八。
〔註37〕見浦江清的《八仙考》一文：「『藍采和』三字有音而無義，大概如漢樂府『妃
　　　　呼豨』之類，後人不解，以人實之。」，頁106。
〔註38〕見《全元雜劇》三編五冊《漢鍾離度脫藍采和》。
〔註39〕見鄭文寶《江南餘載》，景印文淵閣四庫全書，史部載記類卷六十六。
〔註40〕見《宋史》卷四六二，〈列傳〉第二二一。

王老志是北宋一位著名的道士，曾由徽宗賜號「安泊處士」。〔註41〕徽宗熱衷道教，在政和三年寵信道士王老志，王老志自稱遇到「鍾離先生」授予內丹，於是棄家成爲知名的道士。「鍾離」是複姓，這裡並無名字，因此「鍾離先生」只能視爲王老志遇到的一位異人而已。

另外一種說法是：王老志遇到的即是鍾離權。自唐末以來，道教的內丹學說興起，到了北宋愈益盛行，取代了外丹學說，於是內丹的著述也應運而生。內丹的修煉必依賴師傳，而師傳的方法，僅作個別丹訣密傳，師徒相承必有其源，而宋代的內丹學，其師派多數溯源於鍾離權、呂洞賓，尤其是主要流傳於南宋的金丹派南宗，自稱承襲了鍾離權、呂洞賓的學術。南宋末年，李簡易所撰的《玉谿子丹經指要》卷首有〈混元仙派圖〉，其中列出了鍾呂一系從上古到南宋的傳承譜系，如鍾離權所傳的第一代有呂洞賓、王老眞人、陳朴等人，〔註42〕寫鍾離權所傳弟子中有王老眞人，《中國道教史》則說：「王老眞人，當即北宋末名道士王老志」，〔註43〕這也是一種推測之辭，如果按照這種說法的話，鍾離權在徽宗時還有活動。〔註44〕

除了《宋史·王老志傳》中不確定的記錄外，在一般的筆記裡，有一些關於鍾離權的記載。這些筆記約作于北宋中，可以知道當時已經有鍾離權的事跡流傳，但是鍾離權傳說的出現不會早於北宋。《太平廣記》成書於宋初，收集宋以前的野史傳記小說諸家之作，舉凡軼聞瑣事俱在其中，但是並無鍾離權的記載。關於鍾離權的事跡，北宋的筆記有江少虞所撰《事實類苑》中的一則。《事實類苑》搜集北宋的朝野遺聞，卷三十五〈鍾離權〉條云：

邢州開元寺一僧院壁，有五代隱士鍾離權草詩二絕。〔註45〕

南宋計有功《唐詩紀事》也有類似的記錄：

邢州開元寺有唐鍾離權處士二詩。〔註46〕

以上兩則都視鍾離權爲隱士，但時代有別，一爲唐代、一爲五代。而鍾離權

---

〔註41〕《續資治通鑑》卷九一，〈宋紀〉〈徽宗〉條云：「辛巳，詔濮州王老志賜號安泊處士。」
〔註42〕見《玉谿子丹經指要》卷一，收於《正統道藏》洞眞部方法類稱字號。
〔註43〕見任繼愈編《中國道教史》，頁537。
〔註44〕同註41，〈宋紀〉〈徽宗〉條云：「九月，辛卯，召王老志赴闕。丁酉，封爲洞微先生。」是王老志極受徽宗崇敬，依他的年紀推估，應在神宗朝已有活動，如此的話，則鍾離權起碼於宋神宗朝尚在世，可信度極低。
〔註45〕見江少虞《事實類苑》卷三十五。
〔註46〕見計有功《唐詩紀事》卷二十。

是否真有留詩，也頗令人懷疑。〔註47〕

葉夢得《巖下放言》二卷，其中記載呂洞賓事，提及鍾離權。《巖下放言》卷中云：

> 世傳神仙呂洞賓，名嵒，洞賓其字也，唐呂渭之後。五代間從鍾離權得道。權，漢人，不老；自本朝以來，與權更出沒人間。權不甚多，而洞賓蹤跡數見。好道者每以爲口實。〔註48〕

此條資料顯示：鍾離權是漢朝人，在五代時傳弟子呂洞賓，且偶與呂洞賓在北宋活動。這裡將鍾離權的時代說成漢朝人，自漢迄宋，至少有七百多年，時代相隔太遠，這個記載自然無足探信，但是卻成爲後人附會的線索。

北宋《宣和書譜》的記錄比較詳細，卷十九云：

> 神仙鍾離先生，名權，不知何時人。而間出接物，自謂生於漢，呂洞賓於先生執弟子禮，有問答語及詩成集。狀其貌著，作偉岸丈夫，或峨冠紺衣、或虯髯蓬鬢，不冠巾而頂雙髻。文身跣足，頎然而立，睥睨物表，眞是眼高四海而游方之外者。自稱「天下都散漢」，又稱「散人」。〔註49〕

這則記載是在前面一條的基礎上發展起來的，其中所述的「有問答語及詩成集」，值得我們注意。因爲文中除了強調呂洞賓師承鍾離權外，更謂彼此間有語言的記錄，似乎說明鍾離權的存在具有眞實性；其中栩栩如生地描繪他的外貌，頗符合「天下都散漢」、「散人」的自號。

《宣和書譜》謂鍾、呂二人「有問答語」，「問答語」應該是指《道藏》所收的《鍾呂傳道集》。《道藏》洞眞部方法類有《修眞十書》，其中有《鍾呂傳道集》。〔註50〕《鍾呂傳道集》共十八篇，內容論眞仙、大道、天地、日月、四時、五行等，採問答方式構篇，即鍾離權與呂洞賓兩人，彼此一問一答的紀錄。《道藏提要》中說：「是書乃是唐宋間最有系統的內丹撰述，鍾、呂金丹派教義之宗源。」，〔註51〕胡應麟《少室山房筆叢》卷四十四〈玉壺遐覽〉三亦考辨此書撰者並不確定，很可能是托名唐人施肩吾之作，〔註52〕因此眞

〔註47〕胡應麟《少室山房筆叢》以爲乃好奇者託附其名而作，見卷四十四玉壺遐覽三。

〔註48〕見《巖少放言》卷中。

〔註49〕《宣和書譜》卷十九。

〔註50〕《鍾呂傳道集》收於《正統道藏》洞眞部方法類《修眞十書》內。

〔註51〕見任繼愈編《道藏提要》，頁193。

〔註52〕見胡應麟《少室山房筆叢》卷四十四玉壺遐覽三。

實性不高。

　　以上資料都指出鍾離權大約與呂洞賓同時，關於他的傳說，時間約起源於唐末到北宋期間。《嚴下放言》與《宣和書譜》是今天所見最早記錄鍾呂授受之說的，因爲有了這一層師徒的關係，使他們成爲宋朝內丹派的祖師之外，還共同加入了八仙的行列。

　　「鍾離權」一名見於宋朝的文字記載，但自元以後，卻出現了「漢鍾離」的說法，如馬致遠的雜劇《呂洞賓三醉岳陽樓》有「漢鍾離現掌著群仙錄」〔註53〕句。「漢鍾離」的說法來源有二：一是傳說他就是漢朝的大將，〔註54〕二是由「天下都散漢」這句話而來。〔註55〕傳說在流傳的過程中，不可免的會隨著時空的不同而產生變異性，姓名也有混淆的情形，鍾離權就是一例。

## 二、呂洞賓

　　在八仙的成員當中，呂洞賓的傳說故事最多，影響的層面也最廣。近人研究呂洞賓的成果頗爲可觀，〔註56〕而根據這些研究成果也易於瞭解呂洞賓傳說的形成。

　　檢視古籍中出現呂洞賓的文獻甚多，例如各種筆記、野史、《道藏》中記錄極爲豐富，是八仙的傳說故事最多的一位。金元以來盛行的全眞道奉他爲「北五祖」之一，〔註57〕元代又封其爲「純陽演政警化孚佑帝君」，乃由於傳說的流行，使得全眞教加以吸收融入道教信仰中。

　　由於呂洞賓傳說豐富，以下採取兩個方向來探討，即：一、呂洞賓的年代。二、宋朝時期呂洞賓傳說的特點。

---

〔註53〕見明臧懋循編《元曲選》上冊，頁630。

〔註54〕見明《列仙全傳》卷三，文中有「仕漢爲大將」一句，後人遂傳爲「漢鍾離」。收入《中國民間信仰資料彙編》，頁229。

〔註55〕見《宣和書譜》卷十九，文中有「天下都散漢」一句，後人將「漢」字與「鍾離」連讀，成爲「漢鍾離」。

〔註56〕例如浦江清的〈八仙考〉，收於《清華學報》第十一卷第1期；邱希淳〈論呂洞賓傳說在宋元間的興盛〉，收於《民間文學論壇》總號第31期；以及馬曉宏〈呂洞賓神仙信仰溯源〉，收於《世界宗教研究》總號第25期；69年有政治大學王年雙的碩士論文《南宋文學中之民間信仰—呂洞賓傳說及其他》。

〔註57〕《金蓮正宗記》中五祖爲王玄甫、鍾離權、呂純陽、劉海蟾、王重陽，爲全眞教徒敘述師承之說。

### （一）呂洞賓的家世

呂洞賓在正史中並未被單獨立傳，然名字曾出現在《宋史》一次，〔註58〕至於他的生平事蹟則未有任何敘述，因此無法確定其人的眞實性。然而，由於宋代的傳說記錄均指證歷歷，甚至勾繪出一個具體而清晰的輪廓，使得後人相信確有其人。其說見於《岳陽風土記》、《巖下放言》、《事實類苑》諸書。北宋中葉，范致明所撰《岳陽風土記》卷四十五〈呂先生〉條云：

> 先生名巖，字洞賓，河中府人，唐禮部尚書渭之孫，渭四子：溫、
> 恭、謙、讓，讓終海州刺史，先生海州出也。會昌中，兩舉進士不
> 第。〔註59〕

說呂洞賓約生於晚唐五代間，籍貫是河中府，後人遂採信並以爲依據。而葉夢得所撰《巖下放言》，也有非常相近的記載。《巖下放言》卷中云：

> 世傳神仙呂洞賓，名巖，洞賓其字也；唐呂渭之後，五代間從鍾離
> 權得道。〔註60〕

另外，江少虞《事實類苑》卷四十五則有類似的說法，〈呂先生〉條云：

> 洞賓自言呂渭之后。渭四子：溫、恭、謙、讓，讓終海州刺史，洞
> 賓系出海州房。〔註61〕

綜合上述，呂洞賓出生於「海州」，即今江蘇省東海縣南。他的籍貫是「河中府」，唐代河中府的行政區域是今天的山西省永濟縣，位黃河中游。據說他是禮部尙書呂渭的的後代，而呂溫曾於德宗貞元十四年進士及第，並撰有詩集《呂衡州集》十卷，〔註62〕因此可以算是仕宦之家，因爲家學淵源，所以呂洞賓也在晚唐武宗時應試科舉，來求取功名，可惜兩次均不第。

由以上的記載，很難肯定他實際上是存在過的，因爲這些文獻記載的是北宋的軼聞逸事，可以反映當時的呂洞賓傳說，是將他附於唐朝的名門之後，雖然這種說法有學者作過考證，認爲可信度很高；〔註63〕但是，大部份的研

---

〔註58〕 見《宋史‧陳摶傳》：「關西逸人呂洞賓，有劍術，百餘歲而童顏。步履輕疾，頃刻數百里，世以爲神仙，皆數來摶齋中，人咸異之。」有人據此以爲呂洞賓實有其人，浦江淸《八仙考》文中說明〈陳摶傳〉實採道家之言，可信度不高。〈八仙考〉，收於《淸華學報》第十一卷第1期，頁116。

〔註59〕 見《岳陽風土記》卷四十五。

〔註60〕 見《巖下放言》卷中。

〔註61〕 見《事實類苑》卷四十五。

〔註62〕 見《呂衡州集》，四部叢刊本。

〔註63〕 見向達《唐代長安與西域文明》附錄〈大秦寺略記〉，頁107；另岑仲勉〈景

究成果，都採用了較為折衷的講法，即對呂洞賓的存在保持懷疑，但是又無法證明他根本就出於文學的創造，歷史上無其人其事。他們舉出的理由有：《太平廣記》對宋以前的神仙異人收羅很廣，連呂渭、呂溫、呂恭等人都在其中，怎麼反而沒有記載「世傳神仙」呂洞賓？晚唐杜光庭的《神仙感遇傳》、《錄異記》，五代末南唐的沈汾《續仙傳》都屬重要的仙傳，也沒有收入，直到北宋初呂洞賓才突然出現，因此就把這種現象視為不可理解。〔註64〕

事實上，「傳說」形成的途徑之一，可能是在民間口耳相傳，而後經過文人之手加以採集記錄，由於它不像一般書面文學一開始就寫定的性質，因此，在流傳過程中，內容會隨著時間的推移而不斷增衍、變化，而有不同的內容與結構。〔註65〕所以呂洞賓的傳說生成時間，可能是在北宋以前，甚至在晚唐五代間。因為，上述可資引證的資料，儘管出在北宋，但是它們都是經過文人加工過的一種書面記載，而這樣的記載，必須以傳說在民間比較廣泛的流廣為前提，所以它的形成要比記載的時期更早一些。

## （二）宋朝時期的傳說

唐代及唐代以前的道士或得道之人，大多自幼好道，或得神仙異人的接引，終成高道或神仙。一般的道士或傳說為神仙的人物，大多沒有初習儒業，舉進士不第的經歷，而呂洞賓卻是其中一個異數。他兼讀儒書，習禪法，修方術，甚至救助貧弱，這些作為固然與當時的道教思想有關，〔註66〕也與文人的推動創造有關。在北宋時期，呂洞賓的傳說豐富而龐雜，此處限於篇幅，分為三點說明。

### 1、籍　貫

今天所見記載呂洞賓為「關右人」的文獻，以北宋末年阮閱輯的《詩話總龜》為代表。《詩話總龜》共輯錄近二百種詩話、筆記中的資料，加以分類匯編整理而成。其中引述《雅言雜載》云：

> 呂仙翁，名嵒，字洞賓。本關右人，咸通初，舉進士不第，巢賊為

教碑書人呂秀嚴非呂嚴〉一文，收於《史語所集刊》冊八。
〔註64〕見浦江清的〈八仙考〉，邱希淳〈論呂洞賓傳說在宋元間的興盛〉，王年雙的碩士論文《南宋文學中之民間信仰－呂洞賓傳說及其他》皆本此說。
〔註65〕見老彭《民間文學漫話》，頁22～23。
〔註66〕見任繼愈主編《中國道教史》上冊說：「內儒外道的道士無形中使道教滲入了更多儒家思想入世的內容，這種結果造成的影響，近一點說使北宋道教更多地向儒、釋二教靠攏，遠一點說，為南宋道教全真派的形成準備了條件。」，頁481。

梗，攜家隱於終南山，學老子法。絕世辟穀，變易形骸，尤精劍術。

今往往有人於關右途路間，與之相逢，多不顯姓名，以其舉動作，

異於流俗，故爲人所疑。〔註67〕

《雅言雜載》一書未見書志著錄，今已不傳。此處按照呂洞賓的名字、本籍、生平事蹟、學道經歷，鋪排出一種紀傳體的框架，印證他是一位確存的眞實人物。其中，他的籍貫與一般的「河中府」說法有異，指出他是「關右人」。關右是指函谷關以西之地，即關西；據王年雙考證，以爲「關右縱非呂洞賓籍貫所在，但初期傳說，亦當在此。惟河中府之說，牽涉『呂渭之後』一語，是較爲後人所採信」。〔註68〕

北宋有關呂洞賓的籍貫說法約有「河中府」、「關右」兩種記載，而這些紛紜的說法在「岳州石刻」出現後，便趨於統一了。

「岳州石刻」的記錄見於南宋初年吳曾《能改齋漫錄》的記載。書中卷十八〈呂洞賓傳神仙之法〉條云：

呂洞賓嘗自傳，岳州有石刻云：吾乃京兆人，唐末累舉進士不第。

〔註69〕

「京兆」指陝西省長安縣西北，唐宋爲「京兆府」。這種說法被後世引用，取代了原有說法。馬曉宏解釋爲：「因呂自傳，似比他人所記更具權威性」，〔註70〕可作爲參考。

### 2、地方風物傳說

南宋的呂洞賓傳說極具特色的一點是：與地方風物（岳州）結合，產生新的傳說故事。其中故事的內容顯示：構成日後呂洞賓傳說基礎的情節業已初步形成。

何謂「地方風物傳說」？這是屬於民間傳說的分類之一，通常是由兩部份組成，一是傳說的對象物，一是具體的故事。〔註71〕道教信仰和風物傳說的產生、流傳有密切的關係，通常都伴隨著一組成仙得道的故事，遂使這些

〔註67〕見《詩話總龜》卷四十四，四部叢刊本。

〔註68〕王年雙以爲：此篇作關右，與隱於終南有關。見王年雙的碩士論文《南宋文學中之民間信仰－呂洞賓傳說及其他》，頁11。

〔註69〕見吳曾《能改齋漫錄》卷十八〈呂洞賓傳神仙之法〉條，景印文淵閣四庫叢書，子部雜家類。

〔註70〕見馬曉宏〈呂洞賓神仙信仰溯源〉一文，收入《世界宗教研究》，頁85。

〔註71〕見王德有、陳戰國主編《中國文化百科·傳說》條，頁338。

風物染上了仙道的遺跡及傳說。〔註72〕

「岳州」是唐宋行政區域名，在湖南省北部，岳陽樓爲其府城西門的門樓。岳陽樓俯瞰洞庭，煙波浩瀚，景色萬千。《岳陽風土記》曾說：「唐中書令張說除守此州，每與才士登樓賦詩，自爾名著。」，〔註73〕後來到了北宋仁宗慶曆五年，滕子京謫守巴陵郡時，重修岳陽樓，而岳陽樓的名聲自此益振。北宋末，有一些文字記載了呂洞賓與岳陽有關的傳說，挹注岳陽樓不少詩情畫意。茲舉葉夢得《巖下放言》爲例，卷中云：

> 余記童子時，見大父魏公，自湖外罷官，還道岳州，客有言洞賓事者云：近歲常過城內一古寺，題二詩壁間而去。其一云：「朝由岳鄂暮蒼梧，袖有青蛇膽氣麤，三入岳陽人不識，朗吟飛過洞庭湖。」，其一云：「獨自行時獨自坐，無限時人不識我，惟有城內老樹精，分明知道神仙過。」說者云，寺有大古松，呂始至時，無能知者，有老人自松巔徐下致恭，故詩云然。先大父使余誦之。後得李觀所記洞賓事，與少所聞正同。〔註74〕

另范致明《岳陽風土記》有相關記載云：

> 岳陽樓上有呂先生留題云：「朝由岳鄂暮蒼梧，袖有青蛇膽氣麤，三入岳陽人不識，朗吟飛過洞庭湖。」今不見當時墨跡，但有刻石耳。
>
> 〔註75〕

葉夢得生於宋神宗熙寧十年，因此傳說約盛於元豐、元祐年間，自此後，岳陽樓屢經興廢，現存主樓爲清末重建，卻仍然保留了二樓的「呂祖神像」與樓右的「三醉亭」。《巖下放言》中所載二詩姑且不論是否眞屬呂作，〔註76〕後人蒐集這些所謂的題詩，編爲兩卷《呂岩詩》，〔註77〕於是他的形象漸漸帶有文人儒士的特徵，後來在南宋即附會他是唐沈既濟小說〈枕中記〉中的「呂翁」，〔註78〕雖然《能改齋漫錄》已辨明，但傳說仍按自身特性發展，讓黃梁夢與呂洞賓結下了不解之緣，元雜劇中馬致遠的《黃梁夢》即演此故事。

---

〔註72〕見烏丙安《論中國風物傳說圈》一文，收於《民間文學論壇》總號 13 期，頁 25。
〔註73〕見《岳陽風土記》，景印文淵閣四庫全書，史部地理類，頁 111。
〔註74〕同註 60。
〔註75〕同註 73。
〔註76〕同註 74。
〔註77〕輯入《重刊道藏輯要室集》。
〔註78〕如《夷堅志》中記載呂洞賓傳說極多，皆北宋末、南宋初所傳，其中乙志卷十九〈望仙岩〉、支乙卷七〈岳陽呂翁〉等條稱呂洞賓爲呂翁或呂仙翁。

岳陽樓與滕子京的密切關係自不待言，而經民眾口耳相傳的呂洞賓留詩岳陽樓一事，很巧妙地把滕子京與呂洞賓兩人聯繫在一起，有關兩人之間的傳說在《岳陽風土記》中有數則記載；後來又演成了呂洞賓「遇鍾離翁於岳陽」，〔註79〕顯然又融合了鍾、呂二人的關係進來。由此可見民間傳說的誇飾附會，使得呂洞賓傳說由小而大、枝葉繁茂。

### 3、鍾呂授受之說

呂洞賓的傳說，在北宋興起後愈演愈烈，說者異辭，不免各有所發揮；口傳又限於地域，流傳不廣。道教徒將民間神納入神仙譜系的最有效手段，就是為之作傳記，敘其師承、歸屬等。民間神話被融入道教，也大多經歷了這樣一個過程，如西王母等等，〔註80〕如此道教可以藉著神仙故事對大眾產生廣泛的影響。南宋末年，李簡易有《玉谿子丹經指要》一書，卷首的〈混元仙派圖〉便列出內丹派的傳承以鍾離權為祖師，第二代則有數人，其中以呂洞賓最著名；於是，鍾呂師徒關係也確定下來了。

鍾呂授受之說，最早見於《巖下放言》與《宣和書譜》，南宋則有吳曾《能改齋漫錄》記錄呂洞賓遇鍾離權兩次，卷十八〈呂洞賓傳神仙之法〉條云：

> 因遊華山，遇鍾離傳授金丹大藥之方，復遇苦竹真人，方能驅使鬼神；再遇鍾離，盡獲希夷之妙旨。〔註81〕

南宋初年，除了承襲北宋「呂洞賓於先生執弟子禮」（《宣和書譜》語）的說法外，還增添了「傳授金丹大藥之方」、「盡獲希夷之妙旨」等情節，在兩者師徒關係上可以說發展完備了。雖然，他們自己沒有開宗立派，可是由於信仰者眾，便藉盛行之勢流布其教。

由於呂洞賓的形象鮮明，直到清朝還不斷有新的仙話附會在他身上，面對如此豐富的資料，唯有持續地採集收錄，才能窺其全貌。

## 三、何仙姑

何仙姑在八仙中是唯一的女仙，因此她的特殊性頗引人好奇。有關何仙姑研究的前驅，當屬浦江清《八仙考》一文，其中雖然只有短短三頁，卻將關鍵性的文獻指了出來。而後有東海大學陳宇碩的碩士論文《何仙姑故事研

---

〔註79〕見羅大經《鶴林玉露》卷一。
〔註80〕見盧國龍《道教知識百問》頁215有詳細舉例。
〔註81〕同註69。

究》，〔註82〕在前人的基礎上更進一步，鋪排出兩種何仙姑傳說從獨立到融入的過程。所以何仙姑故事的研究可謂完整，現在僅就傳說的發展過程，作一個概略性的介紹。

何仙姑的傳說保存在筆記小說裡並不多，最早的紀錄在北宋時期，後來到元朝才彙集諸說，勾繪出具體的輪廓。

北宋的正史中沒有何仙姑的記載，歐陽修的筆記《集古錄》是最早記載的文獻，其〈謝仙火〉條云：

> 右謝仙火字在今岳州華容縣廢玉真宮柱上，倒書而刻之，不知何人書也。傳云大中祥符中，玉真宮為天火所焚，惟留一柱有此字，好事者遂模於石。農曆中，衡山女子號何仙姑者，絕粒輕身，人皆以為仙也。有以此字問之者，輒曰：「謝仙者，雷部中鬼也，夫婦皆長三尺，其色如玉，掌行火於世間。」後有聞其說者，於道藏中檢之，云實有謝仙名字，主行火，而餘說則無之，由是益以何仙姑為真仙矣。近見衡州奏云仙姑死矣，都無神異。客有自衡州來者，云仙姑晚年羸瘦，面皮皺黑，第一衰媼也。〔註83〕

《集古錄》的記載非常清晰詳細，而且引述說者的話，強調這一位奇異的女子，能知人所不知、絕粒輕身、人皆以為神仙。雖然她去世時並沒有出現神異的情形，但是生前名聲已廣在民間口耳流傳，主要是由於知道「謝仙火」三字的由來，以及「絕粒輕身」。「謝仙」指雷神，雷神最早的記載見於《山海經》，後來被道教吸收並塑造成一個雷神體系，〔註84〕按理說，知道此事應該不足以形成對何仙姑的崇拜，更何況在唐朝已有「謝仙」的記錄，成書敬宗、文宗間的李肇《國史補》有云：「謝仙者，雷部中鬼也，夫婦皆長三尺，其色如玉，掌行火於世間。」〔註85〕李肇的記錄完全被何仙姑故事所引用，這點，並沒有特異之處；她特別的地方其實在於「絕粒輕身」。所謂的「絕粒」即「辟穀」、「休糧」，是道教養生的一種方法，「辟穀」起源很早，並不是有了道教以後才有辟穀的作法，《史記·留侯世家》就記載張良「學辟穀、導引輕身」。〔註86〕辟穀並不是不吃東西，而是不吃五穀，只吃有關的藥餌，據《道

〔註82〕見陳宇碩東海大學碩士論文《何仙姑故事研究》，民國 73 年 11 月。
〔註83〕見歐陽修《集古錄》卷十〈謝仙火〉條。
〔註84〕見朱越利《道教答問》，頁 268～269。
〔註85〕見李肇《國史補》。
〔註86〕見司馬遷《史記·留侯世家》。

藏》中所載最詳盡的，當推《抱朴子・雜應篇》。葛洪統計辟穀的方法「近有一百許法」，〔註87〕而辟穀的好處可以「身輕不困」、「差少病痛」，〔註88〕是道教重要的養生術之一，何仙姑也是因此而著名的。

　　大約與《集古錄》同時的《中山詩話》、《青瑣高議》等書記載均類似，直到魏泰的《東軒筆錄》，記錄何仙姑事蹟就較爲完整，而且首次把她和呂洞賓一起敘述，該書卷十四云：

> 永州有何氏女，幼遇異人，與桃食之，遂不饑無漏。自是能逆知禍福，鄉人神之，爲構樓以居，世謂之何仙姑。士大夫之好奇者多謁之，以問休咎。潭州人士夏鈞罷官，過永州謁何仙姑而問曰：「世人多言呂先生，今安在？」何笑曰：「今日在潭州興化寺設齋。」鈞專記之。到潭日，首於興化寺取齋曆視之，其日果有回客設供。〔註89〕

這則記載說明了何仙姑辟穀時服食的是桃子，而且具有異能，可知休咎。其中的「回客」，據王年雙考證即爲呂洞賓，〔註90〕這是兩人首次聯繫起來的記錄。

　　約成書於元朝的《呂祖誌》明確言及何仙姑受呂洞賓點化一事，〈何仙遇道〉條云：

> 何仙姑，零陵市道女也。始十三歲，隨女伴入山採茶，俄失伴，獨行迷歸路，見東峰下一人，修髯紺目，冠高冠，衣六銖衣，即洞賓也。仙姑始僕僕亟拜之。洞賓出一桃曰：「汝年幼必好果物，食此盡，他日當飛昇，否則止居地中也。」仙姑僅能食其半，髯者指以歸路。仙姑歸，自謂止一日，不知已逾半月矣。自是不饑無漏，洞知人事休咎，後尸解去。〔註91〕

《呂祖誌》的記載十分完整，然而《呂祖誌》是一部屬於編纂性質的書，依照傳說學的原則，在由簡趨繁的過程裡，常有許多增飾、附會的情形，使傳說更加豐富、蔚然可觀。所以上面頗類似傳記體的紀錄應該可以找出結合的模式。

　　浦江清以爲：「北宋慶曆年間的何仙姑很有名，同時在她的時候還是沒有說

〔註87〕葛洪《抱朴子》內篇卷十五〈雜應〉，見《抱朴子內篇校釋》，頁266。
〔註88〕同註87。
〔註89〕見魏泰《東軒筆錄》卷十四。
〔註90〕見註68，頁44～47。
〔註91〕《呂祖誌・何仙遇道》條，見《續道藏》正一部。

呂洞賓度的，而呂洞賓的傳說裡又說度過一個趙仙姑，後人遂捏合之。」〔註92〕
此一看法是：因為南宋吳曾《能改齋漫錄》中有記呂洞賓度趙仙姑的事，〔註93〕
所以元初的趙道一就在《歷世眞仙體道通鑑・趙仙姑》條更改了何仙姑的姓，
他說：「趙仙姑名何。」，〔註94〕並且把元朝以前所有何仙姑的記載都收入「趙
仙姑」的事蹟中了。所以，《呂祖誌》承襲了《歷世眞仙體道通鑑・趙仙姑》條
中，呂洞賓度仙姑的說法，再把「趙」姓改回「何」姓。這個假設性的看法同
樣為陳宇碩《何仙姑故事研究》所承襲。二者之間有某種相互影響的關係是極
為可能的，然而由於何仙姑的傳說資料一則在南宋寥寥可數、二則南宋的紀錄
都不脫北宋記載的範圍，使得其中演變的脈絡實際上仍然不能確定。

　　何仙姑在正史中雖無其中，然而透過一些筆記小說也可尋到一些蛛絲馬
跡，按照傳說發展看來，何仙姑一出現即帶有道教色彩，此後又與呂洞賓傳
說結合，因此成為八仙的一員。

## 四、鐵拐李

　　就目前可以尋見的資料而言，一般皆以為鐵拐李遲至元朝才出現。其實
在南宋末李簡易的《玉谿子丹經指要》卷首載的〈混元仙派圖〉中，呂洞賓
所傳的弟子就有曹國舅、鐵拐李等人，〔註95〕可是其中並沒有生平事跡的記
載，直到元朝劇作家的作品，很完整鋪排出鐵拐李的成仙經過，鐵拐李的傳
說才廣為流傳。

　　就傳說人物的身份來說，他不一定是眞實存在的人物，而發生的事件也
未必是眞實的事件：舉鐵拐李為例，他不是眞實的人物、他的事跡也不是取
材於眞實的歷史事件，因此只能視為虛構的人物。

　　從南宋末出現了他的名字之後，文學作品依照「呂洞賓為鐵拐李師父」
這個線索予以敷衍。在元代前期，雜劇作家岳伯川寫了一本神仙道化劇：《呂
洞賓度鐵拐李岳》，全劇演呂洞賓度化鐵拐李的前身岳壽，終登仙道事。劇中
的鐵拐李原名岳壽，在「借屍還魂」的過程中借了李屠的屍身，所以還魂後

〔註92〕同註37，頁112。
〔註93〕見吳曾《能改齋漫錄》卷十八：「第一度郭上灶，第二度趙仙姑。」景印文淵
　　　　閣四庫全書，子部雜家類。
〔註94〕見趙道一《歷世眞仙體道通鑑》後集〈趙仙姑〉條。
〔註95〕見《正統道藏》《玉谿子丹經指要》上卷〈混元仙派圖〉，洞眞部方法類稱字
　　　　號。

稱為「李岳」。〔註96〕這個姓名在其他劇中沒出現，可能是出於作家的創作，「李岳」顯然只具有標識的作用，無具體的意義。另外，也曾出現鐵拐李的雜劇例如：《紫陽仙三度常椿壽》、《瑤池會八仙慶壽》等劇，都以為她本姓「岳」，〔註97〕而在元、明的雜劇中，因為他隨身攜帶一個鐵拐，而稱呼他為「鐵拐李」。

可是在明小說《東遊記》中，第一回〈鐵拐修真成道〉有云：

> 鐵拐姓李，名玄，鐵拐乃其後假身別名也。〔註98〕

此處把他本來姓名稱為「李玄」，所以書中對他的名諱有「鐵拐老仙」與「鐵拐先生」兩種不同稱呼。除了道教的仙傳著述這兩種稱呼外，還有雜劇中「鐵拐李」、「李鐵拐」的稱謂，民間的傳說則都有採納以上說法，沒有嚴格的分別。

唐、宋二朝的筆記並沒有關於鐵拐李的記載，在元劇中他才出現，元劇的創作來源多採民間傳說，在同時，蒐羅傳說加以整理的道教著作裡，也有「跛仙」的相關記載，或許是劇作家創作的觸發因素。元朝編定的《呂祖誌》（收於《續道藏》正一部輩字號）卷三〈跛仙遇道〉條有云：「長沙劉跛仙遇洞賓於君山，得靈龜吞吐之法，功成歸隱。」元道士苗善時編校的《純陽帝君神化妙通紀》卷七十二〈度劉跛仙〉條與此條相類，可見兩者故事取用同一來源。這位「跛仙」雖然是呂洞賓的弟子，可是他姓劉，與鐵拐李畢竟不同。南宋周密的《齊東野語》有個傳說，似可視為元劇鐵拐李故事的前身，〈真西山〉條云：

> 有道人於山間結庵，煉丹將成。忽一日入定，語童子曰：「我去後，或十日、五日即還，謹勿輕動我屋子。」後數日，忽有扣門者，童子語以師出未還。其人曰：「我知汝師死久矣。今已為冥司所錄，不可歸，留之無益，徒腐臭耳。」童子村樸，不悟為魔，遂舉而焚之。道者旋歸，已無及。〔註99〕

周密的敘述雖然簡略，卻是後來傳說的藍本。如果依照《鬼神學詞典》裡嚴格的劃分，《齊東野語》的傳說當屬「還魂」的傳說，〔註100〕就是死而復生的故事。這則傳說中記載的「煉丹」、「入定」，有濃厚的道教色彩，文字也很質

---

〔註96〕見臧懋循編刊《元曲選》丙集下，題目作「韓魏公斷借屍還魂」，正名作「呂洞賓度鐵拐李岳」。

〔註97〕見陳萬鼐主編《全明雜劇》第四冊。

〔註98〕見吳元泰《八仙出處東遊記》，頁1。

〔註99〕見周密《齊東野語》卷一〈真西山〉條。

〔註100〕見《鬼神學詞典·還魂》條，頁46。

樸。到了元朝，岳百川所撰雜劇《呂洞賓度鐵拐李岳》，也有相近的情節，劇中敷演：岳壽死去，由妻子李氏殮而焚化，等他下了地府，便要求呂洞賓度化，但因屍體已毀，便借了剛死三天的李屠戶屍體還魂，只是變成了瘸跛的模樣了。《鬼神學詞典》以為這是「遇仙再生」的傳說，意即死者鬼魂得神仙之助而還魂再生；〔註101〕和《齊東野語》的紀載不盡相同，最主要的地方是承襲了《玉谿子丹經指要》書中「呂洞賓為鐵拐李師父」這個線索添加枝葉。

　　仙傳裡的故事則依照虛構人物發展的原則，對於人物的生平事跡不多著墨，仍就還魂的情節加以發揮。明朝萬曆年間汪雲鵬假王世貞、李攀龍盛名所刊刻的《列仙全傳》卷一〈鐵拐先生〉云：

> 鐵拐先生，李其姓也。質本魁梧，早得道。修真岩穴時，李老君與宛丘先生嘗降山齋，誨以道教。一日，先生將赴老君之約於華山，囑其徒曰：「吾魄在此，倘游魂七日而不返，若甫可化吾魄也。」徒以母疾迅歸，六日而化之。先生至七日果歸，失魄無依，乃一餓殍之屍而起，故形跛惡，非其質也。〔註102〕

很明顯的，鐵拐先生在此已被仙道化了。這種用「借屍還魂」，〔註103〕解釋他柱著一根鐵拐的原因，同時首先描述李老君與宛丘先生兩位仙人傳道給他，應是承襲萬曆以前撰的《東遊記》中第三回到第六回的情節而來。〔註104〕

## 五、曹國舅

　　八仙中排名最末的曹國舅事跡也出現最晚。雖然南宋末李簡易的《玉谿子丹經指要》卷首載的〈混元仙派圖〉中，呂洞賓所傳的弟子就有曹國舅，〔註105〕可是如同鐵拐李的情形一樣，除了列出名字，並沒有更進一步的著墨。至於其他筆記、野史則好像忽略了他，也沒有為他塑造出什麼可資傳述的事跡，以後在傳說故事上就不再有曹國舅的記載了。

　　就道教內部的資料而言，南宋末、元初的南宗道士白玉蟾，嘗在《修真十書》中的《武夷集》卷五十有〈詠四仙〉一詩，依次是：韓湘、陳七子、

〔註101〕同註100，頁97。
〔註102〕同註54，〈鐵拐先生〉條。
〔註103〕見《鬼神學詞典‧借屍還魂》條：「人死後鬼魂借他人屍體而復活。」，頁46。
〔註104〕同註98，第三回〈二仙華山傳道〉，第四回〈鐵拐獨步遇師〉，第五回〈囑徒守屍勿化〉，第六回〈鐵拐託魂餓莩〉；頁5～7。
〔註105〕同註95。

何仙姑、曹國舅四仙，其中對曹國舅的歌詠是：

　　竊得玉京桃，踏斷京華草，白雪滿簑衣，內有金丹寶。〔註106〕

詩中所謂「玉京」是山名，「京華」指京師；因白玉蟾屬內丹一脈，「金丹」
應該指道教煉養而成的仙丹，全詩融入了道教的教理，可以看出曹國舅應屬
道教所創造的人物，從〈詠四仙〉一詩的標題看來，他已成為道教傳說中的
神仙人物。

　　元朝時苗善時所編纂的《純陽帝君神化妙通紀》記述了度人顯化的事跡，
其中〈度曹國舅為十七化〉條云：

　　曹國舅本傳：丞相曹彬之子，曹皇后之弟。美貌紺髮，秀麗敏捷；
　　不喜富貴，志慕清虛。上甚喜，嘗賜衣黃袍。一日辭上及后，上問
　　何往？曰：「道人家心意十方，隨心四海。」上賜一金牌，刻云：「國
　　舅到處，如朕親行。」遂三五日，忽不知所往，惟持筞籬，化錢度
　　日。忽到黃河渡，捎公索渡錢，遂於衣中取出金牌，與捎公還渡錢。
　　舟中人見上字，皆呼萬歲。捎公驚懼。有一藍褸道人作船中，喝叫：
　　「汝既出家，如何倚勢欺人？」曹恭身稽首曰：「弟子安敢倚勢？」
　　「能棄於水中否？」曹隨聲將金牌擲向深流，眾皆驚拜。道人呼曹
　　上岸，在一大樹下歇，問曹曰：「汝識洞賓否？」道人嘆曰：「吾是
　　也，特來度汝。」〔註107〕

這裡將曹國舅的面貌勾勒出一個具體的輪廓，塑造他為北宋丞相曹彬之子，
曹皇后之弟，故稱國舅。有關他的個性的描述：由皇親國戚的高貴身份，因
慕道而甘於手持筞籬，〔註108〕化錢度日，而後受呂洞賓所度化。這裡敘述他
「不喜富貴、志慕清虛」，拋棄榮華富貴的事跡，最為民間所津津樂道。

　　《宋史》中有曹佾的記載，〈曹彬傳〉中有云：

　　曹佾，字公伯，韓王彬之孫，慈聖光憲皇后弟也。性和易，美儀度，
　　通音律，善奕射，喜為詩。〔註109〕

---

〔註106〕見白玉蟾《修真十書》中第八書《武夷集》卷五十，見《正統道藏》洞真部
　　　　方法類。

〔註107〕見元苗善時《純陽帝君神化妙通紀‧度曹國舅為十七化》條，見《正統道藏》
　　　　洞真部紀傳類帝字號。

〔註108〕所謂「筞籬」即竹編用具，用細竹編織而成，平常用於淘米。見《中國風俗
　　　　辭典》，頁486。

〔註109〕見《宋史‧曹彬傳》。

曹佾在文獻的記載中並無學道一事，清趙翼《陔餘叢考》中，對傳說附會曹佾的說法不表贊同，他說：「曹國舅相傳爲曹太后之弟，按《宋史》慈聖光獻太后弟曹佾，年七十二而卒，未嘗有成仙之事。此外又別無國戚而成仙者，則亦傳聞之妄也。」〔註110〕其實採擷史料來豐富傳說的內容，只能視爲寫作的一種途徑；由其中可以看出道書擷取了歷史上的眞實人物，「加工」成一個不慕榮華的鮮明形象，此後，隨著元明戲曲承襲了這個情節不斷地搬演、傳播，使得曹國舅躍升爲八仙的一員，受到群眾的認可和歡迎。

綜合上述可知，八仙中只有張果老、韓湘子是眞實人物，其他的六位屬於虛構性的傳說人物。自從傳說流行以後，人們不僅重覆古老的故事，更不斷添加、改編，創造出新鮮生動的情節，使故事愈傳愈遠，越講越長，越來越神奇豐富，也成爲後代創作的源泉和素材。

---

〔註110〕見趙翼《陔餘叢考》卷三十四。

# 第三章　八仙成員的組合

## 第一節　八仙觀念的差異

「八仙」這個名詞，很難下定義，因為它的內容不是固定的。不同時代的不同解釋，引發了諸多爭論。〔註1〕這個詞倘若含混不明，就會引起爭論。

「八仙」一詞在東漢的文獻中已出現，唐朝也有「飲中八仙」的稱謂，五代時後蜀有「八仙圖」，金有院本《八仙會》，直到元朝八仙慶壽劇盛行，組合的輪廓逐漸成形，明朝承其緒方將「八仙」的人物定型。

## 一、八　仙

「八仙」一詞最早出現於東漢牟融的〈理惑論〉，在這篇文章中有云：

王喬赤松、八仙之籙，神書百七十卷，長生之書，與佛豈同乎？〔註2〕

其中王喬與赤松是先秦典籍中常見的神仙，由《楚辭》雖然知道他們是仙人，但是得道的事蹟，則闕漏不彰。

在《楚辭・遠遊》篇中，曾出現王喬與赤松之名，像「聞赤松之清塵兮」、「吾將從王喬而娛戲」，〔註3〕《後漢書》則記載了王喬的事蹟，說他是東漢的尚書郎，「有神術，每月朔望，常自縣詣臺朝帝，帝怪其來數，而不見車騎。」

〔註1〕見《中國民間諸神》下冊引《檐曝雜記》云：「八仙之說，創於元時，委巷叢談，遂成故事。且所述事實，俱屬無稽，而八仙名目又多歧異，顯係好事者各本私臆，矜奇附會，其不足取證明矣。」，頁903。

〔註2〕原文見釋僧佑編撰《弘明集》卷一。

〔註3〕見《楚辭》卷五〈遠遊〉。

〔註4〕是東漢時常常出現的仙人。至於赤松則是:「神農時雨師,能入火自燒」,〔註5〕是上古的仙人。在東漢時兩者合稱的記錄尚見於《論衡‧無形》:「稱赤松王喬,好道爲仙,度世不死,是又虛也。」〔註6〕所以〈理惑論〉中的「王喬赤松」是指先秦兩漢的神仙。

依〈理惑論〉的文意看來,所謂「長生之書」有「王喬赤松八仙之籙」與「神書百七十卷」,其中「神書百七十卷」指的是《太平經》,〔註7〕是道教講長生的著作。所謂「籙」,是指道教的一種方術;係道教神秘的文字以符籙的型態出現,若傳給修道的人,修道者便可以辟邪、禳災、召劾鬼神、登仙飛升。〔註8〕符是一種筆劃屈曲,似字非字的圖形,籙是記有天曹官屬佐吏之名,又有諸符錯雜其間的秘文。秘文的內容有排列許多天仙的名號,例如此處的八仙。〈理惑論〉這句話中的「八仙」是否專指某位仙人的名字?由於先秦兩漢的神仙思想經由帝王公卿的倡導,神仙之說頗爲流行,其中卻沒有有關「八仙」這個仙人的記錄。此處所謂「八仙」,似乎只是泛指神仙而言,並非專稱。浦江清〈八仙考〉說:「『八』、『九』皆多義,固不必定以某某八人實之。」,〔註9〕前述說法因爲沒有資料可供佐證,此處只能存疑。

## 二、飲中八仙

酒在唐代詩人們的生活內容與心靈境界佔有重要的地位。在唐人的生活中,喝酒是重要的人文活動,在應酬的宴集上,或者是友好的小酌,酒除了能撫慰心緒,也是創作時靈感的來源。〔註10〕

杜甫有〈飲中八仙歌〉一詩,具體地描寫八個人物飲酒的情形,以形象生動又深刻入微的凝練語言表現出來,成爲情意充沛的佳作。〈飲中八仙歌〉云:

> 知章騎馬似乘船,眼花落井水底眠。汝陽三斗始朝天,道逢麴車口流涎,恨不移封向酒泉。左相日興費萬錢,飲如長鯨吸百川,銜杯樂聖稱避賢。宗之瀟灑美少年,舉觴白眼望青天,皎如玉樹臨風前。蘇晉

〔註4〕見范曄《後漢書》卷八十二上,方術列傳第七十二上〈王喬〉條。
〔註5〕見《史記》卷五十五〈留侯世家〉司馬貞〈索隱〉。
〔註6〕見王充《論衡》卷二〈無形〉,四部叢刊本。
〔註7〕見湯一介《魏晉南北朝時期的道教》,頁20。
〔註8〕見任繼愈編《中國道教史》上冊,頁373。
〔註9〕見浦江清〈八仙考〉一文,收於《清華學報》第十一卷第1期,頁91。
〔註10〕見羅中峯《中國傳統文人審美生活方式之研究》「品茗飲酒」部分,頁170。

　　長齋繡佛前，醉中往往愛逃禪。李白一斗詩百篇，長安市上酒家眠，

天子呼來不上船，自稱臣是酒中仙。張旭三杯草聖傳，脫帽露頂王公

前，揮毫落紙如雲煙。焦遂五斗方卓然，高談雄辯驚四筵。〔註11〕

這八個人依序是：賀知章、李璡、李適之、崔宗之、蘇進、李白、張旭、焦遂。詩中首先描述賀知章喝酒後騎馬的姿態猶如乘船般不穩，而醉意濃得連落入井底也沒有知覺，竟可以熟睡。李璡出身皇族，是唐玄宗的姪子，所以才敢喝酒三斗後再朝見天子，他迷醉酒的描寫極入神，路上見到裝酒的車子不禁垂涎，恨不得移領封地到酒泉。曾於天寶間為左丞相的李適之，飲酒日費萬錢，酒量如鯨魚吞吐百川之水，罷相後仍好杯中物。崔宗之喝酒時，高舉酒杯，以白眼望天，姿態瀟灑如玉樹臨風。蘇晉既事佛又嗜酒，但又常喝酒，性格奇特。李白喜酒，醉了就睡在長安酒家，即使天子召喚，也忘形高喊自己是「酒中仙」。張旭喝三杯酒醉後，在王公面前脫帽露頂，酒酣揮筆字跡淋漓。焦遂是個隱士，喝酒五斗後情緒高亢，能言善辯驚動四座。

　　杜甫筆下這八個人，明明是真實人物，為何杜甫名之為仙？其實他何嘗不知道這並非真有的事實，只是因為他們能充分享受喝酒的樂趣，不必成仙，當下便是逍遙自在的仙人了；這些平時干進取名的人物，由於好酒，彼此也都意氣相投，於是名為「飲中八仙」。這種標榜的例子，也常在歷史中見到，例如「山中四友」、「芳林十哲」等，〔註12〕但是「飲中八仙」並非交結成派、標榜揄揚，彼此有活動，他們只是在杜甫的筆下有了聯繫。而當時也有「酒中八仙」之名，據范傳正〈唐左拾遺翰林學士李公新墓碑〉云：「時人又以公及賀監、汝陽王、崔宗之、裴周南等八人為酒中八仙。」，〔註13〕其中與「飲中八仙」不同之處在於有裴周南而無蘇晉，主要牽涉到杜甫作為一個創作者，自然有採擇材料的權利，用以表達作品的藝術內涵。〔註14〕「飲中八仙」雖然稱為「八仙」，可能是描摹八人飲酒時，流露出率性的一面，如同仙人般可

〔註11〕見楊倫編《杜詩鏡銓》卷一。

〔註12〕見王定保《唐摭言》卷二：「合肥李郎中群，始與楊衡、符載等同廬山，號山中四友」。卷九：「咸通中，自雲翔輩凡十人，今所記者有八、皆交通中貴，號芳林十哲。」，景印文淵閣四庫全書，子部小說家類。

〔註13〕此文收於《李太白全集》卷一。

〔註14〕參見程千帆〈一個醒的和八個醉的－杜甫飲中八仙歌札記〉一文，他從每一個人物的背景探討，研究杜甫寫此詩的動機並非單純地描述飲酒的狀態，而蘊藏對開元天寶時代的悵惋。收於《中國社會科學》，1984年第5期，頁145～155。

以游心物外。因爲詩中一一列舉八人姓名，都是唐代的眞實人物，只因他們的嗜好是飲酒，便冠上「飲中」兩字，與前段所說東漢的「八仙」並無關係。

## 三、蜀中八仙

據北宋李昉主編的《太平廣記》卷二百一十四〈八仙圖〉條引《野人閒話》云：

> 西蜀道士張素卿，神仙人也。曾於青城山丈人觀，繪畫五嶽四瀆眞形，並十二溪女數堵，筆跡遒健，精采欲活；見之者心辣神悸，足不能進，實畫中之奇絕也。蜀主累遣秘書少監黃筌令取模樣，及下山，終不相類。因生日，或有收得素卿所畫八仙眞形八幅，以獻孟昶。觀古人之形相，見古人之筆妙，歡賞者久之。且曰：「非神仙之人，無以寫神仙之質也。」賜物甚厚。一日，令僞翰林學士歐陽炯次第讚之，又遣水部員外郎黃居寶八分題之。每觀其畫，歡筆跡之縱逸，覽其讚，賞文詞之高古，視其書，愛點畫之宏壯；顧謂八仙，不讓三絕。八仙者，李已、容成、董仲舒、張道陵、嚴君平、李八百、長壽、葛永貴。〔註15〕

《野人閒話》今不傳，書志亦未著錄，是宋以前可貴的材料，書中所載的地點是在西南的巴蜀地區，主要內容是描述唐末五代善繪畫的道士張素卿，避亂入蜀，居住在青城山丈人觀。由於他善繪道畫，後來有人取了他的「八仙眞形八幅」獻給孟昶祝壽。

張素卿的故事，在北宋中葉郭若虛的《圖畫見聞誌》也有類似的記載，可以與《野人閒話》的引文互相比對，〈張素卿傳〉云：

> 道士張素卿，少孤貧落魄，長依本郡三清觀頂髻。善畫道門尊像、天帝星官，形製奇古，實天授之性也。嘗於青城山丈人觀畫五嶽、四瀆、十二溪女等，兼有老子過流沙並朝眞圖、八仙、九曜、十二眞人等。〔註16〕

《圖畫見聞誌》針對張素卿所創作的作品說得很清楚，他繪有「八仙」畫。〔註17〕所謂「八仙」指「李阿、容成、董仲舒、張道陵、嚴君平、李八百、

〔註15〕見李昉編《太平廣記》卷二百一十四〈八仙圖〉條。
〔註16〕見郭若虛《圖畫見聞誌》卷三〈張素卿傳〉，四部叢刊本。
〔註17〕浦江清〈八仙考〉一文以爲張素卿所畫「八仙畫」爲「十二眞君像」，實則他

長壽山、葛永貴」，〔註18〕與《野人閒話》所言的「八仙」有一人不同：《野人閒話》爲「李已」此爲「李阿」。而《檐曝雜記》載：「『八仙圖』，乃李耳、容成、董仲舒、張道陵、嚴君平、李八百、范長壽、葛永貴也。」，〔註19〕「李已」、「李阿」的「已」、「阿」兩音相類，或係「李耳」的「耳」字音轉。由以上的資料看來，自唐以後，「八仙」均指八人的組合。

「八仙圖」的八仙：老子，傳說降生於成都；容成公是上古皇帝之臣，曾居住蜀地；董仲舒是西漢經學大師，此處應指居住在此的異人董仲君；張道陵創五斗米教，與蜀地淵源甚深；嚴君平爲漢代道學家，爲四川人；李八百是唐朝蜀人；范長壽居青城山爲天師道道首；葛永貴曾居蜀。〔註20〕由以上資料看來，這八位仙人都曾居住過蜀地，他們的時代不一，彼此也沒有往來，純粹因爲張素卿在青城山丈人觀修眞，繪青城此地的傳說人物，由於技藝出眾，被人湊成八幅並名爲「八仙圖」爲孟昶祝壽。據《宋史》載孟昶爲後蜀王，「昶在蜀專務奢靡，爲七寶溺器，他物稱是。」，〔註21〕生活極盡奢華，郭立誠由此處肯定了「『八仙』和祝壽這件事從此建立起密切的關係」，〔註22〕是否元朝八仙慶壽劇也曾受此影響，因缺乏資料考證，姑存此說。

文獻中有關八仙的說法約略如上，這三者之間是否有傳承性是很可疑的。所謂傳承有兩方面的意涵。畏冬〈中國古代風俗畫概論〉說：「一是橫向的傳承，即由此及彼的，即所謂『人相習』；一是縱向的傳承，即自上而下的，即所謂『代相傳』。任何事物和現象之間，只要在一定方向上發生了這種空間和時間的轉移而無論其量之大小，都視爲具有傳承的關係。」〔註23〕綜觀這三者，並沒有傳承的關係。

然而，除了文獻上的記載外，在民間的工藝與游藝的活動裡，民間藝人常從傳說的沃壤汲取養份，演化成風俗。仍存於今的「八仙桌」，桌面呈正方

---

各繪有一幅，見《圖畫見聞誌》卷三〈張素卿傳〉可知。

〔註18〕 同註16，卷六〈八仙眞〉云：「八仙者，李阿、容成、董仲舒、張道陵、嚴君平、李八百、長壽仙、葛永貴。」。

〔註19〕 見黃伯祿輯《集說銓眞》引《檐曝雜記》所載，頁455。

〔註20〕 見王家祐、任啓臻〈蜀中八仙考〉一文有詳細考證，收於《四川文物》，1991年5期，頁17～19。

〔註21〕 見《宋史》卷四百七十九列傳第二百三八〈西蜀孟氏〉。

〔註22〕 見郭立誠《中國人的鬼神觀》，頁29。

〔註23〕 見畏冬《中國古代風俗畫概論》一文對「傳承」的理解，收於《雄獅美術》238期，頁87。

形，下有四個支柱，每邊可坐二人，共坐八人，因唐朝李白等善飲酒，號「飲中八仙」，此桌遂以爲名。北宋晁補之《雞肋集》云：「按此桌名，自北宋有之，而所謂八仙，乃飲中八仙也。」〔註24〕八仙桌，古稱「八仙案」，通常用於飲膳時擺飯菜、祭祀時擺祭具用品、游耍時放旗牌等等，〔註25〕用途不少。由此也可以略知北宋時並沒有俗傳的八仙組合，因爲如果有的話，以北宋道教興盛的情形來看，應不會不加運用。

# 第二節　八仙組合的階段

八仙中的人物，從唐朝就已陸續出現；「八仙」的概念，自東漢即有。然而兩者並沒有實質上的聯繫，直到元雜劇中八仙作爲慶賀祝壽的象徵，且具有道教度脫成仙的意義，才在社會各階層廣泛地流行。另一方面，由於全眞教的傳佈，八仙也首次以群體的姿態出現在道教裡，最明顯的例子爲永樂宮的「八仙過海圖」壁畫。

本節略依時間先後，敘述八仙組合的階段。

## 一、宋

### （一）

元朝初年鍾、呂金丹南宗一脈的道徒編了一部叢書《修眞十書》，其中輯有十二種集子，其中第八種《武夷集》爲南宋寧宗時的道士白玉蟾所著。白玉蟾才華出眾，詩文被目爲優秀的道教文學作品。《武夷集》中有〈詠四仙〉詩將韓湘子、陳七子、何仙姑、曹國舅等四仙並列：

> 韓湘子──白雪滿空夜，黃芽一朵春。藍關歸去後，問甚世間人。
>
> 陳七子──一卷無人識，千鍾對客談。桃花開欲謝，猶自戀寒巖。
>
> 何仙姑──閬苑無蹤跡，唐朝有姓名。不知紅玉洞，千古夜猿聲。
>
> 曹國舅──竊得玉京桃，踏斷京華草。白雪滿蓑衣，內有金丹寶。〔註26〕

詩意仍以歌詠內丹爲主，描寫何仙姑在唐朝已出現。一般修道女子多採捨離家庭住進宮觀修道的方式，但何仙姑似乎取隱逸之途。酈道元《水經‧

〔註24〕見晁補之《雞肋集‧八仙案銘》條。
〔註25〕見《中國風俗辭典‧八仙桌》條，頁467。
〔註26〕見《正統道藏》洞眞部方法類卷十四《武夷集》。

江水注》述下江陵途中：「每至晴初霜旦，林寒澗肅，常有高猿長嘯，屬引淒
異，空古傳響，哀轉九絕。」〔註27〕猿聲有蕭索之意，這個意象也普遍為詩
人所引用。白玉蟾以夜猿聲來襯託出何仙姑孤身修道的自矜，的確入神。何
仙姑出現在八仙組合裡，一般咸認是自明朝開始；在道教系統裡，她被擬定
為呂洞賓弟子則在元朝，宋朝的何仙姑仍是具有異術的傳說人物而已。同詩
雖有韓湘子、曹國舅二人，但是其中並沒有必然的聯繫，只能視為韓湘子、
何仙姑、曹國舅三個人物在南宋民間傳說仍盛，且被內丹派重要人物白玉蟾
視為詩詠的對象而已，但這一點對此四仙的傳播起了一定的作用。

（二）

　　南宋理宗時，李簡易撰有《玉谿子丹經指要》一書，他自言「獨於金丹
一訣，尤酷意焉」，〔註28〕是屬於南宗一脈的內丹著作。卷首列有〈混元仙派
圖〉，列出鍾、呂一系從上古遞傳至南宋末的傳承譜系，為一份最早、最有系
統的內丹傳承史料，〔註29〕其中擷取自傳說人物不少，與八仙成員有關係的
有鍾離權、呂洞賓、曹國舅、李鐵拐、徐神翁、張四郎、趙仙姑等。

　　這七人在〈混元仙派圖〉的傳承關係是鍾離權傳呂洞賓；呂洞賓傳曹國
舅、趙仙姑、李鐵拐、徐神翁；張四郎則為陳摶弟子，亦屬呂洞賓一系。其
中，趙仙姑在元朝時與何仙姑的傳說感染合流，脫胎成八仙的一份子；〔註30〕
徐神翁為北宋著名的進士，《宋稗類鈔》有他修煉飛升的記載。〔註31〕張四郎
則是北宋人，《夷堅丙志》已有為他立祠的記錄。〔註32〕

　　道教融合民間信仰的神明，將他們納入了神仙譜系，敘述他們的師承關
係，一方面藉此擴大道教的影響力，另一方面也豐富了創作的題材。因此，
這種互動的關係，成了元朝的八仙劇作重要的內容。

（三）

　　宋代商業發達，都市繁榮，出現了專門記述當時都市生活與風俗習慣的
筆記。如耐得翁的《都城紀勝》、吳自牧的《夢粱錄》、周密的《武林舊事》

---

〔註27〕見酈道元《水經注》。
〔註28〕見李簡易《玉谿子丹經指要》自序，收於《正統道藏》洞真部方法類稱字號。
〔註29〕見任繼愈編《中國道教史》下冊，頁536。
〔註30〕見趙道一《歷世真仙體道通鑑》後集〈趙仙姑〉條。
〔註31〕見《宋稗類鈔》卷七。
〔註32〕見《夷堅丙志》卷三。

等等，都是記錄南宋時都城臨安的人民生活情形、民俗與儀制內容，其中也曾出現「八仙」一詞。

例如周密的《武林舊事》卷六曾記載了當時茶肆的經營情形，茶肆常做為戲劇演出的場所，〈歌館〉條云：

> 諸處茶肆：清東茶坊、八仙茶坊、珠子茶坊、潘家茶坊、連三茶坊、連二茶坊，及金波市等兩河，以至瓦市，各有等差，莫不麗妝迎門，爭妍賣笑，朝歌暮絃，搖蕩心目。〔註33〕

文中描述的是茶坊裡歌妓營業的情形，茶坊名稱中有以「八仙」為名的。另外，在清明節前夕的民間風俗也有與八仙相關的記錄。清明本來是二十四個節氣之一，但是因為注入了寒食禁火、掃墓等習俗後，形成了新的習俗。吳自牧撰有《夢梁錄》二十卷，其中曾記錄了臨安的清明節日風俗，該書卷二〈諸酒庫迎煮〉條云：

> 臨安府點檢所管城內外諸酒庫，每歲清明前開煮中前賣新迎年。諸庫呈覆本所，擇日開沽呈樣。各庫預頒告示，官私妓女新麗妝者，差雇社隊鼓樂，以榮迎引。至期侵晨，各庫排列整肅，前往州府教場伺候點呈。首以三丈餘高白布，寫某庫選到有名高手久匠釀造一色上等釀辣無比高酒。呈中第一謂之布牌，以大長竹掛起，三五人扶之而行。次以大鼓及樂官數輩，後以所呈樣酒數擔，次八仙道人，諸社行隊。〔註34〕

臨安府酒坊開市煮酒，新酒必須由點檢所檢查，這是當時節日的重要活動。其中的綜合性歌舞表演行列，有扮演「八仙道人」的角色以娛人。這一類的民間歌舞表演，大抵以以滑稽取笑為特點，並非具有肅穆莊重的宗教意涵，而是專力描摹世俗人情的人間劇，然而有關「八仙道人」的角色是什麼面貌，現今資料已難於考索。

周密的《武林舊事》中除了記錄「八仙茶坊」外，還有記載當時臨安流行的「八仙故事」，可以與《夢梁錄》的記載互相參照，其〈迎新〉條云：

> 戶部點檢所十三酒庫，例於四月初開煮，九月初開清。先是提領所呈樣品嘗，然後迎引至諸所，隸官府而散。每庫各用疋布書庫名，高品以長竿懸之，謂之布牌，以木床鐵擎為仙佛鬼神之類，駕空飛

---

〔註33〕見周密《武林舊事》卷六〈歌館〉條。
〔註34〕見吳自牧《夢梁錄》卷二〈諸庫迎煮〉條。

　　動謂之臺閣；雜劇百戲諸藝之外，又爲漁父習閒竹馬出獵，八仙故

　　事及會妓家女，使裹頭花巾爲新好庫。〔註35〕

宋代的市民活動極爲繁榮，他們更將經濟活動與娛樂遊賞聯繫起來，達到推
銷酒的目的。北宋由於官賣酒的制度，便利用倡樂來推動，到了南宋，爲了
賣酒的噱頭，呈現技藝、雜劇、妓樂，其中「八仙故事」的具體內容由上面
文字敘述看來，仍然缺乏輔助說明。宋朝雜劇多爲散樂，而且缺乏專人寫作，
直到元朝才有文人學士投入此一領域，寫作八仙劇本的人才愈來愈多。

　　把民間傳說加工製作成爲戲劇，在戲曲中俯拾即是，金院本中就出現了
有關八仙慶壽的戲曲。所謂「院本」，王國維解釋爲：「行院者，大抵金元人
謂倡妓所居；其所演唱之本，即謂之院本云爾。」，近人從其說，以爲舊時所
稱的妓女、樂人、伶人、乞丐等類人都以技藝糊口，於是就把他們所據以演
出的底本稱作「院本」了。據元陶宗儀撰《輟耕錄》卷二十五，「院本名目」
共有六百九十種，其中有《八仙會》這一個院本。〔註36〕但是這一個記錄，
並不能提供任何早期八仙戲劇的線索，因爲文字完整的金院本至今已經亡佚
不存了。

## 二、元

　　《武林舊事》中的「八仙故事」、金院本的《八仙會》是戲曲中有關八仙
的最早記錄，雖然從當時流行的劇目中難以推測其中內容，但是由後來的元
劇中出現頻繁的八仙度脫劇看來，應該前有所據而非憑空而起，所以彼此間
或許有聯繫的關係。

　　八仙戲劇在元朝有幾個特點：（一）人數上已經固定爲八人，可是組合人
物略有不同。（二）「度脫劇」中多以個別度人或受度事蹟爲主，然而終場時
會出現八仙。

　　金元之際，北方的全眞道漸趨興盛，自太祖禮遇道教起到世祖一統間，
是全眞道鼎全盛的時期。至元六年，忽必烈詔封全眞道所尊的東華帝君、鍾
離權、呂洞賓、劉海蟾、王重陽五祖爲「眞君」，後人稱爲北五祖。自宋初以
來，鍾、呂內丹派就在道教內丹學的基礎上融攝禪宗，成爲此派發展的趨勢，
全眞道順應這一個趨勢，更進一步融攝佛、儒之學，深化鍾、呂內丹之說，

〔註35〕同註33，卷三〈迎新〉條。
〔註36〕見莊一拂《古典戲曲存目彙考》卷六，頁413。

建立了三教合一的學說，在社會的政治和文化生活中發生過相當大的影響。在許多失意文人的創作中，可以看出他們受道教影響甚大。

元代歷時約一百三十五年，就雜劇的發展來說，王國維《宋元戲曲史》將它分為三期：（一）蒙古時期，自太宗至世祖一統之初，共四十四年，作家五十七人。（二）一統時期，即自世祖至元到順帝至元期間，共六十三年，作家十五年。（三）至正時期，自順帝至正元年到二十七年，共二十七年，作家十二人。〔註37〕依現存道教劇的作家背景看來，他們多生活於「蒙古時期」，這個時期科舉考試僅辦過一次，讀書人斷了功名之路，地位更是一落千丈，他們滿腔的憤慨與無限的才情，只有傾注在戲劇的創作上，反映了時代之感、遭遇之悲。

再就雜劇的分類來看，明寧獻王朱權《太和正音譜》分雜劇為「十二科」，第一類為「神仙道化」，多取材於道教傳說；〔註38〕羅錦堂《元人雜劇本事考》一書，綜合了現存劇目的內容，分雜劇為八類十六目，第七類為「道釋劇」，又分道教劇、釋教劇兩種，〔註39〕取材於道釋的傳說故事。這些有關取材於道教傳說的雜劇，青木正兒《元人雜劇序說》定名為「度脫劇」。〔註40〕所謂的「度脫劇」，內容是描述神仙度脫凡人、導引入仙道，及引度謫仙重返仙界的劇作。其中有關八仙的劇目現存有九種，今佚的有五種，〔註41〕因已佚的劇作難窺全貌，此處僅以現存的劇本為主。據現存的八仙戲曲有以下數本：〔註42〕

　呂洞賓三醉岳陽樓（元、馬致遠撰。以下俱用其簡題「岳陽樓」稱之。）

　開壇闡教黃粱夢（元、馬致遠撰。以下俱用其簡題「黃粱夢」稱之。）

　呂洞賓度鐵拐李岳（元、岳伯川撰。以下俱用其簡題「鐵拐李岳」稱之。）

　陳季卿悟道竹葉舟（元、范康撰。以下俱用其簡題「竹葉舟」稱之。）

　呂洞賓三度城南柳（元、谷子敬撰。以下俱用其簡題「城南柳」稱之。）

　鐵拐李度金童玉女（元、賈仲明撰。以下俱用其簡題「金童玉女」稱之。）

〔註37〕見王國維《宋元戲曲史》，頁93。
〔註38〕見《太和正音譜》，頁75。
〔註39〕見羅錦堂《元人雜劇本事考，頁445～446。
〔註40〕見青木正兒《元人雜劇序說》，頁32。
〔註41〕今佚的五種是《韓湘子引渡昇仙會》、《藍關記》、《藍采和鎖心猿意馬》、《張果老度脫啞觀音》、《枕中記》。前三種只剩零星逸文，後兩種只餘題目正名，難窺全貌。
〔註42〕1～6俱屬《元曲選》本，7、8為《孤本元明雜劇》本，9為《元曲選外編》。

呂洞賓桃柳昇仙夢（元、無名氏撰。以下俱用其簡題「昇仙夢」稱之。）

瘸李岳詩酒翫江亭（元、戴善甫撰。以下俱用其簡題「翫江亭」稱之。）

漢鍾離度脫藍采和（元、無名氏撰。以下俱用其簡題「藍采和」稱之。）

這九本雜劇中有八仙之名，但其中人物卻有異。為求眉目清晰，列一表如下：

| 人物<br>雜劇 | 鐵拐李 | 鍾離權 | 呂洞賓 | 張果老 | 藍采和 | 何仙姑 | 韓湘子 | 曹國舅 |
|---|---|---|---|---|---|---|---|---|
| 岳陽樓 | ✓ | ✓ | ✓ | ✓ | ✓ | | ✓ | ✓ |
| 黃梁夢 | | ✓ | ✓ | | | | | |
| 鐵拐李岳 | ✓ | ✓ | ✓ | ✓ | ✓ | | ✓ | ✓ |
| 竹葉舟 | ✓ | ✓ | ✓ | ✓ | ✓ | ✓ | ✓ | ✓ |
| 城南柳 | ✓ | ✓ | ✓ | ✓ | ✓ | | ✓ | ✓ |
| 金童玉女 | ✓ | ✓ | ✓ | ✓ | | | ✓ | |
| 昇仙夢 | | ✓ | ✓ | | | | | |
| 翫江亭 | ✓ | | | | | | | |
| 藍采和 | | ✓ | ✓ | | ✓ | | | |

上表《黃梁夢》、《昇仙夢》、《翫江亭》、《藍采和》四劇主角只有單獨被度的事蹟，並沒有類似其他劇作在終場時將八仙名籍數說一遍，〔註43〕因此人物不足八個。而上表因限於篇幅未能一併列出的人物有如下數劇：

呂洞賓三醉岳陽樓 —— 有徐神翁。

呂洞賓度鐵拐李岳 —— 有張四郎。

陳季卿悟道竹葉舟 —— 有徐神翁。

呂洞賓三度城南柳 —— 有徐神翁。

呂洞賓桃柳昇仙夢 —— 有張四郎。

由以上的資料看來，八仙組合大致上可以確定七個人，另一個角色常處於不確定的狀態中，而填以徐神翁或張四郎，何仙姑只有出現在《竹葉舟》一劇。依據今人考證，一般咸認為《竹葉舟》刊於明朝萬曆年間臧懋循所編

---

〔註43〕見姚燮《今樂考証》云：「其第四折必於省悟之後，作列仙出場，現身指點，因將群仙名稱，數說一遍。」，頁160。

之《元曲選》，臧懋循於賓白曲文，改動頗多，以致失其本來面目，故他可能將明朝萬曆年間流行的何仙姑，竄改至其中的《竹葉舟》劇中；〔註44〕此時的組合，仍是徐神翁或張四郎出現。

有另外一個例子也可以說明元朝的八仙組合並無何仙姑。永樂宮是全眞教著名的宮觀，相傳這裡是呂洞賓的故里，人們爲了紀念他，將他的故居改爲祠，宋、金時改爲觀，元世祖中統三年，因被火焚毀，於是在原址上重建後改稱爲「大純陽萬壽宮」，因地處永樂鎮，所以也稱爲「永樂宮」。〔註45〕永樂宮的藝術價值是壁畫，在無極門、三清殿、純陽殿、重陽殿都有珍貴的壁畫，其中與八仙有關的是純陽殿壁畫。

純陽殿俗稱爲「呂祖殿」，在東、西、北三壁上的是〈純陽帝君神游顯化之圖〉，從呂洞賓降生起，擇取有關他的傳說故事，繪成組圖五十二圖，其中第十一幅描繪呂洞賓度何仙姑：「岩壑中呂仙趺坐，何仙姑跪地致辭，又是授桃昇仙的情景。」，〔註46〕榜題爲「□度何仙姑」，應是依據元朝苗善時編校的《純陽帝君神化妙通紀‧度何仙姑第十九化》的文字刪節而來，〔註47〕壁畫完成的時間是至正十八年，可以知道元順宗朝即有呂洞賓度何仙姑的說法。在北門門楣上有一幅〈八仙過海圖〉，完成於至正十八年，〔註48〕其中的八仙並無何仙姑而有徐神翁。爲何會出現徐神翁？可能是他的神異事蹟在元朝廣爲流傳，故也列爲八仙之一。在〈純陽帝君神游顯化之圖〉第四十五幅有榜題爲：「探徐神翁」的作品，榜題文曰：

> 海陵徐神公得道，知人休咎，賓客滿門。呂惠卿往謁之，適有道人踞上生坐不起，頗以語侵惠卿。惠卿怫然不平曰：「子何人斯？」道人曰：「吾與子若同族之胄。」道人布香爐灰於地，畫灰作一詞曰：「鼎裡坎離，壺中天地，滿懷風月，一吸虛空。塵寰裡何人識我？開口問洪濛。雪中三弄笛。岳陽樓外，天遠霞紅。笑騎黃鶴，暫過海陵東。拂袖呵呵歸去，鑾和玉佩，風響喬松。君若要知吾蹤跡，

〔註44〕例如黃永武〈八仙過海的原貌〉（73年3月30日中國時報人間版），陳宇碩《何仙姑故事研究》論文第三章第四節。

〔註45〕有關永樂宮的介紹，係參考陸鴻年〈永樂宮〉一文，收於《道教與傳統文化》一書，頁354。

〔註46〕見王暢安〈純陽殿、重陽殿的壁畫〉一文，頁41。

〔註47〕見王暢安〈永樂宮壁畫題記錄文〉一文，頁45。

〔註48〕見陸鴻年〈摹繪永樂宮元代壁畫的一些體會〉一文，考證〈八仙渡海圖〉完成的時間是至正十八年，可能是朱好古門人張遵禮等人所繪，頁48。

試與問仙翁。」拍手大笑而去，不知所之。惠卿向問徐，徐曰：「即
洞賓也。」惠卿方悟同族之說，追恨莫及。〔註49〕

由文字看來，徐神翁與呂洞賓彼此有交往，因爲這個緣故，也列爲八仙中的
一份子，何仙姑則沒有出現在元朝的八仙組合裡。

要考察八仙集團的形成，比較可靠的文字資料還是元代的雜劇。現存有關
八仙的元雜劇，最早要算是馬致遠《呂洞賓三醉岳陽樓》與《開壇闡教黃粱夢》
了。馬致遠生卒年不詳，時代稍晚於關漢卿、白樸，主要活動時間約爲元貞、
大德之際，著有雜劇十餘種，作品在世祖至元年間已流行。其中的《開壇闡教
黃粱夢》一劇四折分別由馬致遠、紅字李二、花李郎、李時中四人所作，在此
引《開壇闡教黃粱夢》一劇爲例，說明元劇中八仙腳色扮演的情形。

浦江清〈八仙考〉一文曾指出「八仙的組成與眞正的道教的關係很淺」，〔註
50〕原因之一即是元雜劇中「八仙不可少者，此關于腳色分配之關係」。〔註51〕
事實上，戲劇中的腳色，主要可以分爲生、旦、淨、末、丑、雜六大類，其中
隨著劇種與時代的不同，腳色的繁簡也有所不同。以元代雜劇爲例，主要腳色
爲正末、正旦，一本四折全由一種腳色獨唱，由正末獨唱的叫「末本」，正旦獨
唱的叫「旦本」，滑稽的表演則由淨腳擔任。劇中應當中由一人獨唱，但可以扮
飾一個至四個的同性別人物。〔註52〕《開壇闡教黃粱夢》劇中，正末首折扮鍾
離昧，楔子則云「改扮高太尉」，次折「改扮院公」，三折「改扮樵夫」，四折「改
扮邦老」、更云「正末下改扮鍾離」；可以從中瞭解劇中的正末不止扮飾一個人
物，而且改扮了五個人物，這與浦江清的理解有異。

浦江清〈八仙考〉一文有云：「戲班腳色分生、旦、淨、丑四種，而生可分
爲生、小生外，旦可分爲旦、貼、老旦。如此其數適得八。鍾呂八人，個性各
別，用之於戲劇，則可盡班中腳色，納於全場，而分配平均矣。」，〔註53〕浦江
清對戲劇腳色的分法，是傳奇以後的分類，並非元劇的形式，因此，他以爲「八
仙的構成源於戲劇的組織」的說法有待商榷。〔註54〕

---

〔註49〕見王暢安〈永樂宮壁畫題記錄文〉一文，頁71。榜題文字出於元苗善時編校
　　　　《純陽帝君神化妙通紀》，列爲〈探徐神翁第三十六化〉。
〔註50〕見浦江清〈八仙考〉一文，頁103。
〔註51〕同註50，頁102。
〔註52〕此處參考〈中國古典戲劇的舞臺藝術〉一文，收入《中國古典戲劇的認識與
　　　　欣賞》，頁268。
〔註53〕同註50，頁103。
〔註54〕同註50。

從另一方面看，由於戲劇的表現方式主要是象徵性，所以腳色的扮飾已經隱喻人物的類型，從扮相裡，可以知元劇中八仙的象徵約略為：貴（鍾離權）、賤（鐵拐李）；貧（藍采和）、富（曹國舅）；老（張果老、徐神翁）、少（韓湘子、張四郎）；呂洞賓可歸於「文」這一類。〔註55〕這些象徵是來自於戲劇本身作為高度蓋括性的表現，並不能以此解釋為何仙姑加入八仙的原因。陳宇碩《何仙姑故事研究》論文曾說：「戲班中本有旦，若演清一色的一組男性八仙，則旦不能有適合的仙可扮。若把八仙尚未固定的第八位實以女仙，則可用旦扮女仙，八仙戲的腳色扮演便更為靈活妥當。」〔註56〕實則在戲劇腳色所扮飾的人物上，性別不一定與演員相同，也就是男可以扮成女、女也可以扮成男，因此「旦不能有適合的仙可扮」就無法成立；而腳色扮演的靈活妥當，關鍵在於演員對於劇中人物的扮飾成功與否，而非繫於演員的身份。

在現存的元朝度脫劇中，有兩齣的內容提到西王母壽筵、八仙與會的情景。賈仲明撰《鐵拐李度金童玉女》一劇，劇中敷演鐵拐李三度金童金安壽、玉女嬌蘭成仙，第四折為金童玉女同歸瑤池，西王母宴八仙之事。谷子敬的《呂洞賓三度城南柳》雜劇演呂洞賓度脫岳州柳樹成仙之事，第四折亦同赴瑤池西王母蟠桃會。這兩齣雜劇對蟠桃會的過程並沒有著墨太多，卻是首先在雜劇中將八仙與西王母壽筵聯繫起來的例子，也是明小說《八仙出處東遊記》擷取的重要材料之一。

## 三、明

明朝雜劇的發展情形和元朝不同。改朝換代後，科舉又成為士人的進身之階，而且朝廷為了鞏固統治者的威嚴，「人民倡優裝扮雜劇，除依律神仙道扮義夫節婦孝子順孫，勸人為善及歡樂太平者不禁外，但有褻瀆帝王聖賢之詞曲駕頭雜劇，非律所該載者，敢有收藏傳誦印賣，一時拿送法治究治。」〔註57〕在這麼嚴厲的刑法限制下，戲劇成為宣傳宗教、道德的工具，內容方面只有偏重在神仙道化與煙花粉黛兩方面。

〔註55〕見〈中國古典戲劇的舞臺藝術〉一文，文中引馮浣君的六項「妝裹標準」說明與元代劇場所用者相去不遠。收入《中國古典戲劇的認識與欣賞》，頁233～234。
〔註56〕見陳宇碩《何仙姑故事研究》論文，頁53～54。
〔註57〕見顧起元《客座贅語》卷十〈國初榜文〉語。

　　明朝初年，除了寧獻王朱權《太和正音譜》、周憲王朱有燉《誠齋雜劇》二十一種、由元入明的十六人〔註 58〕、無名氏的作品外，戲劇界比起元朝來消沉多了。其中八仙的戲劇都屬於此一時期的創作，周憲王朱有燉創作了六種，闕名作品有六種，佔明朝前期戲劇創作的重要份量。

　　這十二本八仙戲劇的主題有二：一是由元雜劇度脫成仙的內容，演成祝壽慶賀之資。從《誠齋雜劇》可考的八仙劇《呂洞賓花月神仙會》、《東華仙三度十長生》中，可以看出創作者以爲長生久視、延年永壽之術莫過於神仙之道，他爲了嚮往長生不死，所以藉由神仙劇的搬演來歌頌長壽的意義。二是另外的十本純爲慶壽而作，慶壽的目的爲：「出於供賀筵之用爲目的者，往往雜以歌舞，而以娛樂耳目爲主，劇情概屬單純。」，〔註 59〕由於慶壽的場所多在酒席中，伶人以神仙傳奇爲祝壽之詞，故八仙人物最適合這種演出的方式。周憲王朱有燉在改革戲劇上有極大的貢獻，最主要即是在原本關目簡單的雜劇裡，大量運用歌舞滑稽以增加場面的繁華，達到慶賞的目的。像《群僊慶壽蟠桃會》、《瑤池會八仙慶壽》、《福祿壽仙官慶會》、《河嵩神靈芝慶壽》四劇對於關目的處理方法，都是以仙使邀請或訪問群仙，然後群仙畢集，慶賀終場。戲劇中群仙陸續上下，終以熱鬧歌舞大場面結束，最適合八仙這一組神仙出現，而八仙會集後，總會以一、二曲敘述八仙履歷，由其中的敘述，可以得知在明初的八仙組合情形。以下先列出明初的八仙劇目共十二種：〔註 60〕

群僊慶壽蟠桃會（明、朱有燉撰。以下俱用其簡題「蟠桃會」稱之。）

瑤池會八仙慶壽（明、朱有燉撰。以下俱用其簡題「八仙慶壽」稱之。）

東華仙三度十長生（明、朱有燉撰。以下俱用其簡題「十長生」稱之。）

呂洞賓花月神仙會（明、朱有燉撰。以下俱用其簡題「神仙會」稱之。）

福祿壽仙官慶會（明、朱有燉撰。以下俱用其簡題「仙官慶會」稱之。）

河嵩神靈芝慶壽（明、朱有燉撰。以下俱用其簡題「靈芝慶壽」稱之。）

寶光殿天眞祝萬壽（明、佚名。以下俱用其簡題「祝萬壽」稱之。）

祝聖壽金母獻蟠桃（明、佚名。以下俱用其簡題「獻蟠桃」稱之。）

降丹墀三聖慶長生（明、佚名。以下俱用其簡題「慶長生」稱之。）

---

〔註 58〕同註 52，頁 57～58。

〔註 59〕見青木正兒《中國近世戲曲史》，頁 145。

〔註 60〕見陳萬鼐編《全明雜劇》。

爭玉板八仙過滄海（明、佚名。以下俱用其簡題「過滄海」稱之。）

眾天仙慶賀長生會（明、佚名。以下俱用其簡題「長生會」稱之。）

賀昇平群僊祝壽（明、佚名。以下俱用其簡題「群僊祝壽」稱之。）

這十二本雜劇中有八仙之名，但其中人物卻有異。為求眉目清晰，製一表如下：

| 人物＼雜劇 | 鐵拐李 | 鍾離權 | 呂洞賓 | 張果老 | 藍采和 | 何仙姑 | 韓湘子 | 曹國舅 |
|---|---|---|---|---|---|---|---|---|
| 蟠桃會 | ✓ | ✓ | ✓ | ✓ | ✓ |  | ✓ | ✓ |
| 八仙慶壽 | ✓ | ✓ | ✓ | ✓ | ✓ |  | ✓ | ✓ |
| 十長生 |  |  | ✓ |  |  |  | ✓ |  |
| 神仙會 | ✓ | ✓ | ✓ | ✓ | ✓ |  | ✓ |  |
| 仙官慶會 | ✓ | ✓ | ✓ | ✓ | ✓ |  | ✓ | ✓ |
| 靈芝慶壽 | ✓ | ✓ | ✓ | ✓ | ✓ |  | ✓ |  |
| 祝萬壽 |  | ✓ | ✓ |  |  |  |  |  |
| 獻蟠桃 |  | ✓ |  |  |  |  |  |  |
| 慶長生 | ✓ | ✓ | ✓ | ✓ | ✓ |  | ✓ | ✓ |
| 過滄海 | ✓ | ✓ | ✓ | ✓ | ✓ |  | ✓ | ✓ |
| 長生會 | ✓ | ✓ | ✓ | ✓ | ✓ |  | ✓ | ✓ |
| 群僊祝壽 | ✓ | ✓ | ✓ | ✓ | ✓ |  | ✓ | ✓ |

上表八仙諸說不一，其中另有人物登場，而表中沒有列出的劇目及人名是：

群僊慶壽蟠桃會 —— 有徐神翁。

瑤池會中八仙慶壽 —— 有徐神翁。

呂洞賓花月神仙會 —— 有徐神翁。

福祿壽仙官慶會 —— 有徐神翁。

降丹墀三聖慶長生 —— 有張四郎。

爭玉板八仙過滄海 —— 有徐神翁。

眾天仙慶賀長生會 —— 有張四郎。

賀昇平群僊祝壽 —— 有徐神翁。

　　以上的八仙組合顯示了何仙姑並沒有出現，反而是徐神翁或張四郎依然取代她的位置。

　　慶壽劇中的八仙忙於祝壽慶會之事，在元劇中已見端倪，到了明朝周憲王朱有燉撰神仙劇以爲祝壽聆賞之資，都是藩府的承應劇，通常在這樣的戲裡，八仙不過是八個人各唱賀詞而已，情節十分簡單。不過，長生久視、延年益壽之道，莫逾於神仙之道，所以將神仙故事，抑揚歌頌於酒筵佳會中，賓主暢懷，祝壽之意就此達成。八仙戲劇的內容也隨著脫離現實與群眾，流於上層社會對長生不老的企慕和慶賀玩賞的輔助罷了。雖然劇中對八仙人物缺乏深刻的描繪，但是由於關目中以八仙聚集、慶賀終場的處理方法，使八仙與祝壽的關係結合更緊密，所以後來出現了八仙畫像，寓意吉祥，有祝福高壽的意思。

　　明朝初期雜劇中，值得注意的是一齣無名氏的《爭玉板八仙過滄海》。據《古今雜劇》考訂此劇約成於憲宗成化年間，可能是周憲王雜劇流入內府，由樂工伶人模仿而成。〔註61〕劇中出現的八仙是：鍾離權、鐵拐李、徐神翁、韓湘子、張果老、曹國舅、藍采和、呂洞賓諸仙，其中何仙姑沒有出現，仍然是徐神翁。劇中搬演的「過東海」情節成爲《八仙出處東遊記》中重要的高潮戲。由以上可知，在明憲宗之時，八仙的組合仍有徐神翁而無何仙姑。

　　其實從唐末五代後蜀道士張素卿開始，已經繪有〈八仙圖〉，被人獻給蜀主孟昶祝壽，可是其中的八仙並非後代所傳的八仙；其後到了北宋中期，沒有資料記載以八仙慶壽爲繪畫技藝中常見的主題。到了北宋末徽宗因崇道之故，欲裝飾道觀而帶動道教繪畫的勃興，使得八仙這八位傳說人物成爲畫中常見的主題，如北宋末的《宣和畫譜》載有李得柔繪的〈鍾離權眞人像〉、〈呂巖仙君像〉，〔註62〕都是個人的繪像，而且沒有祝壽的意思。元末完成的〈八仙過海圖〉則繪八仙於一幅圖畫中，但是也屬於道教畫的範疇。自明初慶壽劇興盛，八仙寓意吉祥與和諧，被藝術家們借用爲固定的造型，〈八仙慶壽圖〉已在民間普遍地流傳了。〔註63〕

　　有關八仙圖的流傳情形，王世貞的《弇州山人四部續稿》書中曾提及，卷一七一〈題八仙像後〉有云：

　　　　八仙者，鍾離、李、呂、張、藍、韓、曹、何也。不知其會所由起，

---

〔註61〕同註52，頁63。
〔註62〕見《宣和畫譜》卷四。
〔註63〕見左漢中《中國民間美術造型》，頁165。

亦不知其畫所由始。余所見仙跡及圖史亦詳矣，凡元以前無一筆。
而近如冷起敬、吳偉、杜堇，稍有名者，亦未嘗及之。或庸妄畫工，
合委巷叢俚之談，以是八公者，老則張，少則藍、韓，將則鍾離，
書生則呂，貴則曹，病則李，婦女則何，爲各據一端，作滑稽觀耶？
〔註64〕

據他指出，有何仙姑加入的這一組八仙畫像，在民間確有流行。而《弇州山
人四部續稿》一書乃王世貞晚年作品的合集，王世貞卒於神宗萬曆十八年，
以此推知，彼時八仙已爲人熟知，正是《八仙出處東遊記》刊定以後的事。
至於其他說法不足爲據，例如以爲繪像是「各據一端，作滑稽觀」，是不了解
民間圖像的內涵。民間有「圖必有意，意必吉祥」的說法，八仙圖正象徵長
壽吉祥的寓意，而非單純就「形象各異」這方面就可以解釋。〔註65〕

# 第三節　八仙組合的完成

　　明朝初年八仙的組合沒有固定的模式，徐神翁或張四郎仍然會出現其
中。直到明朝中葉吳元泰《八仙出處東遊記》與湯顯祖的《邯鄲記》撰成，
八仙中加入了何仙姑，這個組合才建立了固定的模式。

　　八仙人物本是廣受民間大眾歡迎的傳說人物，自然便成爲戲劇作家們編
製戲劇的最佳題材，到了元代，已經足以構成一個表演群體，敷演一個獨立
的故事了。但是若檢視故事的內容，還是侷限於度脫或祝壽等單一情節的刻
劃，而沒有就整體故事的全面鋪演，一直到《八仙出處東遊記》的小說出現，
八仙故事才得以完整呈現故事的全貌。

　　《八仙出處東遊記》一書，彙集了元代及明初的八仙故事，加以增飾，
成爲二卷五十六則的體例，作者爲吳元泰，由它的板式、紙質、行款等處鑑
識，約爲萬曆以前所刻。〔註66〕

　　《八仙出處東遊記》的第一回「鐵拐修眞成道」有云：「話說八仙者，鐵
拐、鍾離、洞賓、果老、藍采和、何仙姑、韓湘子、曹國舅。」〔註67〕開宗

---

〔註64〕見王世貞《弇州山人四部續稿》卷一七一〈題八仙像後〉。
〔註65〕同註50，頁169～173中有詳細的說明。
〔註66〕見柳存仁〈四遊記的明刻本〉一文考證，收入《新亞學報》第五卷第2期，
　　　　頁248。
〔註67〕見《八仙出處東遊記》卷一，收於《四遊記》中《東遊記》，頁1。

明義將八仙成員介紹出來，很顯然地，徐神翁與張四郎的位置已爲何仙姑所
取代。這一個開始，影響了當時及後代的組合情形。

　　較《八仙出處東遊記》完成稍晚的《邯鄲記》，是搬演八仙故事的一齣傳
奇，作者是湯顯祖，據其自序，完成於萬曆四十一年，時已四十六歲，全劇
寓意歸於道。這齣傳奇著力點在於發揮唐沈既濟小說《枕中記》的故事，藉
仕宦生涯所見與功名富貴虛幻，寫盡了當時社會制度的黑暗。劇中的主角是
呂洞賓與盧生，八仙僅屬於點綴的角色，出現於劇終第三十齣《合仙》裡與
呂、盧兩人相會，承襲了雜劇關目在劇終八仙會集後，以一、二曲敘述各人
履歷的體例。《邯鄲記》第三十齣〈合仙〉云：

> 有一個漢鍾離雙丫髻，蒼顏道扮；一個曹國舅八采眉，象簡朝紳；
> 一個韓湘子棄舉業，儒門子弟；一個藍采和他是個打院本，樂官出
> 身；一個柱鐵拐的李孔目，帶些殘疾；一個荷飯笊何仙姑，挫過了
> 殘春。眼睜著張果老，把眉毛褪。雖不是開山作祖，仙分裡爲尊。

〔註68〕
其中的八仙組合與稍早的《八仙出處東遊記》相同。然而其所重並不在於八
仙故事，所以對八仙故事並沒有太大的影響，較值得注意的是組合中已經確
定了何仙姑此一角色了，這是《八仙出處東遊記》刊行後最早承接此一組合
的作品，所以在此也一併說明。

　　由以上的探討可以知道，雖然「八仙」一詞自東漢即已出現，但是並非
指涉《八仙出處東遊記》中確定人名的八仙組合。到了南宋的民間遊藝活動
裡，出現扮演「八仙道人」的裝扮，金院本也有《八仙會》的戲劇搬演，八
仙組合略見端倪。直到後來的元朝度脫雜劇、明初的慶壽劇、明小說《八仙
出處東遊記》這三個由發展到成熟的重要階段，八仙故事至此才眞正定型，
成爲後來八仙故事衍化的源頭。

　　眞正確定八仙的人物組合時間，約爲明憲宗刊行的《爭玉板八仙過滄海》
雜劇到《八仙出處東遊記》印行的萬曆以前，共幾十年間。其間，何仙姑取
代了徐神翁的位置，在八仙組合中取得了一席之地，也使這個神仙團體形象
更爲鮮明。

---

〔註68〕見湯顯祖《邯鄲記》，收於《湯顯祖集》，頁 2431～2432。

# 第四章 八仙與道教的關係

　　在八仙故事中，身為主角的八個人，不管真實性如何，都因道教的影響加以神化，而成為民間崇奉的神祇；對於八仙的組合過程，道教也起了很大的作用。八仙中的鍾離權、呂洞賓是兩宋內丹派的祖師；曹國舅、李鐵拐、何仙姑等人，也因身為呂洞賓的弟子，得以在元劇的搬演中佔一席之地。在八仙故事的文學作品中，道教的色彩極為濃厚，因此，瞭解道教才能理解這一類文學作品。

　　除此以外，八仙信仰也反映了道教中神仙信仰和修煉方術的轉變，這種轉變在道教史上有重要的意義。本章即就有關八仙與道教的兩種密切關係分節予以討論，第一節有三個部分，先概述神仙思想的形成，再討論道教神仙信仰發展的過程與轉變，反映八仙成員此時的特點。第二節則先說明修煉方術的源始，再探討鍾、呂的內丹理論對內丹派中重要的影響。

## 第一節　道教的神仙信仰

### 一、神仙思想的形成

　　道教是以神仙信仰為樞軸的中國宗教。它是在古代的巫術、神仙家、方士方術、陰陽五行思想、儒家、道家等基礎上形成的，有自身的理論、神譜、儀式與方法，其中神仙的崇拜是道教信仰的核心，也是道教不同於其它宗教的最顯著點。

　　神仙思想建立在一個超越的宇宙論上面，它的前提是承認在塵世之外還

有一個更高的境界和更高的超越生命則稱爲仙。神、仙名稱雖不同，但因兩者都有超異常人的能力，因此戰國之世，常將神與仙混而爲一，很難區分清楚。

戰國時期的神仙傳說出自荊楚燕齊諸地，應是臨近大海這個特殊地理區域，容易引發海上有三神仙，山上有不死藥的傳說。在先秦的典籍中，言及仙人事蹟的有《莊子》、《楚辭》、《韓非子》等書。《莊子》描述神人、眞人、至人諸仙的形象生動鮮明，例如：藐姑射山上的神人，〈逍遙遊〉描述他能成乘雲氣、御飛龍：「肌膚若冰雪，綽約若處子。不食五穀，吸風飲露。乘雲氣，御飛龍，而遊乎四海之外。」〔註1〕《楚辭》則描繪了神仙悠然自在的生活，〈九章·涉江〉說：「登崑崙兮食玉英，與天地兮同壽，與日月兮同光。」，〔註2〕仙人能飛翔往來、長生不老，這類動人的描述，充滿神幻的色彩。莊子和屈原都生活在楚國，民間已廣泛流傳神仙的觀念了。

在北方的燕齊一帶，也有了三神山的傳說，肯定仙境是眞實存在的。根據《史記·封禪書》中所載，戰國時齊威王、齊宣王及燕昭王都曾派人入海求蓬萊、方丈、瀛洲三神山，傳說上面有仙人與不死之藥。而「燕、齊海上之方士，傳其術不能通，然則怪迂阿諛苟合之徒自此興，不可勝數也。」〔註3〕長生之藥與神仙難以求得，然而神仙之說不見減少，反而愈來愈多，連後來的秦始皇、漢武帝也曾因此眩惑著迷，「自此之後，方士言神祠者彌眾」，〔註4〕上有所好，下必甚焉，流風所及，至東漢而不衰。

西漢劉向撰有《列仙傳》，敘述了赤松子等七十一位仙人，以證明神仙事蹟不誣，這是爲神仙正式立傳的第一本專書。〔註5〕於是，經秦始皇、漢武帝、成帝、淮南王劉安、劉向等帝王公卿的倡導，神仙之說已極爲流行，但這個時期的神仙思想還沒有與道家的理論結合，僅爲神仙思想的起源階段，其後發展爲當時普遍的精神追求，從而在東漢末，爲《太平經》所吸收，一躍成爲道教的核心思想。

---

〔註1〕見《莊子》內篇〈逍遙遊〉。

〔註2〕見《楚辭·九章·涉江》。

〔註3〕見《史記》卷二十八〈封禪書〉。

〔註4〕同註3。

〔註5〕題爲劉向撰的《列仙傳》，《直齋書錄解題》以爲文字與西漢用法不同，故非劉向所撰。《四庫提要》魏乃魏晉間方士所撰，託名劉向。袁珂《中國神話史》則考如果作者不是劉向，也應當是東漢間人。見《中國神話史》，頁151。

## 二、早期道教的神仙思想

　　《太平經》一百七十卷，它的主要內容是陰陽五行、興國廣嗣之術的巫覡雜語之書，約成書於東漢末年。〔註6〕《太平經》內容雖然龐雜，可是其中蘊藏了不少秦漢以來神仙家的思想，其中建構了「太平天國」的九等人，即：神人（即無形的元氣）、大神人（有形，如天）、眞人（如地）、仙人（變化與四時同）、大道人（似五行）、聖人（理陰陽）、賢人（治文書）、凡民（如萬物）、奴婢（通財貨往來）。其中神人、眞人、仙人、道人都屬於得道的神仙等級。而學道是爲了什麼目的？〈通神度事厄法〉說：「上士學道，輔佐帝王，當好生積功乃長久；中士學道，欲度其家；下士學道，才脫其軀。」〔註7〕所以，學道除了可以長生外，更重要的是可以治國。湯一介說：「道教作爲一種宗教，其勸世救世目的即在於此。它企圖利用一種神秘的宗教信仰，來『勸善戒惡』，以達到鞏固封建帝王的統治，這一特點又是反映了道教強烈干預政治的願望。」，〔註8〕如果將現實社會治理好，就可以造一個理想的「太平世」，這一入世方面的思想，當是由儒家而來，這點對後起的道教理論有深遠的影響。

　　約在《太平經》成書的同時，張陵從江淮地區到巴蜀建立了道教組織，創「五斗米道」，後來的道教徒尊稱他爲天師，子孫得世襲其名，因此「五斗米道」又稱「天師道」。此時有《老子想爾注》一書，它藉著注釋《老子》的詞句，來闡揚長生神仙說，其中多處講到重生、以清靜爲本、愛精全神等養生方法，可是由於乃注疏體裁，無法全面解釋「五斗米道」的特色，這本書後來也漸漸亡佚了。

　　自從道教成立以後，神仙思想便以道教爲主流而發展出一定的方法和傳承。修道的目的自然要成仙，而修道方法可以分爲煉養、服食、符籙等諸多種類，魏晉時期，因有《抱朴子》的出現，使道教和神仙思想奠定了理論基礎與實踐方法。

　　東晉初，葛洪著《抱朴子》內篇二十卷，整理並闡述了戰國以來神仙方術的理論，肯定了修道成仙的可能，且構造修煉成仙的種種方法，提出了服

〔註6〕有關《太平經》成書年代，引發諸多的討論，王明〈論太平經的成書年代和作者〉一文，論證豐富，學者多採其說。文收於《道家和道教思想研究》下編，頁183。

〔註7〕見王明《太平經合校》卷一五四─一七○〈通神度事厄法〉第五，頁724。

〔註8〕見湯一介《魏晉南北朝時期的道教》，頁66。

餌金丹大藥的方法。葛洪所屬丹鼎道派的師承來自於左慈（元放）、葛玄（葛洪從祖）、鄭隱一脈。據《抱朴子內篇》卷四〈金丹篇〉云：

> 余從祖仙公，又從元放受之，凡受《太清丹經》三卷及《九鼎丹經》
> 一卷、《金液丹經》一卷。余師鄭君者，則余從祖仙公之弟子也，又
> 於從祖受之，而家貧無用買藥。余親視之，洒掃積久，乃於馬跡山
> 中立壇盟受之，並諸口訣訣之不書者。江東先無此書，書出於左元
> 放，元放以授余從祖，從祖以授鄭君，鄭君以授余，故他道士了無
> 知者。〔註9〕

由以上可知，他師承自丹鼎教派，而丹鼎派傳授丹經與口訣時十分神秘，其他人都難以知曉。葛洪的神仙思想是以「神仙存在」為前提，因為前人如劉向《列仙傳》的記載是可信的，仙人又分為三等，〈論仙篇〉說：「上仙舉行升虛，謂之天仙。中士游於名山，謂之地仙。下士先死後蛻，謂之尸解仙。」，〔註10〕而所備功力不同，成仙等級就有這三種分別。除此以外，他還強調神仙可學，只要掌握修道的方法——內修形神、服食丹藥；外攘邪惡、符籙之術等，對道教的神仙思想影響很大。

到了南朝齊梁時的陶弘景，他繼葛洪之後進一步發展了道教的哲學理論，成為「早期道教的集大成者」，〔註11〕陶弘景對道教主要的貢獻有兩方面：一、對早期道教的神仙學說作了總結和改造。二、為道教建立了一套神仙世界的譜系和構成了道教傳授的歷史。〔註12〕就第一點來說，早期道教強調只要修道、便可成仙的說法，自葛洪迄陶弘景的兩百年間，沒有人實現，於是陶弘景總結了諸多修煉方術，撰成《真誥》、《登仙隱訣》等書，〔註13〕記錄養生登仙的方術秘訣；此外，繼葛洪之後，他投注極多心力在煉丹上，著《服餌方》、《煉化雜術》多書；〔註14〕《本草經集注》一書則系統整理古代藥物學、藥學經驗而成，對中國醫學有不少貢獻。〔註15〕第二點是《真靈位業圖》

---

〔註9〕見王明《抱朴子內篇校釋》卷四〈金丹篇〉，頁71。
〔註10〕同註9，卷二〈論仙篇〉，頁20。
〔註11〕同註8，湯一介說：「自陶弘景以後，道教的發展進入了一個新階段：他是早期道教的集大成者，也是早期道教的終始者。」，頁291。
〔註12〕同註8，頁292。
〔註13〕《真誥》二十卷，收於《正統道藏》安、定字號，《登仙隱訣》收於《正統道藏》逐字號。
〔註14〕《服餌方》三卷及《煉化雜術》一卷《隋志》著錄。
〔註15〕《本草經集注》七卷收於《雲笈七籤》卷一百○七。

的撰成，標示了等級森嚴的神仙譜系。〔註16〕

　　《真靈位業圖》將當時流傳于世的七百多位神仙，以圖譜的形式列出。類似的神仙圖譜，在南北朝後期有不少道士作過，例如北朝末道書《無上秘要》就曾列出五百多位神仙，然而還沒有等級的分別。陶弘景將神仙排成七個等級，每個等級又有居中的中位主神與左、右位神仙。例如第一級的中位是「元始天尊」，左位是「高上道君」，右位是「元皇道君」；「元始天尊」首見於葛洪的《枕中書》，〔註17〕葛洪書中因「元始天王」（盤古真人）開天闢地故尊為道教最高的神。此外，第二級共一百零四位、第三級有八十四名、第四級有一百七十四名、第五級有三十六名、第六級有一百七十三名、第七級有八十八名。《真靈位業圖》將當時道經中雜亂的神仙予以整理，統一了道教的最高神——元始天尊，今《道藏》即列《靈寶無量度人上品妙經》為首，卷一乃《元始無量度人上品》，敘其開天闢地之事。

　　道教至此，可以說有了較完備的神仙信仰的體系，而其影響力也漸由民間擴散到上層社會。

## 三、道教神仙思想的轉變

　　唐代是道教鼎盛的時期，它的地位甚至超過佛教，受到皇朝的尊崇。首先是高祖武德二年，敕樓觀令老君殿，七年幸老子祠，規定三教以道、儒、釋為序。〔註18〕這些措施似乎只是象徵性的作法，為的是政治上的考慮。太宗時則下了一道重要的詔令，說「朕之本系，出於柱史」，即唐室源於老子，所以應當重視本土的道教，命令「自今以後，齋供行立至於稱謂，其道士女冠，可在僧尼之前」，〔註19〕從此後，在公共齋會儀式與有稱謂時，道士名號應該在前面。高宗後，崇道的活動日益增多，道士與道觀的人數增加了，士人接觸道教的機會也增加，上元元年，武后上表奏稱「國家聖緒，出自玄元皇帝，請令王公以下皆習《老子》，每歲明經」，〔註20〕所謂玄元皇帝指的是老子在乾封元年的尊號，因此，《道德經》也成為明經考試的內容之一了。到

〔註16〕《洞玄靈寶真靈位業圖》一卷，收於《正統道藏》騰字號。
〔註17〕見《正統道藏》洞真部譜錄類騰字號《元始上真眾仙紀》前半部為葛洪的《枕中書》。
〔註18〕見《新唐書》卷一《高祖本紀》。
〔註19〕見《全唐文及拾遺》卷六〈令道士在僧前詔〉。
〔註20〕見《資治通鑑》卷二百〇二〈唐紀〉十八。

了唐玄宗，不但親自注釋《道德經》，還置玄學博士；開元中蒐集道經，纂修成藏，廣爲流布，唐朝崇道的情形可見一斑。

唐玄宗是崇道有名的君主，前期的崇道或許爲了政治的考量，到了開元末、天寶初，則因爲企求長生的需要而熱切起來。在玄宗早年，對道教抱持著懷疑的態度，以張果爲例子，就可以很清楚的看到其中的轉變。在開元二十二年，曾召張果到宮中，多次試以神仙方藥之事，「玄宗方信之」。〔註21〕道士在玄宗朝是備受禮遇，朝廷常徵召他們入京，詢問神仙長生術及政事，當道士離開時，還會賜他們名譽的官位。張果本來是一位隱於中條山、懂得道術的隱士，後來被玄宗擢封「銀青光祿大夫」、號「通玄先生」，他的事蹟在兩唐書俱載，本文第二章已有考證，另外有關他煉丹的著作也不少，像《玉洞大神丹砂眞要訣》一書，收於《正統道藏》洞神部眾術類，言鍊製丹砂的方法，是唐朝有名的煉丹家。

唐代以前，「隱」的原意約有兩種：一種是因應時局的限制而有的存身之道，〔註22〕另一種是性情的趨向；〔註23〕到了唐代，王室對隱居之士非常禮遇，帝王藉此可以突顯自己親民愛民的形象，另一方面由於帝王的提倡，可以薦舉授予官職，因此走「終南捷徑」的簡捷方法便廣爲人所運用。尤其是具有隱士、道士身份的隱居求道者，常被召入宮解答帝王有關長生的仙術及爲他們煉丹，等他們請求還山時又會頒賜禮物和名譽官位。而「唐代的道教徒，不管是否出家爲道士，多有隱居之實。」，〔註24〕像司馬承禎、王遠知等等著名的道士，都是茅山道教的祖師，茅山道派自陶弘景得陸修靜三洞經書，又甄別整理《上清經》並廣爲撰述後，茅山道教就成爲唐代流行的道教。以茅山道教的道士爲例，他們和當時藉隱逸作爲入仕手段的隱士不同，因爲道派的神仙信仰成熟且廣爲人信服，道士們常隱遁山林，專心奉道以求長生神仙之術。

---

〔註21〕見《舊唐書‧方伎列傳》卷一九一〈張果傳〉。

〔註22〕例如《莊子》卷六〈繕性篇〉云：「古之所謂隱士者，非伏其身而弗見也，非閉其言而不出也，非藏其知而不發也，時命大謬也。」這種隱居行爲是限於時勢的權宜之策。

〔註23〕同註22，卷六〈刻意篇〉云：「就藪澤，處閒曠，釣魚閒處，無爲而已矣；此江海之士，避世之人，閒暇者之所好也。」這種隱士與時勢無關，純粹是個人性情的趨向。

〔註24〕見施逢雨〈唐代道教徒式隱士的崛起：論李白隱逸求仙活動的政治社會背景〉一文，《清華學報》16卷2期，頁36。

　　八仙中出現於唐朝的人物，除了張果外還有韓湘。按照本書第二章的考證，韓湘的生平事蹟與道教沒有任何的關聯，眞正將他的名字與染花異術連在一起的契機是《仙傳拾遺》。《仙傳拾遺》是五代後蜀道士杜光庭所撰，他是唐代影響最大的道教教派——茅山道教的道士。《仙傳拾遺》裡有關韓湘的描述，是以民間傳說的染花故事做基礎，又有仙話的附會，所以容易傳播流行，而爲群眾接納。由於韓湘其人的仙道化是在五代，因此，韓湘與教道的關係當置於五代來看才合乎事實。

　　前面所述，唐代的道士多信神界的實有與神仙可成，皆勤於煉藥求仙。但是到了唐末五代，時值政治黑暗，社會混亂，那些身懷異術且具道行的人物走入了人群，開始用另一種方式來表達他們的信仰。例如出現在五代的藍采和，具有道教所言的秘術（不寒不熱之道），且持拍板唱歌，歌詞有仙意，用以勸化世人，傳至宋元時代，道人化緣、乞丐討飯，俱用漁鼓、簡板，沿戶唱歌，化緣討飯。〔註25〕藍采和的事蹟被五代末葉南唐時的沈汾收錄於《續仙傳》中，宋吳淑所撰《江淮異人錄》載有沈汾事蹟，該書〈沈汾〉條云：

> 唐末，沈汾侍御退居樂道。家有二妾，一日謂之曰：「我若死，爾能哭我乎？」妾甚愕然，曰：「安得不祥之言？」固問之，對曰：「苟若此，安得不哭？」汾曰：「汝今試哭，吾欲觀。」妾初不從，彊之不已，妾走避之，汾執而意之，妾不得已，乃曰：「君但升榻而坐。」汾如言，二妾左右擁訣而哭，哭畢視之，汾已卒矣。〔註26〕

從上面看來，沈汾也是「道家者流」，〔註27〕與杜光庭同爲奉道之士。杜光庭的《仙傳拾遺》與沈汾《續仙傳》都是五代時期的仙話作品，這個時期的仙話作品的確反映了當時神仙信仰的轉變情形。

　　仙話的起源很早，據袁珂《中國神話史》說：「第一部仙話的專集，自然不能不首推題爲劉向撰的《列仙傳》。」〔註28〕在西漢即有仙話的專書，自道教成立以後，「又大大地推動了仙話的發展，並使它帶上了濃厚的宗教色彩」。〔註29〕道教成立後的早期仙話專集，例如葛洪的《神仙傳》、陶弘景的《眞誥》等書，內容都是以修道成仙爲主題的，它所表現的是凡人對仙界的企慕，神

---

〔註25〕見岑大利《中國乞丐史》，頁195。
〔註26〕見吳淑《江淮異人錄》卷上〈沈汾〉條。
〔註27〕見陳振孫《直齋書錄解題》語。
〔註28〕見袁珂《中國神話史》，頁147。
〔註29〕同註28，頁154。

仙接引慕道之士，而這些「慕道之士」多屬於上層的貴族階級，這點和道教初期的傳播過程有關。另外，這個時期的仙話著作也反映了這個時代的神仙思想，如葛洪《神仙傳》的撰述動機是強調神仙可學而致，〔註30〕《真誥》則描述神仙世界景象、神仙傳授仙訣等等內容，這說明了神仙世界的真實性。到了晚唐五代，道教的神仙思想有了變化，仙話的創作達到高峰，僅就《太平廣記》一書所引，即有四十幾種仙話集，《仙傳拾遺》與《續仙傳》都是屬於純粹的仙話故事集。在仙話發展的繁榮裡，作者、作品、題材、藝術形式都比以前多且有深度，而且反映了五代前後神仙思想發生的變化。

　　變化的原因，一則為歷史演變因素，另一則為道教自身發展的結果。服食丹藥中毒屢屢聽聞，對追求長生不死這個渺遠夢想的人們而言，可能性已逐漸降低。還有道士道份的改變，從一心一意崇道、企求長生神仙之術的人，轉變成各種的出身。例如有投赴科考失敗者如呂洞賓，因此挫折而歸隱山林，託庇道教，救助世人；有賦予仙界可預知凡人福禍的命運權如韓湘；有身懷異術、隱於市集以助人者藍采和。這些仙話依梅新林的說法，乃屬於「濟世仙話」，他在「仙話──神人之間的魔幻世界」書中說：「當修道仙話將神仙或半神仙的方士道徒的非凡神通，由接引凡人成仙導向拯救凡人困難時，便誕生了濟世仙話。」〔註31〕在濟世仙話中表現的特點是「平民化」，他們行善的對象是民間百姓，除了度人成仙外，還濟人利物，從事善行。這些仙話可以說明當時神仙思想改變下的神仙行為，與以往有差異。這些神仙的行為從虛無縹渺的仙境、仙真傳說中轉向人間，在仙話裡記述了奉道者被度化的神奇過程，而奉道者也必須真心向道才有被度脫的可能。所謂真心向道，也不是過去的服食煉食，而是融合了三教（儒、釋、道）的內丹之學。

　　綜合上述，可以知道不同時期的仙話創作，多能反映不同時代的宗教信仰。明胡應麟《少室山房筆叢》卷二十九曾說：「魏晉好長生，故多靈變之說；齊梁弘釋典，故多因果之談。」〔註32〕迨至晚唐五代，道教神仙信仰融合三

---

〔註30〕見葛洪《神仙傳》序云：「弟子滕升問曰：『先生云：仙化可得，不死可學。古之得仙者，豈有其人乎？』予答曰：『秦大夫阮倉所記，有數百人；劉向所撰，又七十餘人。然神仙幽隱，與世異流，世之所聞者，猶千不得一者也。』」全書記神仙八十四位，證仙化可得，不死可學。《神仙傳》文收錄於《道藏精華錄》下冊。
〔註31〕見梅新林《仙話─神人之間的魔幻世界》，頁176。
〔註32〕見胡應麟《少室山房筆叢》上冊卷二十九，丙部九流緒論下。

教理論，使神仙世俗化、人情化，百姓對神仙渺遠幻境嚮往轉變，落實在自身修煉內丹上，張果、韓湘子、藍采和、呂洞賓的傳說適足以顯示這個現象。

# 第二節　道教的內丹說

## 一、內丹說的形成

　　長生不死信仰很早就根植於原始的社會裡。《山海經》有不死國、不死民的記載，《莊子》《楚辭》中描述先秦的神仙人物如赤松、藐姑射山神人等，他們的神仙修煉之法，有的追求神仙不死藥、有的導引吐納以養形壽，在《韓非子・外儲說》裡也曾記載燕王求不死方法的事情，〔註33〕戰國時追求神仙不死的風氣趨於興盛。

　　在長生信仰盛行的戰國時代，有一批以求仙為主要任務的方士，他們雖然沒有組織宗教團體，但是漸漸形成一家學說，通稱「神仙家」。他們的方術在《史記》等典籍的記載，約有兩種，一為取得長生不死藥，二為「形解銷化」，即通過煉養肉體成仙，藉著吐故納新、煉氣食息、悟道等種種修煉方式而獲長生不死。第一種方法是借助於外力以成就自己，不必經由種種繁瑣的修道方法便可輕易達到目的，因此是帝王最常運用的方式，從齊威王、齊宣王之後，帝王服食丹藥的情形史不絕書，蔚為風潮。先秦史籍中尚無煉丹的記載，這個時期多是帝王遣使赴海外尋不死之藥，〔註34〕但是遠赴海外尋求的結果，不是屢為風暴所阻，就是沒有收穫，因此到了漢朝就逐漸轉為在人間尋求丹藥。第二種方法是靠著自己的內在修煉工夫而長生不死，約可分為導引、食氣、悟道三種方式，是後來道教重要的修煉方法。

　　在人間尋求丹藥的地方，就是自然界。這些從自然界採集的仙藥有赤芝、雲母、玉石等，這種採集天然的礦物植物服食以成仙的行為，也肇始了提煉丹藥的活動。漢朝的煉丹活動十分興盛，武帝曾多次派人入海以求丹藥，且崇信方士李少君等人，此時方士李少君已從丹砂中提煉出黃金，作為器皿以求成仙；〔註35〕另外，淮南王劉安喜神仙方術，很重視黃白術的修煉，他是

〔註33〕見《韓非子》卷十一〈外儲說〉左上第三十二：「客有教燕王為不死之道者，王使人學之，所使學者未及學，而客死，王大怒誅之。」
〔註34〕《戰國策》、《史記》中有載。
〔註35〕見《史記・封禪書》云：「少君言於上曰：『祠灶則致物，致物而丹沙可化為

以汞爲主，兼作金銀，〔註36〕道教丹鼎派的黃白之術，此時已肇其端。此後，西漢的帝王大多喜好神仙修鍊術，這個時期的特色是偏重在黃白之術，方士多依靠著上層的王公貴族所資助，才得以修煉。

　　神仙家的各種煉養術，都爲後來的道教所繼承，成爲道教學說的重心所在。東漢，神仙修鍊術逐漸轉向民間，在道教蘊釀成立時，魏伯陽有《周易參同契》一書，約成於桓帝時，喻爲萬古丹經王。〔註37〕此書共三卷，書名爲《周易參同契》的原因：「說『周易』，示此書以《周易》爲立論根據；參，三也，即《周易》、黃老、爐火三事；同，通也；契，書契也──明此書乃據《周易》的原理貫通《易》、老、丹三學之書典。」〔註38〕《周易參同契》的內容以修燒外丹術爲主，也有內修服氣的內容，外丹、內丹家都常常加以援引，對後世兩派的學說影響很大。

　　魏晉南北朝時期，道書頗眾，其中葛洪在其名著《抱朴子內篇》中，系統論述了煉養成仙的原理，及導引、服食、房中、金丹、辟穀諸多方術，最推崇金丹。他以爲煉丹藥須有主客觀條件，《黃白篇》云：

> 黃白術亦如合神丹，皆須齋潔百日已上，又當得閑解方書，意合者乃可爲之，非濁穢之人，及不聰明人，希涉術數者所辨作也。其中或有須口訣者，皆宜師授。又宜入於深山之中，清潔之地，不欲令凡俗愚人知之。〔註39〕

這裡提到主觀上適合修煉的條件，要研讀術數之書且能理解，口訣則需明師指點。而丹藥分爲三類，服食之後的效果並不相同，〈黃白篇〉云：「朱砂爲金，服之升仙者上士也；茹芝導引，咽氣長生者中士也；餐食草木，千歲以還者下士也。」〔註40〕服食之後成仙又分爲三等，〈論仙篇〉云：「上士舉形升虛，謂之天仙；中士游於名山，謂之地仙；下士先死後蛻，謂之尸解仙。」

---

黃金，黃金成，以爲飲食器則益壽。』」。

〔註36〕見桓譚《新論》云：「淮南王之子嫂，迎道人作金銀。云鉛字金與公，鉛則金之公，而銀者，金之昆弟也。」，見嚴可均校輯《全上古三代秦漢三國六朝文》卷十五。

〔註37〕見楊愼《古文參同契序》語：「《參同契》爲丹經之祖。」而王明〈周易參同契考證〉一文辨析金丹理論的成熟始自此書，見《道家和道教思想研究》，頁275～278。

〔註38〕同註37，見楊愼《古文參同契序》語。

〔註39〕見《抱朴子內篇校釋・黃白篇》，頁285。

〔註40〕同註39，頁287。

〔註41〕由礦物中提煉金銀，這種煉金術又稱「黃白術」，是丹鼎道派方術的重要方術，自從葛洪著書推崇以來，服食外丹以成仙，漸漸成爲道教煉養術中盛行的方法，至唐代而大盛。

唐代是道教的繁榮期，帝王大都相信服食金丹可以達到長生不死，於是命令道士煉製金丹，使金丹術有了進一步發展，這時期出現了許多煉丹家和丹書。道士羅公遠、葉靜能、張果等人，都留下了外丹的撰述。除了外丹臻於極盛外，內丹也在流傳，以張果爲例，他是唐代著名的煉丹家，曾受詔至宮中，被玄宗詢問神仙方藥事。在《新唐書·藝文志》有記載他的著作：《陰符經太無傳》、《陰符經辯命論》、《氣訣》、《神仙得道靈藥經》、《罔象成名圖》、《丹砂訣》〔註42〕等，《正統道藏》中署名張果所撰的著作有《太上九要心印妙經》、《玉洞大神丹砂眞要訣》、《黃帝陰符經註》三書。《陰符經》在唐玄宗編《道藏》時題爲無名氏撰，先有道士李筌爲之注解，張果以爲他「假託妖巫，妄爲注述」，〔註43〕復加編次，附以己註而成，全書四百多字，完成於開元年間，《道藏精華錄一百種提要》說他：「此註能闡其微言，發其奧義。」〔註44〕爲「宋以前難得見之善本」，〔註45〕書成後爲內丹理論的重要依據。《正統道藏》中還有《太上九要心印妙經》、《玉洞大神丹砂眞要訣》二書，《太上九要心印妙經》題：「仙人張果老述。」，〔註46〕由「仙人」、「張果老」的稱呼看來，應屬唐以後道教徒神化道士張果事蹟後，託其名而撰的書。據《道藏提要》云《玉洞大神丹砂眞要訣》：「全書共十七品，前十四品與陳少微之《七篇》、《二章》相同而文字稍略。書中累提《七篇》、《二章》。本書亦未見諸唐宋史志，顯係抄襲《七篇》、《二章》而託名張果者。」〔註47〕《七篇》、《二章》二書是與張果同時的道士陳少微所作。《玉洞大神丹砂眞要訣》一書與《新唐書·藝文志》所記載他的著作《丹砂訣》相類，或許即是此書，〔註48〕那麼除了《新唐書》等史籍記載張果煉丹之外，他尚有關於煉丹的理論傳世。

張果神異事蹟在《新唐書》中有記載，在〈方技傳〉裡，他「善息氣，

〔註41〕同註39，頁2。
〔註42〕參見《新唐書·藝文志》。
〔註43〕見《黃帝陰符經註》序，收入《道藏精華錄》上。
〔註44〕見丁福保《道藏精華錄一百種提要》語，收於《道藏精華錄》上。
〔註45〕同註44。
〔註46〕見《正統道藏》洞眞部方法類珠字號。
〔註47〕見任繼愈主編《道藏提要》《玉洞大神丹砂眞要訣》語，頁659。
〔註48〕見任繼愈主編《中國道教史》，頁450。

能累日不食」、「頃視齒燋縮，顧左右取鐵如意擊墮之，藏帶中，更出藥傅其齦，良久，齒已生，粲然駢絜。」〔註49〕這些奇異的行爲被一般人傳說爲修煉丹藥有成的具體效驗，例如「善息氣，能累日不食」即道教煉養術中的「辟穀」，而道書中說辟穀，一般都與服氣一類氣功配合，或與氣功爲基礎，之後斷絕穀食，以達到延壽之效。〔註50〕

其實張果的例子在唐朝也有不少。無論是皇帝抑或王公貴族，甚至詩人隱士，也在唐朝崇道熾熱的風氣下，利用服食企求長生不老。〔註51〕雖然煉丹的材料昂貴，即使是專門從事煉丹的道士也必須有其經濟的資助，〔註52〕李豐楙說：「煉丹的事業只在帝王貴族的資助合作之下，爲少數上層階級製造，而不是普遍性的醫療，因此，這種被目爲上品的丹藥，只有貴族有機會服食，另外就是道士自己嘗試服藥尸解。」〔註53〕唐代帝王就常常召方士爲之煉丹，可是服用後暴斃的例子不少。像唐太宗於貞觀二十二年命令天竺方士那羅邇娑婆于金門造延年之藥，次年便罹患疾病而死。〔註54〕中唐時，憲宗服食道士柳泌的金丹「日加燥渴」，「多燥怒，左右宦官往往伏罪，有死者，人人自危；庚子，暴崩於中和殿」。〔註55〕穆宗服食方士金丹，「喜怒失常，疾既篤，旬日不能言」，〔註56〕會昌六年崩，死時才三十三歲。除了皇帝之外，王公大臣、文人學士服食丹藥而卒的例子也甚多，〔註57〕這些活生生的事實，冷卻了煉丹的狂熱，使得道教內部開始思考轉向內丹的路向。

## 二、內丹說的轉變

其實中國煉丹術發展到隋唐之際，外丹與內丹兩派逐漸分道揚鑣。外丹

---

〔註49〕見《新唐書》卷二〇四〈方技傳〉。

〔註50〕例如《上清黃庭內景經》說：「百穀之食土地精，五味外美邪魔腥，臭亂神明胎氣，那從返老得還嬰？」即倡辟穀行氣。收入《道藏精華錄》下。

〔註51〕例如詩人李頎、王維、王績、王勃、盧照鄰、李白、岑參、白居易等，整個唐代服食的風氣之普及由此可見一二。參《古今圖書集成·草木典·藥部》冊17。

〔註52〕例如像葛洪、陶弘景等著名的道士也有經濟的來源。見《抱朴子內篇校釋》卷四及《南史》卷七十六《陶弘景傳》。

〔註53〕見李豐楙〈符籙·齋醮·煉丹術－漫談中國皇帝與道教〉一文，收於《國文天地》56期，頁42。

〔註54〕見《舊唐書》卷三〈本紀第三〉的記錄。

〔註55〕見《資治通鑑》卷二百四十一〈唐紀〉五十七的記錄。

〔註56〕見《舊唐書》卷十八上〈本紀〉第十八上的記錄。

〔註57〕參見趙翼《二十二史札記》卷十九〈唐諸帝多餌丹藥〉的記錄。

即盛於唐朝的煉丹術，是實際地製作丹藥，服餌以求長生。內丹則繼承了先秦即有的行氣導引諸方法，也屬於煉丹術的一種，形成另一個派別。唐代的外丹術鼎盛，內丹術也頗流行，許多內丹術的著作也使用外丹的術語，例如宋時所謂的「金丹派」，指的並非外丹而是內丹派別。唐末外丹術日漸衰微，內丹修煉術則開始興起，所謂「內丹」，意謂「在人體內煉成的丹，乃相對於以身外的藥物煉成的『外丹』而言。內丹借用外丹術語，亦稱『金丹』。」〔註58〕唐末五代之際，正是道教外丹轉向內丹的過渡時期，而此時，思想界也有三教合一的趨向，影響了道教的理論。

　　唐朝思想界的特點在於思想的綜合融攝，這種特質在漢朝已見端倪。漢武帝時，董仲舒：「著《春秋繁露》一書，以神秘的五行陰陽學說附會儒家的經義，並創造求雨止雨儀式，登壇祈禱作法，簡直分辨不出他是儒生還是巫師或道士，儒生和神仙方士已經開始合流了。」〔註59〕葛洪的《抱朴子外篇》著作目的是：「內寶養生之道，外則和光於世，治身而身修長，治國而國太平」，〔註60〕所以他的《外篇》是屬於儒家之道，他要「求仙得長生者必須兼修道德，恪守禮法」，〔註61〕反映了道教的特色是融合現世的「治國安民」與超世的「長生不死」於一體。漢朝佛教傳入中土，到了漢末魏初之際，一些僧侶與在家的信士，為了宣揚佛教的思想，他們採用了格義的方式講論，所謂「格義」即援引中國固有的哲學概念來解釋佛教思想裡的類似概念，使兩種不同的思想會通在一起，使人易於接受，「格義」通常把老莊學說，來會通佛教教義，影響所及造成了三者的比附合流。例如六朝的陶弘景在《周氏冥通記》中企圖把道教與佛教的思想結合起來，即為一例。〔註62〕

　　到了唐代，宗教信仰為「釋老並行」，〔註63〕儒釋道三者皆沒有定於一尊，在這種社會氛圍裡，道教與儒學也成了生活的兩面，在個人事業上以儒家內聖外王的學說來求取仕途；道教則作為方外恬淡的退身之階。唐代有名的道士如施肩吾還曾進士及第，晚唐的杜光庭則是科舉不第，遂入了道籍。

〔註58〕見王志遠主編《道教氣功百問》，頁117。
〔註59〕見卿希泰《中國道教思想史綱》，頁11。
〔註60〕見《抱朴子內篇校釋‧釋滯篇》，頁148。
〔註61〕見湯一介《魏晉南北朝時期的道教》，頁203。
〔註62〕見《正統道藏》洞真部記傳類翔字號，《周氏冥通記》有云：「問曰：『陶氏才識如何？』答曰：『德操淵深，世無其比』。又曰：『然恐緣業不及，如何？』。」指出「緣業」若及則可得道成仙。
〔註63〕唐代崇奉佛教與道教，唯對佛教加以管理而已。詳見章群《唐史》，頁663。

　　唐末五代時期的思想傾向是「融合道教對於體能的修練，與禪宗的心性訓練、儒家淑世的倫理道德，就是三教合一的傾向」。〔註64〕像此時期道士陳摶，給世宗的建議便是治國爲要務，《資治通鑑》云：「世宗顯德三年，帝召華山隱士眞源陳摶，問以飛升黃白之術。對曰：『陛下爲天子，當以治天下爲務，安用此爲？』戊申，遣還山。」〔註65〕到了宋太宗時又派遣丞相宋琪向他問仙術，陳摶答曰：「摶山野之人，於時無用，亦不知神仙黃白之事、吐納養生之理，非有方術可傳。假令白日沖天，亦何益於世？今聖上龍顏秀異，有天人之表，博達古今，深究治亂，眞有道仁聖之主也。正君臣協心同德、興化致治之秋，勤行修煉，無出於此。」〔註66〕他以爲神仙之道無益於世，應專心治世才是。

　　除了融合了儒家淑世的治世觀外，道教的內丹學以完整的理論與新穎符合現世的說法，吸引了大批修煉之士，慢慢地取代了道教原本的外丹煉養方法。八仙中有呂洞賓即此中最顯著的例子。呂洞賓曾與陳摶往來，《宋史·陳摶傳》有記載：「關西逸人呂洞賓，有劍術。百餘歲而童顏，步履輕疾，頃刻數百里，世以爲神仙。皆數來摶齋中，人咸異之。」〔註67〕可見呂洞賓當與陳摶同時。呂洞賓當初舉進士不第，後研道法，有詩集《純陽眞人渾成集》，詩句有禪味，可能曾受禪宗影響。宋初的筆記中有鍾離權傳說，大約是起於此時，《宣和書譜》除渲染呂洞賓爲鍾離權弟子外，更進一步言兩者有「問答語」、而呂有「詩集」。〔註68〕考察鍾、呂二人的著作，在《正統道藏》中有：

（一）《黃帝陰符經集解》一卷，今存《正統道藏》洞眞部玉訣類闈字號。
　　　作者題爲：「赤松子、張良、葛玄、許遜、鍾離權、呂巖、施肩吾、崔明公、劉玄英、曹道沖」。《道藏提要》考證其爲南宋全眞道士所僞託；〔註69〕全書主內丹，言性命兼修，煉精化氣之旨。

（二）《秘傳正陽眞人靈寶畢法》三卷，今存《正統道藏》太清部志字號。
　　　作者題爲：「鍾離權著、呂洞賓傳」。《道藏提要》考證其爲唐宋五代道士所僞託；〔註70〕全書主內丹，言煉精氣神成丹仙之道。

---

〔註64〕見李豐楙〈不死的探求－道教信仰的介紹與分析〉，頁193。
〔註65〕見《資治通鑑》卷二百九十三〈後周紀〉第四。
〔註66〕見《宋史》卷四百五十七〈陳摶傳〉第二百十六。
〔註67〕同註66。
〔註68〕見《宣和書譜》卷十九。
〔註69〕見《道藏提要》，頁86。
〔註70〕同註69，頁941。

（三）《純陽眞人渾成集》二卷，今存《正統道藏》太玄部尊字號。作者
爲呂巖，由何志淵編集而成。據《宣和書譜》載呂洞賓有詩集，當
指此集。集中頌揚成仙之樂、內丹的重要外，尙有遨游人間、任俠
仗義的詩篇。

（四）《純陽呂眞人藥石製》一卷，今存《正統道藏》洞神部眾術類似字
號。作者題爲呂純陽，《道藏提要》考證其爲僞託之作。〔註71〕文
中羅列藥草的辨識方法及性能等等。

（五）《破迷正道歌》一卷，今存《正統道藏》洞眞部眾術類芥字號。作
者題爲鍾離權書中以七言歌詠內丹，以爲金液還丹的內丹說爲正
宗，其餘煉養法皆旁門小法。

此外，呂洞賓傳說的總集，有《呂祖誌》、《呂祖全書》、《純陽帝君神化
妙通紀》，王年雙曾詳細考證其中記載的來源，皆「保有大量宋代呂洞賓傳說
之原貌」，〔註72〕由這三種總集裡可以看出鍾、呂信仰在宋朝曾廣泛流行。

宋元時期內丹術十分盛行，專主內丹的全眞教、金丹派南宗成立，他們
都以鍾、呂內丹法爲前軀，繼承之後再加以拓展，使內丹理論更加成熟。由
於內丹學發展至兩宋，已經相當成熟，元、明以來的各家內丹學說，莫不祖
述兩宋。鍾、呂丹法的內容是以內丹煉養爲主，傳說爲鍾離權著、呂洞賓傳
的《秘傳正陽眞人靈寶畢法》成書於唐末五代，與託名唐末道士施肩吾所撰
的《鍾呂傳道集》〔註73〕均爲鍾、呂丹法的重要著作。《秘傳正陽眞人靈寶畢
法》全書依小乘、中乘、大乘分爲上、中、下三卷，小乘之法是煉成安樂延
年法的人仙，中乘是煉成長生不死法的地仙，大乘則可以煉成超凡入聖法的
天仙，三卷主要內容是呼吸積氣、金液煉形、存想入定等內丹法門。《鍾呂傳
道集》內論眞仙、大道、天地、日月、四時、五行、水火、龍虎、丹藥、鉛
汞、抽添、河車、還丹、煉形、朝元、內觀、魔難、驗證等共十八章，以鍾
離權、呂洞賓兩人相互問答的形式，闡明循序參修即可達到眞仙之境。〔註74〕

〔註71〕同註69，頁667。
〔註72〕見王年雙《南宋文學中之民間信仰－呂洞賓傳說及其他》，考證文見〈附錄〉
　　　部份，頁167～180。
〔註73〕《鍾呂傳道集》收於〈正統道藏〉洞眞部方法類的《修眞十書》內，題爲鍾
　　　離權述、呂洞賓輯、施肩吾撰。胡應麟《少室山房筆叢》卷四十四曾考證作
　　　品應爲僞託之作。
〔註74〕《秘傳正陽眞人靈寶畢法》與《鍾呂傳道集》兩書內容詳見《鍾呂傳道全集》。

由其理論看，鍾、呂丹法除了推崇內丹的地位外，還存有外丹如服食丹藥的方法，顯示了這一過渡期的煉養理論。

當時，除了鍾、呂一系的內丹派，還有其他的內丹派，例如「影響頗大的《靈源大道歌》，一題《至眞詩》，稱劉海蟾作。《道樞》錄爲《靈源篇》，稱何仙姑作。近人汪東亭、陳寧考證爲宋徽宗時名女冠曹仙姑（封文逸眞人）作，曹文逸師承不明。」〔註75〕此外，陳摶一脈的影響也極廣。陳摶弟子劉海蟾撰〈還金篇〉，〔註76〕劉海蟾傳張伯端，〔註77〕張伯端傳弟子白玉蟾等人，後來他和弟子被稱爲金丹派南宗，乃相對於南宋中成立的全眞教而言。全眞教傳到了元朝丘處機，追述祖源於鍾離權、呂洞賓二人，而至元六年，元皇帝忽必烈詔封全眞道所尊的東華帝君、鍾離權、呂洞賓、劉海蟾、王重陽爲「眞君」，後人遂稱他們爲「北五祖」；全眞教道士秦志安所撰《金蓮正宗記》記錄祖源說，將王玄甫、鍾離權、呂洞賓、劉海蟾、王重陽尊爲五祖。〔註78〕

自從五代宋初鍾、呂內丹派盛行以來，後起的內丹學說幾乎都與他們的學說有關，因此欲大張本派的重要性，常常有追述祖源的情形。〔註79〕像南宋末年李簡易撰有《玉谿子丹經指要》三卷，此書收入洞眞部方法類稱字號，書首列有〈混元仙派圖〉，列出所傳的內丹派師承表，以華陽眞人（太上老君）爲首，再傳正陽眞人（鍾離權），下傳純陽眞人（呂洞賓）等九十餘人。師承呂洞賓的有曹國舅、劉海蟾、趙仙姑、李鐵拐、徐神翁、王重陽等人，其中曹國舅、李鐵拐的學道事蹟雖有文獻可以供我們考察，而趙仙姑也因爲出現在呂洞賓的弟子群中，雖然她和何仙姑之間渺不相涉，可是由於傳說人物有互相感染合流的特性，以致於兩人事蹟混而爲一，元代道士趙道一編的《歷世眞仙體道通鑑》中〈趙仙姑〉條就記載：「趙仙姑名何，永州零陵人也。」，〔註80〕而《呂祖誌》更改姓氏「趙」爲「何」，元劇中亦有混合的跡象。

〔註75〕見任繼愈主編《中國道教史》下冊，頁541。

〔註76〕劉海蟾爲五代人，傳說事蹟見《陝西通志》及《金蓮正宗記》等道經。他被尊爲全眞教南宗的遠祖。〈還金篇〉則收於《正統道藏》太玄部《道樞》內。

〔註77〕張伯端爲北宋人，被尊爲全眞教南宗始祖。《悟眞篇》收於《正統道藏》洞眞部玉訣類律字號，此書被奉爲內丹專著。

〔註78〕見《金蓮正宗記》，收於《道藏精華錄》下冊。

〔註79〕見胡應麟《少室山房筆叢》下冊卷四十二〈玉壺遐覽〉云：「王司寇跋王重陽碑云……張大其說而行之者，皆其徒丘處機力也，其說頗類禪而稍粗。……重陽所說未嘗引鍾、呂，而元世以正陽、純陽追稱之，蓋亦處機意。」。

〔註80〕見趙道一編《歷世眞仙體道通鑑》後集卷六〈趙仙姑〉條。

　　李簡易企圖爲內丹的傳承建立譜系，可是其中不少人物的眞實性尙存疑，這種建立傳承史料的立意有二：一是清楚地說明這一派別的來龍去脈，〔註81〕二是充實道教的神仙系統。據馬曉宏研究呂洞賓傳說興盛的原因，是「《嚴下放言》云呂洞賓傳說『好道者每以爲口實』，所謂口實，無非借呂洞賓傳說以證神仙之實有，因此必然把許多神仙傳說集中到呂洞賓身上，利用人們的信仰心理，神化其人，增益其說。」，〔註82〕而呂洞賓傳說的特點有：救助貧人、懲戒惡人、倡行傳統道德、普度眾生，〔註83〕不但切合唐末五代動亂民眾的時代感受，且因具有道士的形象，遂成爲道教內丹派道徒發展己說的有力憑藉，例如明朝呂洞賓信仰普遍流傳，反映了明代道教延入民間信仰的特點，也促成道教世俗化。他們將民間的神仙，編入道教神仙譜系，各安職司，並爲之作傳記，或敘其出身、師承、神通、形象，如唐末道士杜光庭撰《仙傳拾遺》卷四所載的韓湘傳說〈韓愈外甥〉，成爲文人學士如《青瑣高議》等書所本。五代末葉道士沈汾《續仙傳》卷上有〈藍采和〉、卷中有〈張果〉，幾成爲傳說定本，而爲《太平廣記》收錄。鍾離權、呂洞賓的授受之說則於南宋初曾慥《道樞》中的《傳道篇》記載。〔註84〕李鐵拐、曹國舅爲呂洞賓弟子則在《玉谿子丹經指要》有載。道教內丹派藉著融合八仙傳說中的人物，納爲神仙世界中的一員，使他們的故事騰諸人口、爲人津津樂道外，也成爲戲曲小說所取材的對象，人們不僅重覆他們的神奇異術，更不斷添加、改編，使故事情節可以隨著需要而挪移替代，創造出新鮮生動的情節，使故事越傳越遠，越來越神奇豐富，而道教的神仙形象也越來越通俗化了。

　　綜觀本章所述，八仙的成員與道教淵源甚深。以唐代爲例，道士張果精擅煉丹，適足反映唐朝的煉丹服食風氣；到了唐末五代，世局正值交替的失序狀態，有投赴科考失敗者如呂洞賓，因此挫折而歸隱山林，託庇道教，救助世人；有可預知凡人福禍命運如韓湘子；有身懷異術、隱於市集以助人者藍采和；有呂洞賓的師傅鍾離權、弟子何仙姑、李鐵拐和曹國舅。而八仙人

〔註81〕有關李簡易的派別問題並無另外的資料可供參考，可是就《玉谿子丹經指要》內容看來，應屬南宗一脈，且他還將自己列爲〈混元仙派圖〉中的一員。對這種傳承李簡易並沒有指定一定的直接關係，只是指出一種道統的授受關係。

〔註82〕見馬曉宏〈呂洞賓神仙信仰溯源〉一文，收於《世界宗教研究》總號25期，頁87。

〔註83〕同註82，頁88～89。

〔註84〕曾慥《道樞》收於《正統道藏》太玄部，其中《傳道集》爲後起的《鍾呂傳道集取以擴充。見馬曉宏〈呂洞賓神仙思想溯源〉一文考證，頁84。

物的組合也應與道教有密切的關係，也唯有在這樣的關係中，他們的組合脫離了時間（同一時代）、空間（同一地域）和真實存在與否，能夠一體平鋪在道教的架構中，整合並加以傳播廣遠。

# 第五章　八仙故事的分析

　　八仙故事最初的發展根源，來自於民間的人物傳說，而成為文人賦詠議論的對象，他們在雜劇中以八仙傳承的關係，進而促成一組八仙集團的產生。作為八仙集團的產生並非歷史上獨有的現象，但是八仙仍然有其獨特的地方，就是自元朝以來，組合人物並沒有完全的固定，直到明朝萬曆年間小說《八仙出處東遊記》出現才終於定型。

　　其次，八仙傳說起自唐朝，歷經了長時期的演變發展，終於結合了具備完整情節、以八仙為主角的作品，其中的人物與情節都有定型化的趨向。自此以後，八仙故事以多種形式廣泛傳播，並產生各種異文，充分顯示出民間文學的變異性。〔註1〕由此可知，《八仙出處東遊記》一書在八仙故事中所扮演的重要角色。

　　本章第一節先就明神魔小說《八仙出處東遊記》一書，介紹作者與撰成時代。第二節則按照書中第一回所列姓名的排列順序介紹書中的主角：八仙。第三節則分析故事情節，以明瞭八仙故事成熟面貌。

## 第一節　《八仙出處東遊記》

　　明代小說的蓬勃發展，有外在與內在的原因，〔註2〕就文學內部而言，自

〔註1〕　見姜彬主編《中國民間文學大辭典・變異性》條云：「指民間文學創作流傳過程中，常由同一母題演變出多種異文。——變異情況表現於語詞、情節、人物、主題諸方面。」，頁16。

〔註2〕　外在的原因許多，據劉輝《小說戲曲論集・論明代小說戲曲空前興盛之成因》一文指出的原因有：印刷術的發達、傳統觀念的改變，小說的地位崇高、小說戲曲始見著錄於官家書目、選本收小說戲曲、書畫家傳鈔小說戲曲並為之

宋迄元，劇作家取材於歷史或傳說故事，創造出質量皆可觀的戲劇，到了明代，專供閱讀而寫作的小說從其中吸收了題材與內容，加以增飾或刪節，由此構成這一時代小說的特色。《八仙出處東遊記》一書依照魯迅、劉大杰、楊子堅等人的說法，應屬於明朝的神魔小說，〔註3〕魯迅《中國小說史略》給「神魔小說」下的定義是：「歷來三教之爭，都無解決，互相容受，乃曰『同源』，所謂義利邪正善惡是非真妄諸端，皆混而又析之，統於二元，雖無專名，謂之神魔，蓋可賅括矣。」〔註4〕這是統括儒、釋、道三教的相對性觀念，而以神與魔兩個名稱分別涵蓋。

仔細觀察這一個時期的神魔小說，自《三遂平妖精》、《封神演義》、《四遊記》、《三寶太監西洋記通俗演義》等，每一作品都蘊涵著自我的宗教信仰。《八仙出處東遊記》的取材、構想，確與道教信仰有密切的關係；全書著力的方向有三：一是單線描述修仙求道所需的條件如仙緣、志誠，與過程中必經的考驗。二是脫離了度脫主題，藉著八仙干預宋遼戰爭，而引出神魔對抗，終以天命為依歸。三是總結以前的八仙故事，納入特定的時空（共赴蟠桃大會）之中，構成一個完整的群體性仙話故事。

《八仙出處東遊記》流傳至今可見共有四種刊本：

第一種是道光十年刊的《四遊全傳》本，上卷二十九回，下卷二十七則。

第二種是小蓬萊館的《四遊合傳》本，共四十五回。

第三種是日本內閣文庫藏明刻二卷單行本。據親見而記錄下來的孫子書說：「明余文台刊本，中封面題『全像東遊記上洞八仙傳』，分兩行大書，中題『書林余文台梓』。上圖下文，今坊間通行之粗劣本子，正從此出。題『蘭江吳元泰著』，『社友凌雲龍校』，上下二卷各二十八則，又降戰詩文聯一卷附於後。卷首有余象斗引，文理至拙，然實書賈本色。姑為錄出，以見當時書賈之編書情狀有如是也。」〔註5〕由以上可知，余氏刊本題為《全像東遊記上洞八仙傳》。

第四種是柳存仁先生在英國博物院發現的一個明刻本殘本。這個殘本與日本內閣文庫所藏皆明本，但二者顯然有些不同，後者題為《八仙出處東遊記》，

---

作圖、作家文集始收讀小說戲曲之文、序、跋等，頁1～16。
〔註3〕魯迅《中國小說史略》、劉大杰《中國文學發展史》、楊子堅《新編中國古代小說史》均將《四遊記》一書列為神魔小說。
〔註4〕見魯迅《中國小說史略》，頁187。
〔註5〕見孫楷第《日本東京所見中國小說書目》，頁115。

「蘭江吳元泰著」、「書林氏梓」，上卷二十九回，下卷二十七則，根據他的考證，應是道光十年致和堂梓的《四遊全傳》內所收《東遊記》的祖本。〔註6〕

至於本書採用所採用的版本，則是世界書局的《四遊記》本，共分為五十六回，這是最通行也最容易取得的版本。

《八仙出處東遊記》一書，簡稱《東遊記》，作者為吳元泰，卷首有余象斗序。吳元泰生平不詳，劉大杰以為係「嘉靖、隆慶年間人」，〔註7〕籍貫蘭江（今浙江蘭江）。《八仙出處東遊記》被閩南有名的書賈余象斗合《南遊記》、《北遊記》、《西遊記》等書刊為《四遊記》。

自來學者們對於《東遊記》，均無佳評。魯迅《中國小說史略》說：「書中文言俗語間出，事亦往往不相屬，蓋雜取民間傳說作之。」〔註8〕評價並不高。劉大杰《中國文學發展史》談到這部小說時，說：「元朝明初八仙的人名還沒有確定，到了吳元泰的《東遊記》，才確定了上舉的八仙的人名，從此以後，再沒有什麼更改了。本書藝術價值不高，只是一本成仙得道的道教宣傳品。所可貴者，書中還保存許多民間的傳說。」〔註9〕看法亦類似；趙景深〈八仙傳說〉一文，更直接地說：「這書的藝術價值幾乎等於零」，〔註10〕更評價得十分低下。與同時的其他神魔小說比較起來，它所受到的注意，也是微乎其微，充其量不過在一般小說史裡，勉強佔了一席之地而已。儘管此本之瑕疵時時可見，但是就八仙故事的發展來說，《東遊記》的完成，實有承先啟後的意義，以下就「故事相關人物」、「故事情節發展」兩個方面來探討八仙故事成熟的面貌。

## 第二節　故事相關人物

《東遊記》一書是先單線地敘述八仙個人修道昇仙的事蹟，再敘述群體的故事，茲依照書中所列的次序，分項敘述於下。《東遊記》第一回〈鐵拐修真求道〉云：

〔註6〕 見柳存仁《四遊記的明刻本─倫敦所見中國小說書目提要之一》一文云：「刻書者的姓氏似乎在板子上面業已剜削，無從考證。」，收於《新亞學報》五卷2期，頁348。
〔註7〕 見劉大杰《中國文學發展史》，頁959。
〔註8〕 見魯迅《中國小說史略》，頁188。
〔註9〕 同註7。
〔註10〕 見趙景深〈八仙傳說〉一文，收於《東方雜誌》第三十卷第二十一號，頁56。

> 話說八仙者，鐵拐、鍾離、洞賓、果老、藍采和、何仙姑、韓湘子、
> 曹國舅。〔註11〕

此處揭示了八仙的人名，但是在小說中卻不是每位都分配到相當篇幅的情節，這也可以顯示他們在組合中的重要性如何；另外，這些人物的修道經過，也將在這一節裡略做說明。

## 一、鐵拐李

《東遊記》共五十六回，出現鐵拐李為主角的地方計有第一、三、四、五、六、七、八、十等八回，佔了全書的七分之一，就全書來看，份量與鍾離權等量齊觀，可見其重要性。

《東遊記》第一回〈鐵拐修真求道〉將鐵拐李置於八仙之首，〔註12〕一般咸以為其中標示了得道的先後與傳承的關係，例如魯迅說：「鐵拐得道，度鍾離權，權度呂洞賓，二人又共度韓湘曹友，張果、藍采和、何仙姑則別成道，是為八仙。」〔註13〕趙景深〈八仙傳說〉則針對魯迅的說法加以反駁，他說：

> 這一節話，前半是是不錯的。後半說：『張果、藍采和、何仙姑則別成道』，彷彿於八仙無關，是另外受八仙以外的人的指點而成道或是自己成道的。這似乎略有疏忽；因為我們還可以找到下面的材料：鐵拐……知采和仙姑等，當入仙侶，乃從周流指點，援引而去。（第十回）何仙姑……一日於溪上遇鐵拐、采和，授以仙訣。（第二十二回）張果……得受鐵拐諸仙論道。（第二十回）從上引之例看來，可知鐵拐曾度采和，二人又共度何仙姑，張果也是受鐵拐超度的。這可以看出元代以正陽真人漢鍾離為領袖，明代已逐漸移到以鐵拐為領袖了。〔註14〕

細察《東遊記》中的師承關係，並非如兩人所言：「鐵拐得道，度鍾離權」，而是分別有其師承。

鐵拐師承老君、宛丘，而鍾離權則受東華先生（王玄甫）、華陽真人點化

---

〔註11〕見《東遊記》頁1，收於《四遊記》一書，頁1。
〔註12〕見《東遊記》：「話說八仙者，鐵拐、鍾離、洞賓、果老、藍采和、何仙姑、韓湘子、曹國舅，而鐵拐先生其首也。」，頁1。
〔註13〕見魯迅《中國小說史略》，頁188。
〔註14〕同註10。

成仙，與鐵拐李無涉。若要指出兩者的關係，只有在十四回〈番兵劫敗漢軍〉中鐵拐李見鍾離權與番將大戰，獻計番營使得漢軍大敗，間接促成鍾離權與東華先生的見面一事，乃鍾離權得道前兩者的唯一接觸，與師承與否並無關係。由以上可知，鐵拐李得道自然是先於鍾離權的。

《東遊記》的鐵拐李與戲曲中有一些差別。第一回介紹他的姓名云：

> 鐵拐姓李，名玄，鐵拐乃其後假身別名也。〔註15〕

與戲曲的名字「岳壽」即已不同，另外，他「質非凡骨，學有根源」、「年方弱冠，不務家人生理，即慕大道金丹」，是道教的通俗資料裡描述夙有仙質者常見的手法，雖然他先天稟氣有異於常人，但是若不經過修鍊神形也不能成為神仙，所以作者繼續描述他自發的求道云：

> 一旦思有老君者，吾宗姓之先祖，有太上老君至道之名，流行於世，
> 聞在華山居住，典型模範。何不傾心師事，任性修真，以畢吾願？
> 於是束裝長往。〔註16〕

他的師承，已從戲曲中的呂洞賓變而為老君與宛丘了。

在第二回〈老君道教源流〉中，吳元泰推舉老君、宛丘「開引道教之源流也」。〔註17〕道教認為天地萬物形成時，已有一位大神存在，有主為老君者、有以為元始天尊者。在戰國時期，修鍊神仙之術者雖已推崇老子，但地位遠在黃帝之下，至東漢桓帝時，雖祀黃老，而特別推重老子，後來張陵創立道教的創世說，以元始天尊為造化元始；吳元泰則以老子為道教之始。「宛丘」則在六朝《洞仙傳》卷一〈宛丘先生〉條有云：「宛丘先生者，服制命丸得道。至湯之末世，已千餘歲。以方傳弟姜若春服之，至百年，視之如一十歲童子。彭祖師之，受其方三首。」〔註18〕《東遊記》也全數抄錄《洞仙傳》的文字，並以為兩人俱為道教之始，兩人又傳道給鐵拐李，因此，鐵拐李直接師承自道教始祖，地位自然安排在八仙之首。

為什麼傳道給鐵拐李，不取宋元道教中地位崇高的鍾離權？歷來有關探討八仙的文獻只指出此一現象而沒有解答。趙景深說：「元代以正陽真人漢鍾離為領袖，明代逐漸移到以鐵拐李為領袖了。」〔註19〕因為《東遊記》中鐵拐李度

〔註15〕見《東遊記》，頁1。
〔註16〕同註15。
〔註17〕見《東遊記》，頁2。
〔註18〕見《洞仙傳》卷一〈宛丘先生〉條，《洞仙傳》收於《道教研究資料》第一輯。
〔註19〕同註10。

化了藍采和、張果老、何仙姑三人，與鍾離權度化呂洞賓、韓湘子、曹國舅三人可以分庭抗禮，這種情形與元劇中不同。元劇描述鐵拐李個人事跡如《金童玉女》、《翫江亭》兩劇，都是度化金童玉女；鍾離權則在《黃粱夢》中，度呂洞賓，《藍采和》劇度藍采和；鍾離權在扮演度人者的角色上確實比鐵拐李重要。據蕭憲忠《現存元人度脫雜劇之研究》論文以爲東華帝君、四王母是度脫劇中群仙的領袖，掌判群仙之籍錄，〔註20〕全真教的傳承資料如《金蓮正宗記》所建構的傳承是「東華帝君──正陽子鍾離權──純陽子呂洞賓」，〔註21〕因此在元劇中鍾離權常領八仙上場，當是因其地位崇高的緣故。

戲曲中的出場順序唯一以鐵拐李爲首的是《城南柳》，劇終敘述他的事蹟：「這個是攜一條鐵拐入仙鄉」。〔註22〕不過，另一齣雜劇《金童玉女》裡也有相似的情節，只是在劇終敘述八仙仙蹟時鍾離權爲首，與《城南柳》不同。由以上資料可以看出，鐵拐李在元朝雜劇《城南柳》中居八仙之首是最早的一次。

自明迄今，鐵拐李與呂洞賓的故事一直盛行不衰。〔註23〕鐵拐李初時傳說不盛，南宋末李簡易《玉谿子丹經指要》卷首載的《混元仙派圖》中，列出了兩宋的內丹派中呂洞賓所傳的弟子有李鐵拐等人，這是他最早與八仙有關的記載了；直到元朝雜劇《呂洞賓度鐵拐李岳》才對他的出身經歷有較完整的描述。這一齣雜劇中，揉合了民間還魂再生的傳說，並且說他原名岳壽，在鄭州做都孔目，呂洞賓以爲：「此人有神仙之分，只恐迷卻正道，貧道奉吾師法旨，差來度脫他。」〔註24〕岳壽個性怙勢习惡，因得罪韓魏公嚇死入地獄，正待受油鑊之刑時，呂洞賓來度化他，但因爲妻子「將他屍骸焚化，還魂不的了」，正好有屠夫「小李屠死了三日，熱氣未斷」，便借屍還魂，呂洞

---

〔註20〕詳見蕭憲忠《現存元人度脫雜劇之研究》論文第四章第一節的考證，頁 120～123。

〔註21〕見秦志安《金蓮正宗記》，收於《道藏精華錄》下冊。

〔註22〕見谷子敬《呂洞賓三度城南柳雜劇》第四折，文收於臧懋循編刊《元曲選》冊二。

〔註23〕見歐陽晶宜編《八仙傳奇》一書，書中以「活躍程度」（即在作品中出現的次數多寡、在作品中活動是否頻繁、對於故事情節的發展影響大小）來判定八仙活躍程度的變化，得到結論：「原先相當活躍，後來仍然相當活躍的是呂洞賓、鐵拐李。」，頁 15。

〔註24〕見岳伯川《呂洞賓度鐵拐李岳》雜劇第一折，文收於臧懋循編刊《元曲選》冊二。

賓說：「前姓休移，後姓莫改，雙名李岳，道號鐵拐」，更改他的姓名爲李岳，後隨呂洞賓成仙，末了形容他「撇了酒色，辭了財氣，跳出牆來，上的街、化了齋，別無妨礙」，「柱著拐，穿草鞋、麻袍」，〔註25〕由於他的身世、形象在此處描述十分清晰，因此在元明戲曲裡並沒有太大的差異。

## 二、鍾離權

鍾離權在元代地位頗高，應該是受到全眞教的影響。全眞教創於金世宗大定年間，創始者爲王重陽，全眞教被歸類爲道教，與王重陽師承鍾、呂之說有關。王重陽並未引用鍾、呂，而是弟子馬銓、譚處端、丘處機等人引古人爲重，〔註26〕於是師承之說盛行，元朝至元六年，忽必烈詔封全眞道所尊的東華帝君、鍾離權、呂洞賓、劉海蟾、王重陽五祖爲「眞君」，後人稱爲「北五祖」，影響所及，元雜劇作家馬致遠等人也敷演了《岳陽樓》、《黃梁夢》等有關全眞教的度脫雜劇。

以《黃梁夢》一劇爲例，演的是呂洞賓感黃梁夢境，歎人世之虛幻，隨鍾離權學道事。此劇故事本自南朝宋劉義慶撰《幽明錄》，其中的「楊林」故事對世文學取材影響深遠，與八仙有關的就有《黃梁夢》一劇。此劇第一折有沖末扮東華帝君云：「分道東華帝君是也，掌管群仙籍錄。」，「河南府有一人乃是呂岩，有神仙之分，可差正陽子點化此人早歸正道。」，〔註27〕劇中的黃梁一夢是由鍾離權所導演，他曾自述身世：「貧道複姓鍾離，名權，字雲房，道號正陽子，京兆咸陽人也。自幼學得文武雙全，在漢朝曾拜征西大元帥，後棄家屬，隱遁終南山，遇東華眞人授以正道，髮爲雙髻，賜號太極眞人。」〔註28〕其中的東華帝君、鍾離權、呂洞賓都是全眞教所尊崇的「北五祖」之一，元朝秦志安所撰的《金蓮正宗記》首倡祖源之說，將東華帝君列全眞第一祖，正陽鍾離帝君列爲全眞第二祖，純陽呂帝君列爲第三祖，〔註29〕當是元劇所本，戲曲中他也常常以引領八仙上場。

---

〔註25〕同註24。

〔註26〕馬銓的說法見《洞玄金玉集》收於《正統道藏》四十三冊；譚處端《譚先生水雲集》收於《正統道藏》四十三冊；丘處機則見《少室山房筆叢》。

〔註27〕見馬致遠、紅字李二、花李郎、李時中四人所作《邯鄲道省悟黃梁夢》第一折，文收於臧懋循編刊《元曲選》冊二。

〔註28〕同註27。

〔註29〕同註21。

　　鍾離權在全書的份量頗重，第十一回到第十八回共八回都是敘述他得道的歷程。書中第十一回言鍾離權出生第七日即言曰：「身逐紫府，名書玉京。」所謂「紫府」乃東華帝君所居之處，「玉京」則是葛洪於《枕中書》裡所描寫天上的中心，有一座名爲「玉京」的高山；〔註30〕這是喻意他有神仙之分。書中第十六回東華翁傳道給鍾離權：

　　　　老人以長生秘訣、金丹火訣、青龍劍法，悉授鍾離。〔註31〕

也是從《金蓮正宗記》而來，〈正陽鍾離帝君〉條有東華帝君傳授鍾離權的記載：「授之以赤符玉篆、金科靈文、大丹秘訣、周天火候、青龍劍法。」，〔註32〕十八回中又有華陽眞人傳以「太乙刀法」、「火符內丹」。〔註33〕

　　由以上看來，鍾離權的地位很重要，因爲他度化了呂洞賓，成爲他的父，《金蓮正宗記》說他：「自漢歷唐五百餘歲，止度一純陽老仙而已。」〔註34〕在元劇中則添枝加葉，《藍采和》劇裡度脫了藍采和。但在《東遊記》中則度化呂洞賓、韓湘子、曹國舅三人。

　　完成於元至正十八年的〈鍾離權度呂嵒圖〉也栩栩如生地描繪鍾離權的形貌：「前胸坦露，足著芒鞋，長髯飄然，膚色紫赤，神情則坦率爽朗。」〔註35〕表現出不修邊幅的衣著裝扮，悠然而不受拘束。元劇裡只說他是梳著雙髻，《東遊記》第十七回也描述他：「披道服，執拂塵，兩角帶髻」，完全是一個道人的打扮。

# 三、呂洞賓

　　呂洞賓的傳說故事，是八仙中數量最多的，〔註36〕一般咸認爲他是八仙傳說的核心人物。〔註37〕要了解呂洞賓形象的全豹，必須考慮在《東遊記》

---

〔註30〕所謂「紫府」出自同註21〈東華帝君〉條。「玉京」則出自《正統道藏》洞眞部譜錄類騰字號《元始上眞眾仙紀》前半部葛洪的《枕中書》。
〔註31〕見《東遊記》，頁16。
〔註32〕同註21〈正陽鍾離帝君〉條。
〔註33〕見《東遊記》，頁18。
〔註34〕同註26〈正陽鍾離帝君〉條。
〔註35〕見王暢安〈純陽殿、重陽殿的壁畫〉一文，頁42；收於《文物》1963年第8期。
〔註36〕同註23。
〔註37〕例見盧國龍《道教知識百問》：「呂洞賓又是八仙傳說的核心人物，實際上，八仙是由呂洞賓聯繫起來的。」，頁95。

出現以前，有關呂洞賓的傳說故事，以及他在小說中的整體表現。

　　呂洞賓的傳說自北宋以來極爲盛行，宋朝呂洞賓的形象有三：一是劍俠形象，二是文士形象，三是丹士形象，〔註38〕由於丹士形象只有出現在民間傳說中，因此此處僅就前兩種形象，探討從元明戲曲到明朝小說裡，有無顯著的不同。

　　先就劍俠的形象來說，早期呂洞賓的傳說都記載他有劍術，而且具有俠義的性格，〔註39〕可是並沒有具體任俠事件的記錄，來支持他之所以爲劍俠的說法，但是他有特殊的行爲方式，能「放意自恣，不拘操行」、「專以振施貧窮，赴人之急爲務」，而且身負異術，善於神行，〔註40〕隨身攜帶寶劍，〔註41〕戲曲中呂洞賓的劍則變成了眾人稱羨的法寶。〔註42〕事實上，有關「劍俠」傳說按兩條脈絡進行，一是「斬蛟」等具體情節的編造，〔註43〕也出現在《東遊記》的第二十六回中。二是抽象意義的劍，例如南宋吳曾《能改齋漫錄》卷十八云：「實有三劍：一斷煩惱，二斷貪嗔，三斷色欲。」〔註44〕元苗善時編《純陽帝君神化妙通紀‧慈濟陰德第三化》云：「吾之慧劍斬三尸六賊、貪嗔愛欲煩惱障。」，〔註45〕這與當時道教從外丹轉向內丹的發展情形相符。〔註46〕在秦志安《金蓮正宗記‧純陽呂帝君》條記載鍾離權傳給呂洞賓：「大道、天遁劍法、龍虎金丹密文」，〔註47〕《東遊記》則一分爲二：火龍眞人傳授遁劍怯魔，鍾離

---

〔註38〕見王年雙《南宋文學中之民間信仰－呂洞賓傳說及其他》碩士論文，第二章第二節，頁23～39。

〔註39〕見《能改齋漫錄》、《岳陽風土記》、《詩話總龜》等記載。

〔註40〕見《宋史‧陳摶傳》：「關西逸人呂洞賓，有劍術，百餘歲而童顏，步履輕疾，頃刻數百里，世以爲神仙。」

〔註41〕例如傳說的岳陽樓題壁詩有云：「袖有青蛇膽氣麤」，收入《全唐詩》中。

〔註42〕例如明雜劇的《蟠桃會》、《仙官慶會》等劇有「雙劍」裝扮。

〔註43〕見明鄧志謨《呂仙飛劍記》，書中記呂洞賓事，多採宋元人記載雜以俗說。此書國內無傳本，僅存海外孤本，然就第四回回目看：「洞賓得遁天劍法飛仙劍斬蛟殺虎」，是呂洞賓「斬蛟」的故事。以上錄自《中國通俗小說述要》，頁195。

〔註44〕見吳曾《能改齋漫錄》卷十八。

〔註45〕見苗善時編校《純陽帝君神化妙通紀‧慈濟陰德第三化》條，見《正統道藏》洞眞部紀傳類。

〔註46〕例如全眞道的王重陽有《重陽教化集》卷一云：「凡人行道，總須依此十二個字：修行之害，食睡色三欲爲重，多食則多睡，睡多情欲所由生。」，見《正統道藏》太平部交字號。

〔註47〕同註21〈純陽呂帝君〉條。

權傳授大道（第二十三回）。

　　就文士的形象來說，傳說中呂洞賓當五代宋初，出身詩禮仕宦之家，由於舉進士不第，仕途無望，於是歸隱山林，吟詩自娛。相傳著作頗多，如《純陽真人渾成集》收詩二百餘首，為金清真道人何志淵所編輯，這是最早的呂洞賓詩集，《全唐詩》卷八五三收呂洞賓詩二百五十餘首，多採自此集。〔註48〕戲曲則多就傳說內容發揮，有的說他是落第書生（如《黃梁夢》、《岳陽樓》等劇）、也有說他本為唐朝進士（如《昇仙夢》、《長生會》等劇），《東遊記》則在第二十三回承襲《黃梁夢》雜劇的情節，只是雜劇中呂洞賓是赴京應試途中，遇鍾離權於邯鄲道，炊煮黃梁者是黃化店的王婆，夢中歷時十八年，醒後立隨鍾離權而去；小說則以鍾離權親自執炊，夢中歷時五十年，醒後還被試以十難，證明是誠心向道者，才予以度化，在此也顯示出道教度脫的過程中，除了講究機緣，還必須通過試煉。

　　呂洞賓在戲曲中並沒有鮮明的面貌，常見的形容詞不外乎是「白衣秀士」（《岳陽樓》第二折）而已，與「純陽殿」所繪的壁畫〈鍾離權度呂喦圖〉相似，〔註49〕《東遊記》則擷取了《金蓮正宗記》的描寫，並加以誇大。《金蓮正宗記》云：「龍姿鳳目，鬢眉疏秀，美鬚髯，金水之相。頂華陽巾，服逍遙衣，狀貌類張子房。」〔註50〕描述他頭戴華陽巾，身穿逍遙衣儒雅如張良謀士般的形相。《東遊記》第二十三回則說他：

> 金形玉質，道骨仙風，鶴頂猿背，虎體龍腮；鳳眼朝天，雙眉入鬢，頸修顴露，身材雄偉；鼻梁聳直，面色白黃。左眉有一點黑子，足下紋起如龜。少而聰明，日記萬言，矢口成文。身長八尺二寸，頂華陽巾，衣黃衫，繫皂條，狀類處子。〔註51〕

這般奇特的相貌，連異人馬祖看了也會說：「此人骨相非凡，自是風塵外物。」（二十三回），吳元泰文筆繁縟地描摹他的形象，與其他人著墨不多的情形相比，的確厚愛呂洞賓；而描述他得道經歷的回目自二十三至二十九回，佔有全書的八分之一，份量與鐵拐李、鍾離權相當，由此可以看出他在八仙裡的重要性。

〔註48〕何志淵輯《純陽真人渾成集》二卷，收於《正統道藏》太玄部尊字號。
〔註49〕同註35。圖像部份可參考《呂洞賓的故鄉—永樂宮壁畫》一書，頁128。
〔註50〕同註21〈純陽呂帝君〉條，頁3。
〔註51〕同註12，第二十三回〈洞賓店遇雲房〉，頁23。

## 四、張果老

　　張果老在歷史上眞有其人，在《新唐書》、《資治通鑑》等史籍的記載中皆稱爲「張果」，然而自《大唐新語・隱逸篇》將「張果」寫成「張果老」後，傳說就有這兩種不同的稱呼。

　　傳說中的張果老，多傳其神異的幻術，而淡化了眞實人物張果是個內外兼修的錬丹家，這也是傳說的特色。不同時代、地域的人們，由於地理環境、歷史傳統及文化心理的不同，形成對作品的再創造，最明顯的表現即爲人物形象的變化。傳說中張果老的事蹟頗爲統一，並沒有歧異的現象，只有取材的增減，這可能反映宋《太平廣記・張果》條引《明皇雜錄》、《宣室志》、《續神仙傳》三書頗爲完整的緣故。在《大唐新語》中，張果自稱「堯時丙子年人」、「堯時爲侍中」，〔註 52〕堯爲遠古的傳說人物，「侍中」一職秦始置，這些只是他跨張的說辭。

　　傳說對於他的相貌並無描述，戲曲裡也只有寥寥數語。《神仙會》第四折形容張果老：「蒼顏雪髥千歲老，金殿上呈祥兆。爲添永壽來，跨著白驢到」，〔註 53〕是位白髥的老翁。所騎的一隻白驢，《太平廣記》所引三書有云：「果常乘一白驢，日行數萬里。休則重疊之，其厚如紙，置於巾箱中。乘則以水噀之，還成驢矣。」，〔註 54〕來渲染他的奇術。元劇《竹葉舟》第四折形容：「這一個倒騎驢，疾如下坡。」，〔註 55〕可能是將宋朝詩人潘閬倒騎驢的典故附會在他身上。〔註 56〕《東遊記》揉合了《太平廣記》與元劇的紀錄，第二十回云：

　　　　常乘一白驢，每倒騎之，日行數萬里，休息之時，則重疊之，其厚
　　　　如紙，藏於巾箱中。欲騎，則以水噀之，復成爲驢，倒騎於其上，
　　　　奔躍而去。

這一隻白驢，能奔躍萬里，特別之處在於「以水噀之」，即可成形，因此在書中四十八回：「果老以紙驢投水中而渡」，便與其他七仙共渡東海，情節符合遇水變形的特徵，設計頗巧妙。《東遊記》第二十一回末，收了後人詩一首：

---

〔註 52〕見李昉主編《太平廣記》卷三十〈張果〉條。
〔註 53〕見朱有燉《呂洞賓花月神仙會》第四折，收於《孤本元明雜劇》，頁 10。
〔註 54〕同註 52。
〔註 55〕見范子安《陳季卿誤上竹葉舟》第四折，收於臧懋循編刊《元曲選》冊三，頁 12。
〔註 56〕見馬書田《華夏諸神》，頁 176。

「舉出多少人，無如這老漢；不是倒騎驢，萬事回頭看。」，賦予他度世勸人的意義，這一點是頗為特別的；可以看出小說中張果老形象更貼近人間，這可能是作者記載八仙人物時，特別於「濟世」這一點上求得一致性的緣故。

張果老在《東遊記》書中份量不重，只有第二十、二十一兩回的篇幅，而且內容也是鈔撮《明皇雜錄》、《宣室志》、《續神仙傳》三書，沒有什麼變化。至於他的師承，也僅一句：「後隱於恆州中條山，得受宛丘、鐵拐諸仙論道說法。」交代，可見他系出鐵拐李一脈。

## 五、藍采和

藍采和在《東遊記》中只有第十九回有專章介紹，裡面介紹的文字與南唐沈汾的《續仙傳·藍采和》條幾乎全同。稍異的地方只有三處，一是加入「乃赤腳大仙之降生」，二是錄有歌詩十二首；三是敘述他的師承來自鐵拐李：「後遇鐵拐，相與講道」，把他歸於鐵拐李這一系統。說他是赤腳大仙降生，源自傳說中形象之「一腳著靴，一腳跣行」，而且寓意出生即有神仙之分。十九回末的歌詩，是錄自隋唐時代在天台山隱士寒山的詩，〔註57〕內容稍有改異。

劉逸生《神魔國探奇》針對《東遊記》這種抄錄的方式說：「實在簡略得使讀者索然寡味。他的故事只有兩百來字，外加歌詞十二首，僅僅這些材料，就算是介紹了一位鼎鼎大名的神仙，未免使人覺得這位吳老先又疏又懶。」〔註58〕事實上，吳元泰僅擷取了傳說中的藍采和，而忽略了戲曲中原名「許堅」的藍采和。

在元劇《藍采和》裡，藍采和是主角，劇情是寫五代時藝人許堅（藝名藍采和），因有「半仙之分」，由鍾離權引度昇天的故事。在劇中，「藍采和」就是洛陽梁國棚內伶人許堅的樂名，他們一家在固定的勾欄中演戲，平常還必須「應官身」，在官府中的筵席承應，服侍不好的時候，還要受罰。藍采和即因遲誤懼怕被罰，而隨鍾離權修行。《藍采和》劇中他的「穿關」——指串演關目的各類角色，其所穿戴的冠服和所執的物品，是：「腰間將百錢拖，頭上把唐巾裹，舞綠拍板高歌」，〔註59〕與傳說中的形象：「常衣破藍衫，六銙黑木腰帶闊三寸餘，一腳著靴，一腳跣行」、「持大拍板三尺餘，常醉踏歌」，

〔註57〕見鍾玲〈寒山詩的流傳〉，明報月刊，1977 年 7 月號。
〔註58〕見劉逸生《神魔國探奇》，頁 145。
〔註59〕見《漢鍾離度脫藍采和》第三折，收於隋樹森編《元曲選外編》冊三。

相差不多。明人雜劇的「穿關」，大抵繼承元制，例如《神仙會》的第四折末，有藍采和的歌舞場面：「筵前踏歌聲韻巧，角帶烏紗帽，袖舞綠羅袍，板撒中天樂」，把他的「伶人」角色發揮得淋漓盡致，與《東遊記》裡的「踏歌」形象也有些許類似。

## 六、何仙姑

　　吳元泰在《東遊記》中僅以一回的篇幅記載何仙姑，與藍采和、曹國舅的情形相同。而且，刻劃的筆墨極簡單，大多雜湊鈔撮成篇，來源是元代道士趙一編的女仙的專集——《歷世真仙體道通鑑後集》卷五〈何仙姑〉條。兩者的差別在於二十三回增添師承關係的文字，說她：「年十四五歲，時夢一神人云：『食雲母粉，當輕身不死。』黎明醒覺，乃自思曰：『神人之言豈欺我也？』於是日食雲母粉，果然身輕。」而後「一日，於溪上遇鐵拐、采和，授以仙訣。」，此後漸漸長大，言論異常，「鐵拐引之，白日昇仙」。綜合以上說法，她的師承應也是屬於鐵拐李、藍采和這一個系統。

　　在《東遊記》以前，八仙的行列中並沒有何仙姑，元朝度脫劇與明初慶壽劇都沒有出現，她是最晚進入八仙的。《東遊記》第四十八回〈八仙東遊過海〉中，她持的法寶是「竹罩」，所謂的竹罩即笊籬，是用細竹編織而成、用以淘米的用具。

　　明朝萬曆年間，臧懋循所編刊的《元曲選》中收錄了元朝中期范子安所撰的度脫雜劇《陳季卿悟道竹葉舟》，劇終時有八仙上場，臧懋循更改了元人刊本如《古今雜劇》、《全元雜劇》裡面疑似曹國舅的賓白曲文：「這一個口略綽，手拿著笊籬」為：「這一個貌娉婷，笊籬手把。（陳季卿云）是何仙姑大仙」，〔註60〕將何仙姑加入八仙的時代提早到元朝中期。但是其他的元雜劇中並沒有把她列為八仙之一，這種情形延續到明初亦然，直到《東遊記》裡何仙姑才正式進入八仙的行列。

　　事實上，何仙姑為呂洞賓弟子的說法自元初即盛行，道教也作如是觀，道教資料《呂祖誌・何仙遇道》條、《純陽帝君神化妙通紀・度何仙姑第十九化》、純陽殿壁畫〈純陽帝君神游顯化之圖〉第十一〈度何仙姑〉俱作相同主張。然而完成於元至正正十八年的〈八仙過海圖〉圖中的八仙很明顯的有徐

---

〔註60〕臧懋循更改曲文的分析，詳見黃永武〈八仙過海的原貌〉一文，收於中國時報〈人間〉副刊，民國73年3月30日。

神翁而無何仙姑，[註61]在《純陽帝君神化妙通紀‧探徐神翁第三十六化》中徐神翁也是呂洞賓弟子，是否因《東遊記》作者爲了寫作上的需要——爲了第四十七回八仙參加「西王母壽筵」，由同爲女仙的何仙姑倡議，方便引起下文，所以改徐神翁爲何仙姑，後來的臧懋循以爲這種更動有利於戲劇搬演，所以更曲文加入了何仙姑？因無佐證，也只有姑存其說了。

## 七、韓湘子

韓湘子出現在《東遊記》的第三十、三十一回，吳元泰以兩回的篇幅來介紹他，第三十回〈湘子造酒開花〉幾乎錄自北宋劉斧的《青瑣高議》前集卷九〈韓湘子記〉的文字，主要強調他身懷異術；三十一回〈救叔藍關掃雪〉則描述他有預言的本事。書中描述他的師承經過：「一日出外訪道尋師，正與純陽、雲房相遇，乃棄家從之遊，得傳其道。」，係他出外訪師，遇鍾、呂而得以受道。

由於在傳說中，韓湘有「染花」的絕技，因此戲曲裡多就此處加以渲染。例如《城南柳》第四折說他「這個是種牡丹的名姓香」；《鐵拐李》第四折：「韓湘子仙花臘月開」；《神仙會》第四折介紹：「名花一枝常不老，百歲紅香萼；祝延福壽長，顯化神通妙」；《八仙慶壽》則形容他：「腰繫牡丹花籃，身穿青道袍，頭梳雙髻，手拿漁鼓子」，到了《東遊記》第四十八回，說「湘子以花籃投水而渡」，描繪他的法寶是個花籃。

傳說中的「雪擁藍關馬不前」故事很盛行，第三十一回即描述韓愈諫佛骨之事，後來韓湘子度化了韓愈，將傳說中頌揚韓愈正直不屈的喻意，轉化成富有仙道的內涵。

## 八、曹國舅

曹國舅在吳元泰的筆下僅有一回的專文，而且在「八仙慶壽」、「八仙渡海」的重要情節前才現身，時間安排極晚，地位似乎並不重要。在第四十四回〈湘子設筵和好〉中，敘述引度曹國舅的原因，竟是「湊數」而已：

鐵拐曰：「上界八洞諸仙，今已有七人於此，但再得一人，可配足矣。諸友何不推舉一人，以足其數？」眾言曹后有弟一人，眞是仙骨，

---

　　異日當成正果，可引入班。鍾離曰：「後日我親往試之，如有道行，

　　引之不難。」眾皆曰：「可。」〔註62〕

所謂的「上界八洞諸仙」的說法，自元朝雜劇才出現。如《藍采和》一劇劇
終時，鍾離權曾云：「許堅，你不是凡人，乃上八仙數內藍采和是也。」《神
仙會》第三折也說：「吾等乃上八位天仙」，《靈芝慶壽》一劇更描繪八仙的
悠遊自在：「（末云）敢問上八位天仙，遊於何所？（仙童云）上八位天仙居
住不一，或在蓬萊山，或在方丈山，或在崑崙山，或遊戲於人間，你每要尋，
先從正東去，過了高峰，便是蓬萊三島。」，元朝的「上八仙數」並沒有固
定人名，《東遊記》裡則是先有這一數目，再湊成八位，曹國舅就是湊數的
第八位。

　　傳說中的曹國舅是曹皇后的弟弟，身為皇親貴冑，他卻一心向道，拋卻
榮華富貴，手持笊籬，他錢度日，後來受呂洞賓度化。戲曲裡的曹國舅則在
傳說的範圍內發揮，如《城南柳》第四折說他：「提笊籬不認椒房」，是稱讚
他不喜富貴、志慕清虛，其他諸劇皆就此一特點發揮。由於傳說中有關他單
獨流傳的事跡最少，而且也沒有與其他神仙傳說附會捏合，所以意義除了代
表「官員貴冑若誠心向道即可成仙」，或許也藉《東遊記》第四十五回來說明
鍾離權、呂洞賓點化凡俗、救度世人的法力。

　　《東遊記》裡八仙渡海時，他所持的法寶不是笊籬，而是玉板，可能是
因為身為國舅，是有官員形象，便塑造出手執玉板樣子了。

# 第三節　故事相關情節

　　趙景深《八仙傳說》一文，曾說：「這書的藝術價值幾乎等於零」，並列出
主要的原因為：「書中結構也不甚顧到」、「文字也很拙劣，文白夾雜，東抄西襲，
一無可取」。〔註63〕關於結構的問題，魯迅也說「事亦往往不相屬」，〔註64〕本
節不重文學結構，乃專就有關八仙的重要情節加以探討。首先討論八仙傳承的
關係。其次，再就八仙成員組合後，所歷經的兩件大事——蟠桃大會與東遊過
海，進一步瞭解八仙群體的故事。

---

〔註62〕見《東遊記》，頁41。

〔註63〕同註10。

〔註64〕同註13。

# 一、傳承的關係

　　《八仙出處東遊記》顧名思義，是指鍾離權等八仙的修道經過與過東海事，書中情節安排是按回目而進行的，〔註65〕首先前十回敘述了鐵拐李的身世和得道經過，但是卻插入第二回〈老君道教源流〉這一篇道教的通俗性材料，雖然安排得「生硬」，〔註66〕也反映了作者特殊的思想淵源，即推尊老子、宛丘爲道教始創者，而內丹修鍊必賴師傅，師師相承必有其源，這也說明了鐵拐李祖述老子、宛丘，成爲八仙之首的原因。

　　第十一回迄十八回，將鍾離權的事蹟敘述得十分詳盡，他的師承來自東華帝君（第十六回與第十八回），這裡也可以觀察出作者的用心。因爲東華帝君在民間傳說裡，地位與金母（西王母）相等，〔註67〕到了元末明初，西王母地位已凌駕東華帝君之上，這種情形在元明戲曲與道教資料中皆可以找到證明。秦志安是長安眞人岳處機的再傳弟子，他所撰的《金蓮正宗記》首創祖源之說，使全眞教初備教史，書中〈東華帝君〉條有云：「全眞之道，蘊釀久矣。自太上傳之於金母，金母傳之於白雲，白雲傳之於帝君」，〔註68〕又〈正陽鍾離帝君〉條云：「拜東華帝君之後……自漢歷唐，五百餘歲止度一純陽老仙而已。」，〔註69〕這一譜系是：太上——金母——白雲——東華帝君——鍾離權——呂洞賓，所謂「太上」即老子、「金母」即西王母，由此處看來，西王母地位頗高，作者也於四十六、七兩回安排了八仙慶壽西王母的情節。而鍾離權乃間接祖源自老子，作者在鋪設篇章時，自然安排在鐵拐李之後。

　　鍾離權的直傳弟子是呂洞賓，然而爲什麼呂洞賓的專章（第二十三回至第二十九回）安排在藍采和（第十九回）、張果老（第二十回、第二十一回）、

---

〔註65〕柳存仁《四遊記的明刻本》一文，舉出作者於英國博物院發現的明刻本殘本，上卷稱回目，共二十九回，下卷卻不稱回而標題猶在，共二十七則；並據此舉出例證，認爲「這部書正可做爲研究小說分章回的起源這一類問題的重要資料」。同註6，頁347～349。正因這部小說是爲章回小說起源的雛形，因此書中偶現的「未知一可如」式的結尾，也顯示了情節之間的一脈相承。

〔註66〕見郭立誠《中國人的鬼神觀》，〈八仙過海祝高壽－八仙的故事〉一文，頁37。

〔註67〕東王公的起源較後於西王母，當是漢代所杜撰出來的神，在東漢時已普遍流傳，近世出土的漢代石刻，如山東嘉祥縣東漢武梁祠的石刻有東王公與西王母之圖，後世道流以兩者爲仙界中男仙、女仙的代表。如杜光庭《仙傳拾遺》卷一〈木公〉條：「入天門，揖金母，拜木公。」指世人昇仙，必須拜見二者。

〔註68〕同註21，頁1～2。

〔註69〕同註21，頁2。

何仙姑（第二十二回）三人之後呢？一則因為這三人乃受鐵拐李所度，二則若沒有這三人伴著鐵拐李，共同在第二十八回一起戲弄呂洞賓，呂洞賓也不會醒悟應該度盡世人，所以這種安排是合理的。

跟隨呂洞賓之後，是韓湘子的受度過程。隨後是自成格局的內容，自三十二回起共有十二回的篇幅，為作者採擷《楊家府演義》此一講史小說第三十二回至第三十八回的內容，演宋初與遼國征戰，名將楊業及其子孫抗遼的史實。作者以鍾、呂師徒爭氣，各自下界助戰，呂洞賓助遼排天門陣攻宋，鍾離權調各路人馬助宋，暗喻神魔相爭，依然統屬於天命的依歸。

這一種「借用」情節的敘述方式，在中國傳統小說中是習而認可的。張火慶〈西洋記的兩個問題：出使動機與西洋所在〉一文云：

> 這種情況，幾乎所有神魔小說都相同，《西遊記》的玄奘取經、《封神演義》的武王伐紂、《平妖傳》的王則之亂、《女仙外史》的唐賽兒叛，都是正史載錄的真實事件（但正史記述都語焉不詳，而事件本身即有妖妄成分），但在小說裡，它們都被改變面貌，脫離歷史範疇，而成為發揮想像的素材。〔註70〕

這種作法可以增強作者與讀者間，閱讀感受的認可與類化。所以視為某些典型事例的重複借用，使讀者易於聯想，從而體會出作者所要表達的思想感情，是較為客觀的看法；然而，也因此產生了運用手法上的高明與否，若能自然恰切、宛如口出，恐怕也不會招致《東遊記》索然無味、生硬推砌的批評了。

第四十四回〈湘子設筵和好〉有「湊數」的談話，引起了第四十五回〈曹國舅學道登仙〉之事，由此進展，才有「蟠桃大會」、「東遊過海」的高潮，成為專門描述八仙的故事情節。

分析《東遊記》的結構，可以發現作者是以「傳承」的關係來鋪設情節的進行，這些傳承的關係，乃藉著道教「修道」與「度脫」的宗教意義，撐起了八仙的組合。

## 二、八仙蟠桃大會

自四十六回開始，小說內容很明顯地區隔了八仙活動的地域，從以前活動的人間伸展到天界，敘述八仙參與西王母壽筵一事。

---

〔註70〕見張火慶〈西洋記的兩個問題：出使動機與西洋所在〉一文，收於《興大中文學報》第 1 期，頁 80。

西王母的神話起源很早,《山海經》談及西王母者有三處,﹝註71﹞形象及職習是:「其狀如人,豹尾虎齒而善嘯,蓬髮戴勝,是司天之厲及五殘」,﹝註72﹞形象頗令人駭怪。而《穆天子傳》載有西王母瑤池宴請周穆王、賦詩唱和的情節,形象已自《山海經》的獰猛轉爲雍穆的人王。﹝註73﹞到了漢代,道教產生後,西王母的形象也逐漸仙道化,漢魏六朝的小說如《海內十洲記》、《漢武內傳》、《別國洞冥記》等,均曾載武帝見西王母之事。﹝註74﹞

第四十六回〈八仙求文老子〉是四十七回〈八仙蟠桃大會〉的引子。敘述八仙欲參與西王母壽筵,於是由何仙姑提議向西王母祝壽,〈八仙求文老子〉云:

> 話說男子登仙,先拜金公;女子登仙,先參金母。一日,何仙姑見諸友曰:「往者金公壽誕,眾女仙亦往稱觴;今金母壽誕在邇,眾友亦將往爲祝壽乎?」鍾離、采和曰:「我輩雖各有所統,然大禮所在,凡在天界者,皆言往賀,吾輩亦不可不往。」(第四十六回)

在《東遊記》裡何仙姑出現的地方不多,此處雖然僅有這一句倡議的話,但是藉由同是女性的何仙姑提議向西王母祝壽,方才引起下文「八仙東遊過海」此一重要情節,何仙姑看似點綴性的角色,實則居有樞紐的地位。

文中所謂「男子登仙,先拜金公;女子登仙,先參金母」這句話在《仙傳拾遺》書中已有記載,卷一〈木公〉條云:

> 昔漢初小兒於道歌曰:「著青裙,入天門,揖金母,拜木公。」時人皆不識,惟子房知之,乃再拜之。曰:「此乃東王公之玉童也,蓋言世人登仙,皆揖金母而拜木公焉。」或云居東極大蘆中,有山焉,以青玉爲室,深廣數里,僚屬眞仙,共校定男女眞仙階品功行,以升降之。﹝註75﹞

本公即東華帝君,職掌男子登仙得道之事,東華帝君的起源較後,先秦典籍不載,當是漢代所杜撰出來的神。由於他們掌眾仙上天下地的大事,並且共同校定男女仙人的階品,八仙同往祝壽,參與盛會,如同人間的同類型活動。

﹝註71﹞見《山海經》的〈西次三經〉、〈海內北經〉、〈大荒西經〉。
﹝註72﹞見《山海經・西次三經》條。
﹝註73﹞見《穆天子傳》卷三的記載。
﹝註74﹞關於《海內十洲記》、《漢武內傳》等書的撰者爭頗多,約爲漢魏六朝之人所僞作。
﹝註75﹞見杜光庭《仙傳拾遺》卷一〈木公〉條。《仙傳拾遺》一書收於嚴一萍編《道教研究資料》第一輯。

　　八仙參與西王母壽筵，可能以元劇《鐵拐李度金童玉女》、《呂洞賓三度城南柳》爲嚆矢。〔註76〕其中有關慶壽場面的描述，當本自周憲王《瑤池會八仙慶壽》一劇，〔註77〕劇中亦有藍采和、韓湘子的歌詠排場，將八仙自由活潑的形象，表達淋漓盡致。〈八仙蟠桃大會〉壽筵高潮是藍采和執板踏歌，「顛狂跳躍，大踏歌畢，眾皆大笑」，達到娛賓的效果；而韓湘子唱道情一曲，「鼓音語句，並皆奇絕」，增加了場面的熱鬧。由於八仙「樂興極高，飲之不覺大醉」，作者巧妙地連接了以下東遊過海的情節，同時也轉移了八仙活動的軫域。

## 三、八仙東遊過海

　　《東遊記》第四十八回至第五十六回共九回的篇幅，都是描述八仙過海一事，就整本小說來說，僅次於宋、遼戰爭，也屬小說中的高潮；八仙在其中的情節中有不同的反應，可以較爲清楚地描繪他們的形象。

　　第四十八回的回目是〈八仙東遊過海〉，與書名《八仙出處東遊記》彼此間有密切的關係，可以反映作者以「出處」、「東遊記」作爲文章的主體，因此東遊過海的情節有深入探討的必要。

　　〈八仙東遊過海〉的情節中，所謂「東」標示著方位，而「遊」是中國重要的藝術精神，〔註78〕首先必須有遊的對象，與遊的主體心靈，以下依次敘述。

　　書中所說的對象即指東海，這是道教中理想世界的設境，反映了道教特殊地理觀，其象徵意義大於紀實意義。道教有十洲三島之說，是神仙棲息的勝境，古時的地理觀念，以爲人們居住的陸地四周是東、南、西、北四海，十洲三島就位於四海之中。託名東方朔所撰的《海內十洲三島記》所說的十洲有：祖洲、瀛洲、玄洲、炎洲、長洲、元洲、流洲、生洲、鳳麟洲、聚窟洲，〔註79〕在東海岸有扶桑、東海中心的是方丈洲、蓬丘即蓬萊山，在東海的東北岸，〔註80〕屬於東方三島系。有關三島，說者不同，除了《海內十洲三島記》所說的之外，尚有蓬萊、方丈、瀛洲三神山的說法，〔註81〕三島十

〔註76〕兩劇俱見臧懋循編《元曲選》第三冊。
〔註77〕見陳萬鼐主編《全明雜劇》第四冊。
〔註78〕例如《莊子‧逍遙遊》中有鯤與鵬的逍遙遊，是「遊」的藝術境界。
〔註79〕見《海內十洲三島記》，收入《道藏精華錄》下冊，頁1～3。
〔註80〕同註79，〈瀛洲〉、〈方丈〉、〈蓬丘〉三條。
〔註81〕據《史記‧封禪書》有載，戰國的齊威、宣王及燕昭王之時，三人均曾派人

洲與西海上的崑崙山皆是地仙所居之處。

　　所謂「地仙」，乃依修鍊的成果不同，分爲天神的階次。東晉葛洪《抱朴子》內篇有記載當時流行的神仙三品說，〈論仙篇〉引《仙經》云：「上士舉行昇虛，謂之天仙；中士遊於名山，謂之地仙；下士先死後蛻，謂之尸解仙。」，〔註82〕據李豐楙說：「地仙是『群仙不欲升天者』，不急於升天，卻可任意停留世間，遨遊名山，遊戲人間，等到需要升天時再往上飛升。」〔註83〕這種自由往來天地之間的神仙，牽引了人們的想像力，也幻想自己能馳遊其中，而八仙正是一組悠游人間天上的地仙。他們沒有固定的居所，〔註84〕《東遊記》中八仙除了常居世間以度化眾人之外，還能參與蟠桃會、東遊過海，過海後「八仙蹤跡居蓬島」（第五十六回），都留下了無限的想像空間。

　　八仙過東海一事之所以膾炙人口，爲人所津津樂道的原因，是靠著八仙酣然醺醉的興致踏波而渡，這種隨興的設計，使得渡海過程充滿變數，滿足人們遐想神遊的空間。這一段曲折的歷程，是自明初雜劇《爭玉板八仙過滄海》取材而來。《爭玉板八仙過滄海》一劇是教坊編演的雜劇，爲憲宗成化年間的作品，文字多出自內府伶工之手。〔註85〕雜劇的題材多取自前代傳說或故事，《爭玉板八仙過滄海》即取自元末的道教壁畫〈八仙過海圖〉，〔註86〕其中的何仙姑也尚未列名八仙中。

　　《爭玉板八仙過滄海》劇中情節搬演白雲仙長宴請八仙與五大聖到蓬萊島共賞牡丹後，八仙路過東海，各顯神通而過，此時東海龍王長子摩揭、次子龍毒奪取藍采和的玉板，呂洞賓與之大戰，斬了摩揭。東海龍王請四海龍王、水官相助與八仙對抗，西天釋迦召兩方言和，平息一場干戈。〔註87〕

　　《東遊記》第四十八回〈八仙東遊過海〉至五十六回〈觀音和好朝天〉

　　　　入海求蓬萊、方丈、瀛洲等仙島。

〔註82〕見王明《抱朴子內篇校釋》卷二〈論仙〉，頁20。

〔註83〕見李豐楙〈不死的探求－道教信仰的介紹與分析〉一文，收於《中國文化新論・敬天與親人》一書，頁200。

〔註84〕見朱有燉《河嵩神靈芝慶壽》雜劇：「上八位天仙居住不一，或在蓬萊山、或在方丈山、或在崑崙山、或遊戲於人間。」，收於《孤本元明雜劇》。

〔註85〕見曾永義《中國古典戲劇的認識與欣賞》，頁63。

〔註86〕〈八仙過海圖〉爲純陽殿北門門楣畫像，八仙人物有徐神翁無何仙姑，據畫面上部的題記是完成於至正十八年。見王暢安〈純陽殿、重陽殿的壁畫〉及陸鴻年〈摹繪永樂宮元代壁畫的一些體會〉兩篇文章，收於《文物》總號153號，頁40～48。

〔註87〕見陳萬鼐編《全明雜劇》第十冊〈爭玉板八仙過滄海〉。

的情節與雜劇相比則略有更動。第四十八回〈八仙東遊過海〉中描述過東海的原因是參加蟠桃會後，「忽望見東海白浪滔天，風濤拍岸，浩浩蕩蕩，並無涯際」（第四十七回），由呂洞賓提議過東海觀賞「蜃氣樓臺」之景，但張果老以為「今日醉矣」另日再行，行事較穩重，鍾離權等人則附議贊同。

　　過東海的方式是由呂洞賓主導，為了各顯本事，他要眾仙「投一物於水而過」，於是八仙俱仙示法寶，〈八仙東遊過海〉中云：

> 鐵拐即以杖投水中，自立其上，乘風逐浪而渡，鍾離以鼓投水而渡，
> 果老以紙驢投水中而渡，洞賓以簫管投水中而渡，湘子以花籃投水
> 中而渡，仙姑以竹罩投水中而渡，采和以拍板投水中而渡，國舅以
> 玉板投水中而渡。（第四十八回）

《東遊記》的敘述與明雜劇《爭玉板八仙過滄海》的內容差異甚大，雜劇中鍾離權踏芭蕉扇、張果老撇藥葫蘆、曹國舅踏笊籬，有徐神翁持鐵笛，而沒有何仙姑，[註88] 可見明初八仙中尚無何仙姑，所持法寶也沒有固定。

　　八仙與東海龍王的爭端起於龍王太子奪取藍采和的玉板，由呂洞賓莽撞地叫陣（第四十八回），並與何仙姑拒退蝦兵蟹將，砍斷太子左臂（第四十九回），充分顯示他性格勇悍的一面。而藍采和則喜怒形於色，與張果老、鍾離權、鐵拐李的穩重恰成了對比。

　　自第五十回〈八仙火燒東洋〉、五十一回〈龍王投奔南海〉、五十二回〈龍王水灌八仙〉、五十三回〈八仙推山築海〉、五十五回〈龍王表奏天庭〉等數回，皆描述八仙與四海龍王的對峙情形，其中四海龍王任八仙嘲弄，僅能上告天庭裁奪；第五十六回出場的角色眾多，約可分為三派：一是八仙與鐵拐李求救的老君、齊天大聖；二是龍王一脈的玉帝精兵、如來；還有偶然而至的觀音大士。觀音音以藍采和八片玉板中選擇二片給龍王償二子的命，又施展神通使龍宮回復原狀，終於弭平了戰事。在這一回中，若沒有諸仙相助，則情節太過單調乏味，可是由於角色過多，著墨不足，使這些人物看來只有骨架而無血肉，與背景人物無甚差別。可堪玩味的是出現了釋、道兩教人物，反映了在明朝中葉的通俗小說裡，釋道兩教彼此融合的現象。

　　上述八仙蟠桃大會與東遊過海兩個情節，重點都在展示八仙所共同經歷的事。作為一組神仙團體，八仙並非行動起居都在一起，第四十七回鍾離權有云：「人不易齊」，顯示他們平常也是單獨的散仙。《東遊記》一書則將原先

---

〔註88〕同註87。

零星的八仙故事串聯起來，置於共赴蟠桃大會特定的時空中，構成一個完整
的群體性仙話故事，使八仙故事定型化，後來的八仙故事在人物與情節方面
大都難脫此一舊有的範圍。第五十六回末，吳元泰有云：「自後八仙屢屢出現
人間，但凡人肉眼多不識得，彼亦待有緣者而始度也。」事實上，當八仙修
道成仙後，就常常顯跡於人間，救助貧困，而不限於度化修道者。例如，鐵
拐李以藥丸起死回生（第七回）、鍾離權為民除虎（第十七回）、呂洞賓更是
一意度盡天下眾生（第二十五回），凡此種種，都可以看出《東遊記》中所塑
造的神仙形象較為通俗化，更易為民間所接受。

# 第六章　結　論

　　八仙的組合原因，一方面是元、明劇作家在度脫劇裡基於角色的塑造，再者是小說作者借戲劇作品中的情節，以博取讀者的青睞，才使這個神仙組合成熟定型。所以《八仙出處東遊記》一書可謂居功厥偉，若不是該書將原來聯繫鬆散的八仙故事串連起來，置於共赴蟠桃大會特定的時空之中，構成一個完整的群體性仙話故事，則八仙組合可能不會如同今日所見如此興盛流傳的局面。

　　現即針對各章論述要旨，予以重點式的說明，作為本書的總結。

　　首先是八仙的成員裡，張果老、韓湘子在唐朝歷史中確有其人，然而兩者之間並沒有任何關係，張果老是唐玄宗時著名的道士，本名張果，韓湘子為韓愈的外甥，本名韓湘；兩者在後代的道教仙傳裡有「張果老」、「韓湘子」不同的說法。藍采和出自唐末五代道教徒沈汾的創造，是一個放浪形骸、大隱於世的虛構人物。鍾離權與呂洞賓的傳說起於北宋，《宋史·陳摶傳》中有陳摶與呂洞賓交往的內容，這也是信史中唯一的資料，可信度仍然存疑；鍾離權傳說的初期型態即與呂洞賓相連，謂其乃呂洞賓的師父，後人為他編造了顯赫的身世，說他是漢朝大將軍，所以又名「漢鍾離」。何仙姑則因為身負道教的養生奇術，而被人傳頌，後來更附會她受道於呂洞賓。鐵拐李與曹國舅最早都曾出現南宋末的道教資料裡，可是卻只有名字而無事蹟，鐵拐李在元劇中有「李鐵拐」、「鐵拐先生」等不同的稱呼。

　　「八仙」一詞在東漢已出現，可是其中意涵確指道教八位仙人首推元朝的度脫雜劇、明朝的慶壽劇。

　　就八仙與道教的關係而言，八仙個人的傳說陸續地被採擷入道教仙傳，

成爲道教神仙世界的一員。其中張果老確有鍊丹著作傳世，韓湘子與藍采和則出於道教徒的立傳，鍾離權、呂洞賓的傳說在北宋盛行，道教徒遂推崇他們爲道教中內丹祖師。何仙姑、鐵拐李、曹國舅也是經由道教傳記牽合爲呂洞賓的弟子。由以上敘述可以知道八仙的個人與道教都有密切的關係，事實上，八仙成爲神仙團體，其組合的重要契機——元朝度脫劇，也緣於道教的關係。

　　使八仙組合並定型的《八仙出處東遊記》裡，吳元泰有了若干的創造，其中特別處是將八仙的角色「人格化」。在傳說和劇本中，八仙人物中的藍采和、呂洞賓即有活潑的性格，這種性格在小說裡有了擴散的效果，觀察小說裡的人物表現，都比以前八仙的記載有變化。另外，吳元泰以自我對道教的體認建構一完整的神仙體系，並以此解釋八仙組合的要素乃緊密的傳承關係，這一點與劇本末突兀地出現「八仙」的情形，較爲進步。《八仙出處東遊記》裡，吳元泰還添入何仙姑這一女性角色，並安排她合理的出現，這一點也顯示了作者極欲保存「八仙蟠桃大會」情節的巧思——藉由同是女性的何仙姑提議向西王母祝壽，方才引起下文「八仙東遊過海」此一重要情節，因此，何仙姑看似點綴性的角色，實則居有樞紐的地位。

　　以上所述是本書的研究成果。八仙是道教中著名的神祇，經由文學的象徵結構，宗教的意義展現也成爲文學創作的原始活力。對八仙故事進行認眞的整理與研究，是一件極有價值的工作，既可於八仙組合過程中對道教神仙思想的理解，有略窺堂奧的喜悅，又有益於廓清八仙組合的經過情形。本書囿於僅探討八仙傳說的形成與組合經過，無法著力於更詳細的田野調查等背景分析，也存在著不少的謬誤闕失，有待他日續加補充修正。

# 重要參考書目

（一）資料之部

1. 《二十六史》，啓明書局，民國 51 年 1 月初版。

2. 《唐史》，章群，中國文化大學出版部，民國 69 年 12 月。

3. 《全唐詩》，彭定求等編，明倫出版社，民國 60 年初版。

4. 《太平廣記》，李昉主編，文史哲出版社，民國 76 年 5 月再版。

5. 《元曲選》，臧懋循編刊，中華書局，民國 79 年。

6. 《全元雜劇》，楊家駱主編，世界書局，民國 52 年。

7. 《孤本元明雜劇》，王季烈校編，商務印書館，民國 65 年。

8. 《元曲選外編》，隋森編，中華書局，民國 56 年。

9. 《全明雜劇》，陳萬鼐主編，鼎文書局，民國 68 年 6 月。

10. 《明代雜劇全目》，傅惜華，世界書局，民國 54 年。

11. 《元人雜劇本事考》，羅錦堂，順先出版社，民國 65 年 4 月再版。

12. 《古典戲曲存目彙考》，莊一拂，上海古籍出版社，民國 71 年 12 月初版。

13. 《正統道藏》，新文豐出版公司，民國 66 年初版。

14. 《道藏精華錄》，丁福保編，浙江古籍出版社，民國 78 年初版。

15. 《道藏提要》，任繼愈主編，中國社會科學出版社，民國 80 年 7 月初版。

16. 《道教文獻》，金桂馨、漆逢源撰，民國 73 年 12 月初版。

17. 《中國民間信仰資料彙編》，王秋桂、李豐楙編，學生書局，民國 78 年 11 月初版。

18. 《中國神仙傳記文獻初編》，捷幼出版社，民國 81 年 3 月初版。

19. 《歷世眞仙體道通鑑》，趙道一，自由出版社，民國 69 年 2 月。

20. 《道教研究資料》（一），嚴一萍編，藝文印書館，民國 80 年 3 月再版。

21. 《鍾呂傳道全集》，蕭天石主編，自由出版社，民國 73 年 10 月四版。

22. 《鬼神學詞典》，范茂震等編，陝西人民出版社，民國 81 年 1 月初版。

23. 《語言學辭典》，陳新雄、竺家寧等編，三民書局，民國 78 年 10 月初版。

24. 《中國風俗辭典》，烏丙安等編，上海辭書出版社，民國 79 年 1 月初版。

25. 《中國民間文學大辭典》，姜彬主編，上海文藝出版社，民國 81 年 6 月初版。

26. 《日本東京所見書目》，孫楷第，鳳凰出版社，民國 63 年 10 月初版。

27. 《中國通俗小說述要》，吳地編，漢欣文化事業公司，民國 79 年 9 月初版。

## （二）專著之部

1. 《莊子》，四部叢刊，民國 64 年 6 月。

2. 《韓非子集解》，王先慎，世界書局，民國 77 年 4 月十版。

3. 《楚辭補注》，洪興祖，漢京文化公司，民國 72 年 9 月初版。

4. 《弘明集》，僧佑，新文豐出版公司，民國 63 年 12 月初版。

5. 《唐代詩人叢考》，傅璇琮，中華書局，民國 69 年 1 月初版。

6. 《唐才子傳校箋》，傅璇琮，中華書局，民國 79 年 5 月初版。

7. 《杜詩鏡銓》，楊倫編輯，漢京文化公司，民國 69 年 7 月初版。

8. 《韓愈研究》，羅聯添，學生書局，民國 70 年 11 月初版。

9. 《抱朴子内篇校釋》，王明，中華書局，民國 77 年 7 月三版。

10. 《次柳氏舊聞》，李德裕，景印文淵閣四庫全書，民國 74 年初版。

11. 《酉陽雜俎》，段成式，四部叢刊，民國 64 年 6 月。

12. 《國史補》，李肇，景印文淵閣四庫全書，民國 74 年初版。

13. 《大唐新語》，劉肅，景印文淵閣四庫全書，民國 74 年初版。

14. 《明皇雜錄》，鄭處誨，景印文淵閣四庫全書，民國 74 年初版。

15. 《圖畫見聞誌》，郭若虛，四部叢刊，民國 64 年 6 月。

16. 《集古錄》，歐陽修，四部叢刊，民國 64 年 6 月。

17. 《巖下放言》，葉夢得，景印文淵閣四庫全書，民國 74 年初版。

18. 《岳陽風土記》，范致明，景印文淵閣四庫全書，民國 74 年初版。

19. 《詩話總龜》，阮閱，四部叢刊，民國 64 年 6 月。

20. 《泊宅編》，方勺，景印文淵閣四庫全書，民國 74 年初版。

21. 《事實類苑》，江少虞，景印文淵閣四庫全書，民國 74 年初版。

22. 《能改齋漫錄》，吳曾，景印文淵閣四庫全書，民國 74 年初版。

23. 《鶴林玉露》，羅大經，正中書局，民國 58 年臺初版。

24. 《東軒筆錄》，魏泰，景印文淵閣四庫全書，民國 74 年初版。

25. 《齊東野語》，周密，景印文淵閣四庫全書，民國 74 年初版。

26. 《唐詩紀事》，計有功，四部叢刊，民國 64 年 6 月。

27. 《列仙全傳》，王世貞輯，台聯國風出版社，民國 63 年 10 月初版。

28. 《西洋記》，羅懋登，天一出版社。

29. 《四遊記》，余象斗編，世界書局，民國 47 年 12 月初版。

30. 《陔餘叢考》，趙翼，世界書局，民國 49 年 12 月。

31. 《茶香室叢鈔》，俞樾，廣文書局，民國 58 年 9 月初版。

32. 《少室山房筆叢》，胡應麟，世界書局，民國 52 哖 4 月初版。

33. 《現存元人雜劇書錄》，徐調孚，盤庚出版社。

34. 《湯顯祖集》，湯顯祖，洪氏出版社，民國 64 年 3 月初版。

35. 《元人雜劇序說》，日：青木正兒·隋樹清譯，長安出版社，民國 65 年初版。

36. 《中國近世戲曲史》，日：青木正兒·王古魯譯，商務印書館，民國 71 年臺四版。

37. 《中國古典戲劇的認識與欣賞》，曾永義，正中書局，民國 80 年 11 月初版。

38. 《參軍戲與元雜劇》，曾永義，聯經出版社，民國 81 年 4 月初版。

39. 《中國戲曲與社會諸色》，路應昆，吉林教育出版社，民國 81 年 6 月初版。

40. 《中國市井文化與傳統曲藝》，段玉明，吉林教育出版社，民國 81 年 6 月初版。

41. 《小說戲曲論集》，劉輝，貫雅出版社，民國 81 年 3 月初版。

42. 《中國小說史略》，魯迅，風雲時代出版社，民國 79 年 11 月初版。

43. 《中國文學發展史》，劉大杰，華正書局，民國 72 年 5 月。

44. 《新編中國古代小說史》，楊子堅，南京大學出版社，民國 79 年 6 月初版。

45. 《中國文學史》，葉慶炳，臺灣學生書局，民國 73 年 9 月三版。

46. 《中國文學史初稿》，王忠林等，福記文化圖書公司，民國 74 年 5 月三版。

47. 《中國道教史》，任繼愈主編，桂冠圖書公司，民國 80 年 10 月初版。

48. 《中國道教思想史綱》，卿希泰，木鐸出版社，民國 75 年 6 月初版。

49. 《魏晉南北朝時期的道教》，湯一介，東大圖書公司，民國 77 年 12 月一版。

50. 《道家和道教思想研究》，王明，中國社會科學出版社，民國 79 年 8 月三

版。

51. 《魏晉神仙道教》，胡孚琛，人民出版社，民國 79 年 6 月一版。

52. 《道教與中國文化》，葛兆光，東華書局，民國 78 年 12 月初版。

53. 《道教與中國民間文學》，劉守華，文津出版社，民國 80 年 12 月初版。

54. 《道教論稿》，王家祐，巴蜀書社，民國 76 年 8 月初版。

55. 《道教基礎知識》，曾召南、石衍丰，四川大學出版社，民國 87 年 3 月初版。

56. 《道教答問》，朱越利，貫雅出版社，民國 79 年 10 月初版。

57. 《道教氣功百問》，王志遠編，佛光出版社，民國 80 年 5 月初版。

58. 《道教知識百問》，王志遠編，佛光出版社，民國 80 年 6 月初版。

59. 《道教內丹養生術》，洪丕謨，上海書店，民國 80 年 12 月初版。

60. 《道教與傳統文化》，文史知識編輯部，中華書局，民國 81 年 3 月初版。

61. 《太平經合校》，王明，中華書局，民國 49 年 2 月初版。

62. 《宗教與人生》，房志榮等，國立空中大學，民國 78 年 8 月再版。

63. 《六朝隋唐仙道類小說研究》，李豐楙，學生書局，民國 75 年初版。

64. 《中國文化新論——敬天與敬人》，聯經出版社，民國 80 年 1 月六版。

65. 《諸神由來》，程曼超編，河南人民出版社，民國 80 年二版。

66. 《中國民神》，曉渡等編，三聯書店，民國 79 年 8 月初版。

67. 《中國神話史》，袁珂，時報出版公司，民國 80 年 5 月初版。

68. 《中國仙話》，鄭土有、陳曉勤編，上海文藝出版社。

69. 《中國俗文學史》，鄭振鐸，商務印書館，民國 75 年 10 月七版。

70. 《中國小說史略》，魯迅，風雲時代出版社，民國 79 年 11 月初版。

71. 《說俗文學》，曾永義，聯經出版社，民國 73 年 2 月初版。

72. 《主題學論文研究集》，陳鵬翔編，東大圖書公司，民國 72 年初版。

73. 《中國民間文學概論》，譚達先，木鐸出版社，民國 72 年初版。

74. 《中國神話研究》，譚達先，商務印書館，民國 77 年 8 月臺初版。

75. 《中國民間故事初探》，天鷹，上海文藝出版社，民國 70 年初版。

76. 《民間文學漫話》，老彭，重慶出版社，民國 76 年初版。

77. 《中國民間諸神》，呂宗力、欒保群編，學生書局，民國 80 年初版。

78. 《中國人的鬼神觀》，郭立誠，臺視文化公司，民國 81 年 3 月初版。

79. 《華夏諸神》，馬書田，北京燕山出版社，民國 79 年 5 月二版。

80. 《臺灣地區神明的由來》，鍾華操，臺灣省文獻委員會，民國 68 年 6 月。

81. 《民間信仰與社會研討會》，臺灣省民政廳，民國 71 年 9 月。

82. 《中國乞丐史》，岑大利，文津出版社，民國 81 年 10 月初版。

83. 《仙話──神人之間的魔幻世界》，梅新林，三聯書店上海分店，民國 81 年 6 月初版。

84. 《先秦兩漢冥界及神仙思想探源》，蕭登福，文津出版社，民國 79 年 8 月初版。

85. 《中國煉丹術》，趙匡華，中華書局，民國 78 年 12 月初版。

86. 《八仙傳奇》，歐陽晶宜編，可筑書房，民國 79 年 9 月三版。

87. 《諸神傳奇》，歐陽飛編，新潮社，民國 80 年 5 月初版。

88. 《呂洞賓的故鄉──永樂宮壁畫》，劉慧葵主編，地球出版社，民國 71 年 4 月一版。

89. 《神魔國探奇》，劉逸生，遠流出版社，民國 78 年 6 月初版。

90. 《鬼神的魔力》，王景琳，三聯書店，民國 81 年 6 月初版。

91. 《道·仙·人──中國道教縱橫》，陳耀庭、劉仲宇，上海社會科學院，民國 81 年 12 月初版。

92. 《中國民間美術造型》左漢中，湖南美術出版社，民國 81 年 4 月初版。

93. 《中國傳統文人審美生活方式之研究》羅中峯，洪葉文化事業有限公司，民國 90 年 2 月初版。

## （三）論文之部

1. 《南宋文學中之民間信仰──呂洞賓傳說及其他》，王年雙，民國 69 年 6 月政治大學碩士論文。

2. 《何仙姑故事研究》，陳宇碩，民國 73 年 11 月東海大學碩士論文。

3. 《韓湘子研究》，陳麗宇，民國 77 年 5 月師範大學碩士論文。

4. 《現存元人度脫雜劇之研究》，蕭憲忠，民國 67 年 6 月高雄師範大學碩士論文。

5. 《八仙在元明雜劇和臺灣扮仙戲中的狀況》，陳玲玲，民國 67 年 2 月文化大學碩士論文。

## （四）期刊之部

1. 〈八仙考〉，浦江清，《清華學報》11 卷 1 期，民國 25 年 1 月。

2. 〈八仙傳說〉，趙景深，《東方雜誌》30 卷 21 期。

3. 〈蜀中八仙考〉，王家祐、任啟臻，《四川文物》，1991 年 5 期。

4. 〈八仙過海的原貌〉，黃永武，中國時報人間版，民國 73 年 7 月 30 日。

5. 〈八仙過海──關於八仙〉，張維用，《國文天地》8 卷 1 期，民國 81 年 6 月。

6. 〈純陽殿、重陽殿的壁畫〉，王暢安，《文物》（總 154），1963 年第 8 期。

7. 〈摹繪永樂宮元代壁畫的一些體會〉，陸鴻年，《文物》（總 154），1963 年第 8 期。

8. 〈永樂宮壁畫題記錄文〉，王暢安校，《文物》（總 154），1963 年第 8 期。

9. 〈張果傳說還有更早的出處〉，李劍國，《文史知識》（總 82），1988 年第 4 期。

10. 〈張果傳說最早見於《明皇雜錄》嗎？〉，馮紀友，《文史知識》（總 77），1987 年第 11 期。

11. 〈唐玄宗崇道淺論〉，高世瑜，《歷史研究》（總 176），1985 年第 4 期。

12. 〈呂洞賓神仙信仰溯源〉，馬曉宏，《世界宗教研究》（總 25），1986 年 3 月。

13. 〈論呂洞賓傳說在宋元間的興盛〉，邱希淳，《民間文學論壇》（總 31），1988 年 2 期。

14. 〈論中國風物傳說圈〉，烏丙安，《民間文學論壇》（總 13），1985 年 2 期。

15. 〈地方風物傳說的結構特點〉，李奎元，《民間文學論壇》（總 40），1989 年 5 期。

16. 〈符籙‧齋醮‧煉丹術──漫談中國皇帝與道教〉，李豐楙，《國文天地》（總 56），民國 79 年 1 月。

17. 〈一個醒的和八個醉的──杜甫飲中八仙歌札記〉，程千帆，《中國社會科學》（總 29），1984 年 5 期。

18. 〈中國古代風格畫概論〉，畏冬，《雄獅美術》，238 期。

19. 〈四遊記的明刻本──倫敦所見中國小說書目提要之一〉，柳存仁，《新亞學報》5 卷 2 期，民國 52 年 8 月。

20. 〈西洋記的兩個問題：出使動機與西洋所在〉，張火慶，《興大中文學報》1 期，民國 77 年 5 月。

# 二郎神傳說研究

江亞玉　著

## 作者簡介

江亞玉，生於臺灣臺中市。國立成功大學中國文學系畢業，東海大學中國文學研究所碩士，現任教於國立勤益科技大學通識教育學院。主要研究領域為神話、傳說、古典小說、民俗文化。著有：〈從形象特徵之演變談二郎神〉、〈民間信仰中的二郎神〉、〈生死以之，無怨無尤──簡析太平廣記情感類的愛情觀〉、〈談西遊記小說豬八戒的形象及意義〉、〈上巳節的民俗意涵〉、〈日本女兒節的源流與演變〉、〈避邪與祈福──中國獅文化的淵源及演變〉等論文。

## 提　要

　　二郎神，是民間信仰及通俗文學中頗受民眾喜愛的一位神明。他的故事淵遠流長，但一般民眾所知，常只限於明代小說對楊戩的描述；而學者的論述重點，又多半偏於前期──李冰、趙昱的演變。筆者乃決心研究「二郎神傳說」，希望能在舊資料中，將其演變的情形，作更有系統的整理及說明；並開拓新方向，從佛經中找尋證據，以補歷來對二郎神故事及造型研究之不足。

　　本論文以方志、筆記雜著、民俗資料查考地方傳聞；以佛經究明後期二郎神的特徵來源；以戲曲、小說、民間說唱之敘述與個人觀點相互印證；並參考中日學者的專著、論文，提出新的見解。

　　在研究方法上，由於二郎神傳說涵括的時空範圍廣闊，故事又數度轉變主角；故先以時間為經，排比羅列各種記載，說明李冰（二郎）、趙昱、楊戩先後替代，成為二郎神的過程。其次，乃就二郎神特徵產生的順序，分別屬之李、趙、楊，一一敘述，以明瞭此傳說嬗變增衍的軌跡；並考究這些特徵可能的來源。然後，再以空間為緯，探尋二郎神的來源。先對可見諸說作一番討論，接著說明個人的看法──肯定二郎神之本土性；強調其深受佛教、西南文化的影響。此部分又可與第三章互相印證，更加確立個人的論點。再者，依二郎神神職轉變之次第，逐一說明。我們可由此看出他在民俗信仰中，由地祇超昇為天神，然後，地位又漸漸下降的過程。最後，綜合全書的研究，總成四條。並以民間信仰與通俗文學相互為用的關係，作為結語。

　　本論文的研究成果在於釐清了三位二郎神在故事及形象上的混淆，並將其演變過程，依時空背景，作有系統地說明。最重要的是，確認佛教對此傳說有多方面的影響。

# 目

# 次

## 附　表

# 自　序

　　本書原爲筆者的碩士論文，略作修訂後，蒙花木蘭出版社付梓刊行，內心眞是感懷無限。傳說故事一直是民間信仰及通俗文學取擷不盡的寶藏，深受民眾喜愛。其中，二郎神傳說是極有研究價值的一項專題。因爲此故事中的內容及主角演變頗爲紛歧，而二郎神的形象又十分特殊，異於其他傳說人物。

　　自從中山大學的民俗學會著力於傳說故事的採集和研究後，逐漸引起學術界對二郎神傳說的注意及探討；半世紀以來，中日學者常有相關的論述發表。但是泰半偏重於早期傳說歷史的考證，地方軼聞的記載；對於演變的因素多未予深究；而且對小說中，二郎神楊戩之由來、形象之特徵，探尋得不夠詳盡。所以，前賢的成績固然可觀，卻仍有零散、不周全之處。筆者乃不揣淺陋，擬將此傳說作一貫串的研究：整理故事，釐清二郎神傳說中三個不同角色的混淆，說明其演變的過程。並以通俗文學中對二郎神之種種描述爲依據，探索其特色可能的源由。發現佛教對此傳說後期的演變，有著深遠的影響；可惜，向來研究者不夠重視。筆者希望本論文之寫作，能夠呈現二郎神傳說更完整的面貌，增進大眾對其廣泛而深入地瞭解。然學力未逮，疏漏之處，恐仍不免，敬祈海內方家有以指正。

　　由於本文相關資料駁雜繁多，蒐羅時頗感費力；但是師長的鼓勵、友輩的關愛，以及自我的期許，都是支持筆者盡心研究，並順利完成本論文的力量。感謝胡萬川老師悉心地指導、多方面之啓迪；台大王秋桂教授、東吳沈淑芳小姐惠賜資料；好友美玲翻譯日著。在此，謹借用陳之藩先生的一句話，來表達個人的心意：「要感謝的人太多了，那就謝天吧。」

江亞玉謹序於 2010 年 9 月台中太平

# 第一章　緒　論

傳說，是一種流行於民間的故事。其特點是沒有定本；內容情節或主題，往往隨時代、地域、社會習尙、傳誦者的好惡而有所更易。這種演變的情形，可以反映出不同時空背景中的人，其思想意識及生活色彩。有些傳說所敘述的主角，兼具了人格與神性；在此基礎上，民眾對於他的容貌、才能、功業，加以誇飾、虛構，依自己的想像，將這位神人塑造成他們認定的形象。

據林惠祥《神話論》引哈恩氏的研究，二郎神的故事，可歸屬於英雄或傳奇神話。〔註1〕但周樹人，《中國小說史略》：「傳說之所道，或為神性之人，或為古英雄，其奇才異能、神勇為凡人所不及，⋯⋯」〔註2〕鍾敬文在〈中國的地方傳說研究〉裡，亦指出傳說的種種特質：〔註3〕

在非歷史的事項中，包含著歷史的事實之斷片。（頁60）

地方傳說中，往往有對於同一個對象，而紛歧其說法的──兩種或兩種以上。（頁69）

地方傳說可分作三類：第一，紀述的──是指本原有其事實，一般人不過照事實說出，或稍加低度的渲染。第二，創造的──滿含著

---

〔註1〕 在哈恩氏所舉十二種此類神話中，二郎神故事具有誅斬怪物（二郎神殺蛟除妖）及勇士歷險（二郎神攜眉山七聖、哮天犬等奇異的從人經歷險事）的內容。參見林惠祥，《神話論》（台北：商務印書館，民國68年11月三版），頁30～31。
〔註2〕 周樹人，《中國小說史略》，頁23。
〔註3〕 鍾敬文，〈中國的地方傳說研究〉，《民俗學集鐫》第一期，頁53～97。

> 虛構的神話性。第三，借用的——假用民間本來獨立流行的神話、
> 民談而略加傅會。（頁71～72）

筆者衡諸二郎神故事的內容，認爲二郎神本是凡人，逐漸被附會上神性，最後超昇爲天神。除最後的一個階段可屬仙話，餘則深具傳說的特質。

二郎神是誰？歷來說法甚多，這是由於民眾矜誇自己家鄉人的心理所造成。但主要則歸屬在李冰（李二郎）、趙昱、楊戩三者的身上。〔註4〕首先，我們要釐清彼此故事的混同、衍合，整理故事發展的脈絡。李冰事蹟，漢代史書已有著錄；東漢末年，產生神異之傳說；〔註5〕此後，地方奉祀不斷；〔註6〕北宋初年，李冰信仰已根深蒂固了。〔註7〕這段期間，李冰之所以受到民眾景仰，是因爲都江堰之功，使百姓蒙澤受惠；他被視爲能使農事順利、穀物豐登的神明。〔註8〕北宋末年，產生李冰有子之說；至南宋時，李冰的第二個兒子，李二郎分化出來，成爲二郎神。信仰極盛，遍及全國。

當此際，趙昱也因有治水神蹟，而受封爲「清源妙道眞君」。宋代君主崇

---

〔註4〕另有李顯忠（見《延安府志》）、鄧遐（見《杭州府志》）、楊煜（見《河南府志》），亦被方志記載爲二郎神。但偶一爲見，故不加以討論。

〔註5〕雖然西漢末揚雄〈蜀王本紀〉云：「江水爲害，蜀守李冰作石犀五枚，二枚在府中，一枚在石橋下，二枚在水中，以厭水精。因曰：石犀里也。」（《太平御覽》卷八九〇引）但是，李冰「以石厭水」可能是當時習尚如此，上段記載並未顯示出李冰的神奇能力。故筆者以爲東漢末年，應劭《風俗通》記「李冰化牛鬥江神」事，方爲李冰神話性傳說的開端。

〔註6〕宋人記載唐朝或唐以前的李冰神祠有四：

（1）華陽縣，李冰祠在府西南三里，爲蜀郡太守，有功。及唐節帥李德裕重立祠宇。

（2）九隴縣，灌口鎮鎮城西有玉女神祠，祠之西有蜀守李冰祠。

（3）什邡縣，洛通山在縣西北四十里，《華陽國志》云：李冰導洛水於洛通山，山有祠。按：此祠當爲李冰祠，《新唐書》，卷四十二〈劍南道〉：漢州德陽郡……什邡（望，武德二年析雒置，有李冰祠山）。

（4）導江縣，李冰祠在縣西三十三里。

宋·樂史《太平寰宇記》卷七十二、卷七十三（台北：文海出版社，民國52年）。

〔註7〕《禮記·祭法二十三》：「夫聖王之制祭祀也，……能禦大災則祀之，能捍大患，則祀之，……」故唐玄宗時，封李冰爲赤城王；宋太祖開寶七年封之爲廣濟王。

〔註8〕吉田隆英，〈二郎神考〉，《東洋學集刊》第三十三期，頁58。頁62註54寫道：中國民俗信仰大部分是由農耕而來。南宋時廟祀風習之極盛，是由於朝廷的宗教政策使然。

尚道教，對民間各地歷來奉祀的神祇常予以封誥。《宋史・禮志》：

> 自開寶、皇祐以來，凡天下名在地志，功及生民，宮觀陵廟，名山
> 大川能興雲雨者，並加崇飾，增入祀典。熙寧復詔應祠廟祈禱靈驗，
> 而未有爵封，並以名聞。……如此，則錫命馭神，恩禮有序。欲更
> 增神仙封號，初眞人，次眞君。〔註9〕

眞君，是道教信仰中對神仙的尊稱。〔註10〕

　　宋代祠廟間傳聞的靈驗事蹟頗多，後常爲地志、雜記、戲曲所取材。在
敘及趙昱的身世背景時，往往帶有道教色彩，這是因爲「金元時期，神仙的
形象較爲通俗化，在民間通俗戲劇與小說中表現出來，已非飄渺的仙境與仙
眞，而是強調修眞學道者被度化的神奇經歷。」〔註11〕所以會有趙昱「由凡
人昇天成仙」的描寫。〔註12〕

　　二郎神與清源妙道眞君在南宋時，合爲一神。姚希得，〈蜀三大神廟
記〉：「若清源君之鑿離避洙，驅除罔象，西人永賴，功不細矣。」〔註13〕所
云清源君之功，實乃李冰所爲。筆者引用各種資料，希望能辨析區分出二者

---

〔註9〕　《新校本宋史》，卷一〇五〈志第五十八・禮八・諸祠廟〉第四冊（台北：鼎
　　　　文書局，民國69年5月），頁2561。
〔註10〕　李叔還，《道教大辭典》（台北：巨流出版社，民國72年11月一版），頁481。
　　　　日・諸橋轍次編纂，《大漢和辭典》卷八（大修館印行，昭和30年），頁199，
　　　　亦有相同的解釋。
〔註11〕　李豐楙，〈不死的探求──道教信仰的介紹與分析〉，此文收入《中國文化新
　　　　論・宗教禮俗篇敬天與親人》（台北：聯經出版事業公司，民國71年8月初
　　　　版），頁193。
〔註12〕　《龍城錄》：趙昱，字仲明，與兄俱隱青城山（青城山是道教勝地）。《說庫》
　　　　一冊（台北：新興書局，民國62年4月），頁124。
　　　　《三教源流搜神大全》：趙昱從道士李班隱青城山。（台北：聯經出版事業公
　　　　司，民國69年7月初版），頁113。
　　　　元雜劇《二郎神醉射鎖魔鏡》：趙昱騎白馬白日飛昇，立廟灌口。玉帝勅封灌
　　　　江口二郎之位，清源妙道眞君。《全元雜劇三編》第五冊（台北：世界書局，
　　　　民國52年2月初版），頁2069～2070。
　　　　明雜劇《二郎神斬健蛟》：驅邪院主著鬼力，接引趙昱白日飛昇。《全明雜劇》
　　　　十二冊（台北：鼎文書局，民國68年6月初版），頁7837。
　　　　明小說《封神演義》：清源妙道眞君楊戩「爲玉鼎眞人弟子，作道者裝束；後
　　　　伐紂有功，肉身成聖。」這種身世背景，乃承趙昱而來，也是受到道教的影
　　　　響。
〔註13〕　傅增湘輯，《宋代蜀文輯佚》下冊，卷八十三（台北：新文豐出版社，民國63
　　　　年11月初版），頁1053。

之不同。

　　然後，再探討最爲大眾所熟悉的二郎神楊戩此姓名可能的源由。筆者以爲，這是小說寫定者綜合許多地方傳聞後，而特加命名的；但是並非附會或影射任何人。

　　爲了更清楚的瞭解李、趙、楊三位在二郎神傳說中，形象的演變承替，故就其特徵，分爲「變化、武器、隨侍、三眼」四方面分別敘述。其中，趙昱之變容貌、使用三尖兩刃刀，楊戩之七十二變化、面生三眼，都可能是受到西南邊族或佛教的影響，而產生如此異於一般神明的特色。隨侍中的七聖，或爲人、或爲怪、或稱聖，轉變之迹最爲顯著。而天狗之神異，則爲民眾所熟知與喜愛。

　　由於有些學者言及二郎神非中國故有之神明，乃外族神之轉化、依託。筆者乃一一加以討論，並提出自己的看法：二郎神既從李冰神衍生而出，又曾與趙昱混同，自然是中國本土的神。但此傳說發展至元明之時，許多地方與佛教故事人物，如：獨健、華光、摩睺羅有所近同；可見此時在故事情節及神明造型上，確實受到了佛教的影響。

　　「民間信仰與社會、文化、歷史，密切相結合，它是社會中不可缺少的環節」，〔註14〕民眾崇拜傳說中的人物，奉爲神明，是抱持著彰善揚德的心理。所以，二郎神一直是民間信仰裡受敬重的神明之一。他的神職最初是地方水神，所司不過是使農田免遭旱潦、船戶漁夫平安。至宋代，受到朝廷封王加爵，立祠建觀的榮寵，民眾更加敬奉，神威達於巔峰，香火鼎盛。此際，神祠由鄉野水澤擴展至都城，隨著祈求者需要的不同，二郎神水神的特性消退，代以護國、去疾、保安、致勝的能力。凡此，皆可禱之而應。元明時，一方面承宋人信仰，另方面，新的說法產生——爲戲神（但是並未被普徧接受）；而他在小說中，則以天界執法者的姿態出現。自此以後，民間皆將小說中二郎神楊戩的形象，作爲奉祀的依據。

　　由於民間信仰與通俗文學相互爲用，使得二郎神傳說能夠活躍在民眾的心中千餘年，並將繼續流傳下去。

---

〔註14〕《另一個世界的秘密》，附錄：民間信仰座談會（台北：宇宙光出版社，民國　　　　70 年 11 月初版），頁 215。

# 第二章　二郎神究竟是誰

　　二郎神是民間通俗信仰中的神祇，他的神格雖不高，卻由於剷妖除怪、爲民造福而深受民眾的景仰。他究竟是誰呢？李二郎？趙昱？或楊戩？傳說中的神明，本不必定於一尊，但爲了對二郎神傳說的流傳情形更清楚，我們便先從其原始故事——治水英雄李二郎談起。

## 第一節　李二郎

　　二郎神原是四川灌縣的神明，當地父老傳言李二郎是秦時蜀守李冰之子。但這是宋以後才出現的說法。李冰治水之事，最早見於《史記》，卷二十九〈河渠書七〉（金陵書局本）：

> 蜀守冰，鑿離碓，辟沫水之害。穿二江成都之中。此渠皆可行舟，有餘則用溉浸，百姓饗其利。于於所過，往往引其水，益用溉田疇之渠，以萬億計，然莫足數也。

又見於《漢書・溝洫志》，卷二十九〈溝洫志九〉（王先謙補注本）：

> 蜀守李冰鑿離崖，避沫水之害。穿二江成都中，此渠皆可行舟，有餘則用溉，百姓饗其利。至於它，往往引其水用溉田，溝渠甚多，然莫足數也。

這些都是史實的陳述，並無神異。但由於此項水利工程能夠依循天然地勢，使用科學方法，造就了成都平原二千年來的水旱不侵，得稱「陸海」。〔註 1〕

---

〔註 1〕關於都江堰的工程情形，可參見：清・錢茂著，《歷代都江堰功小傳》，民國・

即使在今天，水利專家也依然佩服李冰「深淘灘、低作堰」的治水方法。更何況二千年前受利的民眾，怎會不敬奉他若神明呢？

除了李冰，岷江一帶還有其他治水人物的傳說，如大禹、杜宇、鼈靈、秦遐陽人。

《尚書・正義》卷六，言禹有疏導九川的治水之功，其中關於川西的部分「嶓冢導漾，東流為漢……岷山導江，東別為沱」揚雄〈蜀王本紀〉「禹本汶山廣柔縣人，生於石紐。」石紐在那兒呢？《吳越春秋》，卷六〈無余外傳〉裡說「鯀娶於有莘氏之女，名曰女嬉……家于西羌，地曰石紐，石紐在蜀西川也。」註云「石紐在茂州石泉縣，其地有禹廟。郡人相傳禹以六月六日生。」按茂州即今茂縣，和汶山縣交界，都在岷江流域。

杜宇即春心託杜鵑的望帝。據地方傳聞，杜宇持仙人竹杖，打昏岷江中的惡龍，平治洪水，是古蜀國第一個治水英雄。〔註2〕

鼈靈繼杜宇之後，因治水而為王，即開明帝。《水經注》卷三十三：「江水又東別為沱，開明之所鑿也。郭景純所謂『玉壘作東別之標者也。』」《蜀王本紀》：「時玉山出水，若堯之洪水，望帝不能治，使鼈靈決玉山，民得安處。」《禽經》引李膺《蜀志》：「巫山龍鬥，壅江不流，鼈靈乃鑿巫山，土人得陸居。」

戰國之際，秦王曾兩度派人入蜀治水。一是不知其名的遐陽人，一為李冰。《水經注》卷三十六，引《竹書紀年》曰：「梁惠成王十年，遐陽人自秦道岷山青衣水來歸」、「青衣水出青衣縣西蒙山，東與沫水合也，至犍為南安縣入於江」。〔註3〕兩人治水時間約相差一百多年。〔註4〕

在這些治水人物中，李冰受到地方民眾特別的景仰。這大概是由於他有具體的事功──都江堰流傳下來，使得人民至今蒙福，不只是一位口耳間相傳的故事人物而已。東漢建寧元年為李冰塑立了石雕人像於離堆的伏龍觀，

---

王人文輯，四休堂叢書。蘇同炳，〈我國古代最偉大的水利家李冰〉，見《人物與掌故叢談》（台北：學海書局，民國 63 年 9 月），頁 4～8。《史地專刊》第七十八期，《國語日報》，民國 55 年 8 月 10 日三版。

〔註2〕袁珂，《古神話選釋》（台北：長安出版社，民國 71 年 3 月），頁 483。

〔註3〕「蒙山即岷山，蒙岷同紐通假。沫水即大渡河，江是岷江」，見顧頡剛，〈古代巴蜀與中原關係說及其批判〉，《齊魯、金陵、華西、燕京大學中國文化研究彙刊》一冊，頁 35。

〔註4〕梁惠成王十年是周顯王九年、秦孝公二年，西元前 360 年。李冰則是秦昭王、孝文王時入蜀的，約在西元前 250 年左右。

〔註 5〕岷江河岸玉壘山上的崇德廟，建於北齊建武元年，廟中奉祀李冰及二郎。李冰的神蹟在立廟之際，便漸次傳聞增衍開來了。

歷代關於李冰治水的神異故事，可分爲兩大系統：一爲具靈異變化者，這是後代二郎神具七十二變化能力的源頭。另則爲雖無變化功，卻仍具神能者。此系統傳說的主角，在後代爲趙昱所奪（詳見本章第二節）。以下分別記述各時代之故事，以見其演變。

東漢・《風俗通義》：

> 秦昭王使李冰爲蜀守，開成都縣兩江，溉田萬頃。神須娶女二人以爲婦，冰自以爲女與神婚。徑至祠，勸神酒，酒杯澹澹，因屬聲責之，因忽不見，良久，有兩蒼牛鬥於江岸。有閒，輒還流江，謂官屬曰『吾鬥疲極，不當相助耶？南向腰中正白者，我綬也。』主簿刺殺北面者，江神遂死。」〔註 6〕

河伯娶婦之風，戰國時即有，由來已久；〔註 7〕而神人變龍、化牛相鬥於水中的傳聞，亦所多見；〔註 8〕二者結合後的故事，更突顯了主角的智勇及神力。

唐・《成都記》（《太平廣記》卷二九一引）：

> 李冰爲蜀郡守，有蛟，歲暴，漂墊相望，冰乃入水戮蛟，己爲牛形，

〔註 5〕石像於西元 1974 年出土，高約三公尺，重約四・五噸，背面刻有「蜀守李冰」字樣。見《西遊記取經圖》（台北：故鄉出版社，民國 70 年 11 月），頁 57。

〔註 6〕《風俗通義佚文》卷二（此據嚴可均，《全上古三代秦漢三國六朝文》之後漢文卷；盧文紹，《群書給補》中風俗通逸文而補）。《水經注》卷三十三、《藝文類聚》卷九十四、《太平御覽》卷二六一、六八二、八八二亦收。

〔註 7〕見宋洪邁，《容齋隨筆》，三筆卷十〈河伯娶婦〉條言，此風俗始於秦、魏（台北：大立出版社，據清光緒元年重校同治年洪氏刊本），頁 531。《莊子集釋》，卷二〈人間世第四〉：「牛之白顙者，與豚之亢鼻者，與人之有痔病者，不可以適河。」適河，釋文引司馬彪云：「謂沉人於河祭也。」（台北：木鐸出版社，民國 71 年 9 月初版）

〔註 8〕《搜神記》卷六，亦有二龍或二蛇相鬥之記載（台北：里仁書局，民國 70 年）。《太平廣記》，卷十四〈許眞君〉、卷一一八〈程靈銑〉、卷一三一〈臨海人〉、卷一三九〈周靖帝〉、卷三〇二〈韋秀莊〉、卷四五七〈海州獵人〉，都有類似之情節（台北：文史哲出版社，民國 70 年 11 月），下引《太平廣記》俱此本。蘇軾〈昭靈侯潮碑〉、歐陽修《集古錄》跋尾〈張龍公碑〉皆記張路斯、鄭祥遠化龍相鬥，以絳、青綃爲辨之事。收入《石刻史料新編》二十四冊（台北：新文豐出版社，民國 66 年 12 月初版）。

江神龍躍，冰乃勝。及出，選卒之勇者數百，持彊弓大箭，約曰：「吾前者爲牛，今江神必亦爲牛矣。我以太白練自束以辨，汝當殺其無記者。」遂吼呼而入。須臾，雷風大起，天地一色。稍定，有二牛鬥於上，公練甚長白，武士乃齊射，其神遂斃。從此蜀人不復爲水所病。……唐太和五年，洪水驚潰，冰神爲龍，復與龍鬥於灌口，猶以白練爲誌。……

在這段記載中，可以明顯的看出江神是龍，化爲牛與冰鬥。〔註 9〕而殺江神者，由主簿變成武士齊射，顯示助力增多，這在後代又變爲李冰見夢於其子，子乃入水助父殺蛟。〔註 10〕則將功績全歸於一人了。

五代·《錄異記》（《太平廣記》卷三十一三引）：

（唐）天祐七年夏，大雨，岷江漲，將壞京口江；灌江堰上，夜聞呼噪之聲，若千百人，列炬無數，大風暴雨而火影不滅。及明·大堰移數百丈，堰水入新津江，李陽冰祠中所立旗幟皆溼。是時新津、嘉、眉水害尤多，而京江不加溢焉。〔註 11〕

李冰顯靈率神兵移堰、導江水之說，至宋代更爲踵事增華，而本事則相同。

宋·《蜀檮杌》：

廣政十五年夏六月朔，（蜀後主）宴；教坊俳優作灌口神隊二龍戰鬥之象。須臾，天地昏暗，大雨雹。明日，灌口奏岷江大漲，鎖孽龍處鐵柱頻撼；其夕大水漂城，壞延秋門，深丈餘，溺數千家，攉司天監及太廟，令宰相范仁傑禱青羊觀；又遣使在往灌州，下詔罪己。

由上述中，我們可看出李冰神的威靈在五代時極盛！並且出現了「鎖孽龍」，

---

〔註 9〕 早在漢代，水神巳呈現龍的形態。例：《楚辭·天問》：「胡羿射夫河伯而妻彼雒嬪」王逸注云：「河伯化爲白龍，遊於水旁。」唐傳奇中此類故事尤多。參見臺靜農，〈佛教故實與中國小說〉，《東方文化》十三卷一期（香港），頁45～47。桑秀雲，〈李冰與二郎神〉，《中研院成立五十年紀念論文集》（台北：中研院，民國 67 年），頁 672。

〔註 10〕 袁枚，《隨園隨筆》，卷十一引《成都志》：「冰爲郡守，化牛形入水戮蛟，鬥不勝，見夢於其子。子乃入水助殺蛟。」（台北：啓明書局，民國 49 年）

〔註 11〕 按李陽冰祠，當是李冰祠。誤衍一字。李陽冰，唐四川合縣人，開元間爲安徽當塗縣令。與李冰事蹟無涉。

此情節之加入很可能受到「禹鎖巫支祈」傳說的影響。至於爲何要「禱青羊觀」？青羊觀中所奉何神，不得而知，但值得注意。

宋‧《茅亭客話》，蜀無大水條（收於學津討原十二冊）：

> （宋）開寶五年壬申歲秋八月，初成都大雨，岷江暴漲，永康軍大堰將壞，水入府江（京江）。……中流有一巨材，隨駭浪而下，近而視之，乃一大蛇耳。舉頭橫身，截於堤上。至其夜聞堤上呼噪之聲，烈炬縱橫，雖大風暴雨，火影不滅。平旦，廣濟王李公祠內，旗幟皆濡溼。……

大蛇護堰，大蛇與龍無異，當爲李冰所化。

除了歷來傳說李冰變化以降水神、護民之外，另有李冰「操刀入水」一說。後魏‧《水經注》卷三十六沫水條：

> 昔沫水自蒙山至南安西溷崖，水脈漂疾，破害舟船，歷代爲患。蜀郡太守李冰發卒鑿平溷崖，河神嚻怒，冰操刀入水與神鬥，遂平溷崖。通正水路。開處即冰所穿也。

此系統之說，自魏晉以降，一直未有發展，直至《集古錄》，方將化牛與操刀合爲一個故事：

> 秦李冰爲蜀守，鑿山導江以去水患。其神怒化爲牛，出沒波上。君操刀入水殺之，因刻石以爲五犀，立之水旁，與江誓曰：後世淺無至足，深無至肩。謂之誓水碑。立在彭州。〔註12〕

由以上的記載，我們可以知道李冰治水的傳說，在漢以前，仍只是一件不凡的事蹟而已，由於其功厥偉，魏晉南北朝至五代，神異的故事不斷地附會上去；然而李冰的神靈亦僅止於平治水患。宋以前的書籍從未提及他有特殊的神名或子嗣。直至宋代，才產生了：李冰有子李二郎的說法。〔註13〕那麼李

---

〔註12〕引自明‧曹學佺，《蜀中名勝記》，卷五〈成都府彭縣〉（上海：商務印書館，民國26年）。

〔註13〕宋‧王象之，《輿地紀勝》卷一五一，引李膺〈治水記〉：「蜀守父子擒健黿，因於離堆之趾，謂之伏龍潭。」李膺是梁武帝時人，則李冰有子之說當在此際已形成。但除此以外，隋唐文獻資料皆無李冰有子的記載。宋‧歐陽修於嘉祐二年爲程琳寫的墓誌銘中提到：「蜀妖人自名李冰神子……」，這是記天聖六年之事。自此以後，李冰有子二郎之說遂多見。故〈治水記〉所云，或爲後人所增。見《歐陽修全集》（上），〈居士集〉卷二十一、卷三十。

二郎從何而生的呢？宋代張邦基在《墨莊漫錄》中認爲：宋代的神稱號多由村民依其形貌而定。如何定呢？陸龜蒙〈野廟碑〉有謂：「有雄而毅、黝而碩者，則曰將軍。有溫而愿、皙而少者，則曰某郎。」《風俗通義》中所記，李冰既可「自以爲女」，可見其貌俊秀；況「二郎」在民間是一種很親切的稱呼。〔註14〕又《風俗通義》：「蜀人慕其氣決，凡壯健者，呼爲冰兒。」冰兒、李二郎，漸次訛傳爲李冰的兒子——李二郎了。

李冰被奉爲地方水神，水神之子其實就是水神他自己的分身。〔註15〕所以，李冰與李二郎應是「二而一」的，爲同一人物。宋代，李二郎獨立出來，成爲二郎神，和李冰分享奉祀。後來聲勢神威日隆，凌駕於李冰之上，信仰漸次普及全國。

## 第二節　趙　昱

趙昱爲灌口神的說法，源自《龍城錄》：

> 趙昱，字仲明，與兄冕俱隱青城山，從事道士李珏。……煬帝廳以上爵，不就，獨乞爲蜀太守。帝從之，拜嘉州太守。時犍爲潭中有老蛟爲害，……昱大怒，率甲士千人，及州屬男一萬人，夾江岸鼓噪，聲振天地。昱乃持刀沒水，……昱左手執蛟首，右手持刀，奮波而出。州人頂戴，視爲神明。……時嘉陵漲溢，水勢洶然，蜀人思昱。頃之見昱青霧中白馬，從數獵者見於波面，揚鞭而過，州人爭呼之。太宗文皇帝賜封神勇大將軍，廟食灌江口，歲時民疾病禱之，無不應。上皇幸蜀，加封赤城王，又封顯應侯。〔註16〕

---

〔註14〕譚達先，《中國神話研究》中收有「二郎捉太陽」、「二郎擔山」的故事。二郎之名，是一般男兒之俗稱。（台北：木鐸出版社，民國72年3月再版。）

〔註15〕桑秀雲，上引文，頁669：「李冰的神話在唐朝時已至頂點，李冰的分身於時產生，所謂分身，就是正神在各地的代表。」頁672～673並討論：《元一統志》所載，「蜀人呼雒口爲大郎、灌口爲二郎、柵口爲三郎。」之說。清·陶澍，《蜀輶日記》卷三：「今什邡縣高嶺關外，雒水分流處有大郎廟。彭縣彭門山下，雁江分流處有三郎鎮。意冰諸子各分地段治水，而灌口之功，二郎司之。故其名尤盛。」此文收在《陶篁江先生全集》中。《夷堅·支甲志》，卷八〈絳州骨堆泉〉，亦記水神之子立祠之故事。《夷堅志》（台北：明文書局，民國71年），以下所引俱此本。

〔註16〕託名唐·柳宗元著，然《唐書·藝文志》不著錄，前輩學者已考定爲王銍僞作。按：王銍爲北宋末徽宗時人。《龍城錄》中所言，影響南宋時二郎神的傳

這段敘述與《水經注》、《華陽國志》所載「李冰操刀入水」之事近似，〔註17〕
同屬於治水傳說中有神異能力而無變化之功者。其中「甲士男丁夾江鼓噪」，
是吸收了唐宋以來關於李冰祠顯靈的增飾；「從數獵者見於波面」之說乃首
見，這可能影響到後代產生二郎神牽鷹攜犬的描述；至於「歲時民疾病禱
之，無不應」已可見出他的神力不僅限於治水了。

趙昱於北宋時，封爲清源妙道眞君，〔註18〕此時，二郎神與清源妙道眞
君尙判爲二神。高承《事物紀原》卷七，靈宇廟貌部：

> 元豐（北宋神宗）時，國城之西，民立灌口二郎神祠。云神永康導
> 江縣廣濟王子。王即李冰也，會要所謂冰次子郎君神也。宋後勑封
> 靈惠侯。

到了南宋，二郎神的奉祀極盛，李二郎與趙昱便漸漸混合成爲一位神了。

楊无咎是北宋末、南宋初的人，他的一首二郎神調詞，乃爲壽清源妙道
眞君之生辰而作，說的卻是李冰之事。

> 灌口擒龍，離堆平水，休問功超前古。

而以下，卻又寫清源妙道眞君在蜀地退敵之事：

> 當中興、護我邊陲，重使四方安堵。〔註19〕

《夢粱錄》卷十四，東都隨朝祠：

> 二郎神即清源眞君，在官巷，紹興建祠。舊志云：『東京有祠，隨朝
> 立之。』〔註20〕

---

說。見《說庫》冊一，頁124。

〔註17〕《水經注》，卷三十六〈沫水條〉，《華陽國志》，卷二〈蜀志〉，四部叢刊初編
史部。

〔註18〕或云眞宗時封、或云徽宗時封。明版《三教源流搜神大全》，《增補搜神記》，
俱言宋眞宗。清康熙二十六年刻本，錢陸燦之《長熟縣志》：「宋眞宗時進今
封。」《夷堅志・丙志》卷十七，靈顯眞人條：「自大觀後，蒙改眞人之封。」
按：大觀乃徽宗年號，西元1107～1110年。

〔註19〕唐圭璋編，《全宋詞》第二冊（台北：明倫出版社，民國59年12月初版），
頁1182。

〔註20〕宋・吳自牧，《夢粱錄》卷十四，收於《東京夢華錄》外四種（台北：大立出
版社，民國69年10月）。以下引《東京夢華錄》、《都城紀勝》、《西湖老人繁
盛錄》、《夢粱錄》、《武林舊事》俱此本。

宋·王象之在《輿地紀勝》一五一卷，成都府路永康軍，崇德廟灌口神下，引《夷堅·壬志》：

> 完顏亮每一舉事，必決於大仙。紹興辛巳之舉，桂巨筆箕上，令童男女各一人侍於傍，以求詩詞。得望江南一首。……亮大怒，復問汝是誰？又書清源眞君四字。蓋灌口神王也。〔註21〕

《咸淳臨安志》卷七十五，清源崇應觀：

> 在吳山。寶祐元年，蜀士夫牟中書子才等陳請，云：「大江發源，實自汶江，清源眞君廟食其土，治水之績爲世大利。朝廷春秋祀享，神實作配。」旨就吳山卜地建廟，御書清源崇應之觀、清源之殿。〔註22〕

雖然趙昱亦稱二郎神，但關於他的奉祀情形，與李二郎卻有不同。褚人穫《堅瓠集》：

> 六月二十四日，吳謂清源妙道眞君誕，祀神必用白雄雞，相傳已久，不解其故。及閱陳藏器本草拾餘云，白雄雞生三年者，能爲鬼神所役使。吳人用祀眞君，或亦山川不捨騂角之意。〔註23〕

《清嘉錄》卷六，二郎神生日條：

> 六月二十四日，是日又爲神生日，患瘍者拜禱於荜門之廟，祀之日必以白雄雞。

《清嘉錄》又引錢陸燦之《長熟縣志》云：

> 趙眞君名昱，灌州人。任隋大業爲嘉州太守，有蛟患，入水斬之。……因立廟灌口，號灌口二郎神。宋眞宗時進今封。邑中患瘍者，禱之輒應。相傳六月二十四日爲神生辰，男女奔赴，以祈靈貺。〔註24〕

---

〔註21〕今夷堅三志壬志中，遍尋無此記載。惟壬志卷六，「衛校尉見楊王條」中，曾提及完顏亮，與《輿地紀勝》所引完全無關。《輿地紀勝》（台北：文海出版社，民國 59 年），頁 1511。

〔註22〕宋·潛說友撰，文淵閣四庫全書本，四九〇冊，台北：商務印書館，民國 72 年。

〔註23〕清·褚人穫，《堅瓠集》，八集卷一「白雄雞」條，筆記小說大觀續編六冊（台北：新興書局，民國 62 年 4 月）。

〔註24〕清·顧祿，《清嘉錄》卷六（台北：商務印書館，民國 65 年 6 月初版）。

《中國民俗史話》，記湖北蘄州的風俗：

> 六月某日賽二郎神，抬神像出巡，前有一神引導，當地人呼為行者，
> 也就是孫悟空。行者比二郎神還有威靈，家家都要宰殺一隻雞和一
> 百個錢供獻。〔註25〕

由以上這些記載可知，趙昱的祀品為雞，生日是六月二十四日。江蘇、湖北
華中一帶奉祀之。

而宋代蜀地的二郎神，卻仍是李二郎。范成大，《吳船錄》：

> 崇德廟（宋改稱二郎廟）在永康軍西門外，為秦太守父子廟食處。
> 〔註26〕

曾敏行，《獨醒雜志》：

> 有方外士為言蜀道永康軍城外崇德廟，乃祠李太守父子。太守名
> 冰，秦時人，嘗守其地，有龍為孽，太守捕之，鎖孽龍，且鑿崖中
> 斷，分江水，一派入永康。有功於蜀，人至今德之，祠祭甚盛，每
> 歲用羊至四萬餘，凡買羊以祭，偶產羔者，亦不敢留。永康籍羊稅
> 以充郡計。江鄉人今亦祠之，號曰灌口二郎。每祭，但烹一羊，不
> 設他物，蓋有自也。〔註27〕

《夷堅·支丁志》卷六，永康太守：

> 永康軍崇德廟，乃灌口神祠，爵封至八字。置監廟官，視五岳，蜀
> 人事之甚謹。每時節獻享及因事祈者，無論貧富，必宰羊。一歲至
> 烹四萬口。一羊過城，納稅錢五百。卒歲得錢二萬千。

范成大詩〈離堆行〉：

> 殘山狠石雙虎臥，斧跡鱗皴中鑿破，潭淵油油無敢唾，下有猛龍拴
> 鐵鎖。自從分流注石門，西川秔稻如黃雲。刲羊五萬大作社，春秋
> 伐鼓蒼煙根。我昔官稱勸農使，年年來激西江水。成都火米不論
> 錢，絲管相隨看蠶市。欸門得得醉清尊，椒漿桂酒刪壇罩。妄欲一

---

〔註25〕今湖北省蘄春縣西北。郭立誠，《中國民俗史話》（台北：漢光出版社，民國
　　　　73年再版），頁214。
〔註26〕宋·范成大，《吳城錄》卷上，筆記小說大觀續編四冊。
〔註27〕宋·曾敏行，《獨醒雜志》卷五，筆記小說大觀正編一冊。

語神豈聞，更願愛羊如愛人。〔註28〕

這些記載中，雖然未提到二郎神的生辰，但是蜀地有六月六日祭祀川主的習俗，〔註29〕且在方志中有「六月六日為王爺生日，王爺者為秦時蜀守李冰。近水商人必祭之，演戲甚至逾旬」的記載。〔註30〕所以，蜀地的二郎神祀品為羊，生日是六月六日。

由祀品及生日之不同，可知李二郎與趙二郎絕非一位神祇。明·馮應京《月令廣記》：「六月二十六日，此日是二郎神與清源妙道真人——趙昱的生日。」按此語氣，分明指的是兩位神明。但在清木刻本——《通天社聖諸神壽誕》及《玉匣記》中，皆稱二郎真君，生日為六月二十六日。葉德均先生云：「上海石印的曆書，亦謂六月二十六日，又稱為二郎星君。」〔註31〕道書：「六月二十六日，二郎神誕。」〔註32〕

蜀地之二郎神與吳地清源妙道真君本為二神，因同有治水的傳聞，且形貌相似，〔註33〕再加上南宋時有「張浚在蜀地靈顯廟中，夢神相語，要求由真君復封為王」的傳聞，〔註34〕故二者事蹟混同了。先封王者為李冰，後蜀封大安王，宋太祖開寶七年，改號廣濟王。〔註35〕而北宋末封真君，至南宋

〔註28〕見范成大，《石湖居士詩集》卷十八，四部叢刊初編六十四冊，頁99。祭李冰以羊之事，亦見於《吳城錄》卷上，同註26。

〔註29〕周開慶，《蜀事叢談》，「四川求雨風俗曬川主」（台北：四川文獻研究社，民國65年），頁35。黃芝崗，《中國的水神》，「二郎神誕辰六月六日」（香港：龍門書局，民國47年），頁12。

〔註30〕呂實強，〈從方志記載看近代四川的宗教與禮俗〉，《漢學研究》三卷二期，頁876。

〔註31〕葉德均，〈關於二郎神的誕日〉，《民俗週刊》第八十一期，頁52。

〔註32〕《歲時習俗資料彙編》二十四冊，《新增月日紀古》卷六（台北：藝文印書館，民國59年），頁2286。

〔註33〕《龍城錄》中言：昱斬妖時年二十六，正值青年。《說庫》一冊（台北：新興書局，民國62年4月），頁124。陳懷仁，《川主三神合傳》：「（趙）公乘白馬、引白犬……蓋緣公貌與崇德廟二郎神儼然相像，故喧傳公為李二郎再世。合奉公為灌口二郎神。」見《灌江四種》。

〔註34〕《夷堅·丙志》，卷十七〈靈顯真人條〉：（高宗）建炎四年張魏公在蜀，方秦中失利，密有根本之憂，陰禱於閬州靈顯廟，夢神言曰：「吾昔膺受王爵，下應世緣，故吉凶成敗，職皆主掌。自（徽宗）大觀後，蒙改真人之封，名雖清崇，而退處散地，其於人間萬事，未嘗過而問焉。血食至今，吾方自愧。國家大計，何庸可知。」張公窹而嘆異，立請於朝，復舊封爵，且具祭告。自是靈響如初，俗謂二郎是也。

〔註35〕宋·高承，《事物紀原》，卷七〈靈宇廟貌部·廣濟王〉（台北：商務印書館，

時，因有蜀地顯靈助軍得勝之功，復封爲王者乃趙昱。在神話傳說中，不同的地方、不同的神因有類似的事蹟，而產生神名混淆、襲奪的情形，是極爲常見的。〔註36〕

《三教源流搜神大全》中，記趙昱事最詳：

> 清源妙道眞君，姓趙名昱，從道士李班隱青城山，隋煬帝知其賢，起爲嘉州太守。郡左昔有冷源二河，内有犍爲老蛟，春夏爲害，水汛漲，漂淬傷民。昱大怒。時五昌閒設舟船七百艘，甲士千餘人，民萬餘人，夾江鼓譟，聲振天地。昱持刃入水，有頃其水赤，石崖奔吼如雷，昱右手持刃，左手持蛟首，奮波而出。時有佐昱入水者七人，即七聖是也。公斬時，年二十六歲。隋末天下大亂，棄官隱去，不知所終。後因嘉州江水漲溢，蜀人見青霧中乘白馬，引數人，鷹犬彈弓，獵者波面而過，乃昱也。民感其德，立廟於灌口奉祀焉。俗曰灌口二郎。太宗封爲神勇大將軍。明皇幸蜀，加封赤城王。宋眞宗廟，益州大亂，帝遣張垂崖入蜀治之。公誼祠下求助于神靈，克之，奉請於朝，追尊聖號曰清源妙道眞君。〔註37〕

此說影響深遠，在方志、筆記雜著中多有；雖然也有人疑其相混，彼此誣飾，例如：俞樾，《茶香室叢鈔》卷十五，趙昱條：

> 按此則灌口二郎神，又似趙昱矣。其年少而行二，所謂二郎者頗合。豈後人失其傳，而誤以爲李冰之子邪！〔註38〕

汪師韓，《韓門綴學續編》二郎神條：

> 神有稱二郎神，宋史五行志：徽宗政和七年，詔修神保觀。俗所謂二郎神者，京師人素畏之。……（李冰）其子之名與功績皆無可考。……神姓趙名昱……錫號清源妙道眞君。大概道流誣飾之語抑或另一二郎也。〔註39〕

---

民國 60 年 4 月台一版）。

〔註36〕黃芝崗，《中國的水神》頁 42：「川主的爭執和二郎神的異說，是不同的神的力量所起的爭執。不同的力量，是因爲不同的時代、地點，有他們相同的水災和治水的人物。」

〔註37〕《三教源流搜神大全》三卷（台北：聯經出版事業公司，民國 69 年 7 月初版），頁 113。

〔註38〕清·俞樾，《茶香室叢鈔》，卷十五〈言諸神〉，筆記小說大觀正編九冊。

〔註39〕清·汪師韓，《韓門綴學續編》，收於《叢睦汪氏遺書》二十六冊。

但在南宋以後，明小說出現以前，趙昱的威名大盛，李二郎鮮能聞見。元明雜劇：《二郎神醉射鎖魔鏡》、《二郎神鎖齊天大聖》、《灌口二郎斬健蛟》中都言明趙昱爲二郎神、清源妙道眞君。

趙昱這位二郎神，在雜劇中雖因治水有功，而得白日飛昇成天神；但戲曲要強調的是他降魔捉妖、變化多端的廣大神通。而李二郎在地方傳聞中，僅有治水的本領。故兩者在二郎神的故事流傳中，表現的神威，重點不同。

# 第三節　楊　戩

楊戩藉通俗小說之風行，在明代萬曆年以後，成爲家喻戶曉的二郎神。元明之際的雜劇中，二郎神仍是趙昱；明・談遷《棗林雜俎》下，二郎山條：

> 遼東，綿城北三十里，二郎山破石如彈丸，可入砲而輕。督師孫承宗戲曰：二郎神好彈，想其餘物。二郎神爲清源妙道眞君，即嘉州太守趙昱，斬蛟者也。未詳何代何封，稱爲二郎。〔註40〕

也指二郎神爲趙昱。

嘉靖三十四年刊刻的清源妙道顯聖眞君二郎寶卷，〔註41〕萬曆四十二年刊行的楊景賢著《西遊記雜劇》，都記有二郎神的故事，雖稱揚其神通，卻未說明二郎神是誰；那麼爲何萬曆二十年刊行的世德堂本西遊記，指二郎神姓楊？約同時出版的《封神演義》，更言明二郎神名楊戩，肉身成聖，封清源妙道眞君。

楊戩是宋徽宗時的宦官，爲宣和六賊之一，善測伺人主意，崇寧後有寵，宣和三年卒。由《容齋隨筆》三筆，卷十三〈政和宮室〉；續筆卷十五〈紫閣山村詩〉、〈楊戩擾民〉；《夷堅・支丁志》，卷一〈楊戩毀寺〉等記載，我們可看出他是當時人民又畏又恨的宦者。〔註42〕這樣的人，怎麼會和爲民造福的二郎神連在一塊兒呢？

胡適在中公史學研究會講演「方法與材料」時，曾舉二郎神姓楊名戩爲

---

〔註40〕明・談遷，《棗林雜俎》下卷，筆記小說大觀正編三冊。
〔註41〕寶卷原本未見。引錄及年代考定，見胡適，〈跋銷釋眞空寶卷〉，《國立北平圖書館館刊》五卷三期，頁1～8。
〔註42〕參見《新校本宋史》，四六八卷〈列傳第二二七・宦者三〉（台北：鼎文書局，民國69年5月再版）。

例，認爲這是借「奉二郎神時，傾城男女，負土以獻，來暗諷楊戩搜剖地皮。」
〔註43〕容肇祖則以爲「二郎神的祭品爲羊，羊與楊同音，指二郎神以代楊戩，
這是敢怒不敢言的百姓所用的諢號。這也是可能的，歷久，這神便眞的說成
楊戩了。」〔註44〕據二氏的說法，那麼二郎神名楊戩，當在南宋已形成。
但是，話本小說「勘皮靴單證二郎神」中敘述清源妙道二郎神被廟官假冒，
在楊戩家爲惡。由此故事，可知作者認知的二郎神並非楊戩。《小說戲曲新考》
云：「此故事疑爲明初人作，寫得惝恍迷離，古樸可愛。卷中有『老郎流傳』
之語，大約是第一次寫成文字的。以前只是口耳傳說而已。」〔註45〕因此二
郎神名楊戩，與宦官楊戩無涉。

　　蘇雪林引《河南府志》：「隋灌州刺史楊煜嘗斬蛟、築堤遏水患，民爲立
廟，即二郎神」以及治水記：「楊磨亦有神術，能伏龍虎。嘗於大皀江側扶水
田，與龍爲誓。今有楊磨江，亦稱羊磨江。」的記載，而認爲楊磨江當即是
《水經注》中，李冰所導穿的羊磨江。故楊磨與灌口也有關係。民間灌口二
郎之姓，當由於此。〔註46〕

　　《集古錄》中亦載李冰誓水立碑之事，與楊磨故事類似。

　　　秦李冰爲蜀守，鑿川導江，以去水患。其神怒，化爲牛。君操刀入
　　　水殺之。……與江誓曰：『後世淺無至足，深無至肩。』〔註47〕

黃芝崗在〈大禹與李冰的關係〉一文中，亦引諸多地理資料，認爲「楊磨即
李冰即大禹。李冰導水的地方章烙山又名楊村，是大姓楊氏聚居之所；而川
中楊姓又大都是移入農耕都城的禹裔牧羊民族，羌人所改。」〔註48〕所以治
水的李冰、李二郎被民間改爲楊戩。

　　由以上二家的說法，我們可以瞭解到，民眾之所以接受楊姓神爲二郎神，
其來有自。

　　李思純認爲二郎神是依託氏族雄楊難當。〔註49〕但劉德馨言「楊難當於

---

〔註43〕樊縯，〈二郎神的轉變〉，《民俗週刊》第六十一、六十二期，頁69。
〔註44〕容肇祖，〈二郎神考〉，《民俗週刊》第六十一、六十二期，收於王秋桂編，《中國
　　　　民間傳說論集》（台北：聯經出版事業公司，民國69年8月初版），頁249。
〔註45〕譚正璧，《三言兩拍資料》（台北：里仁書局，民國70年），頁451。
〔註46〕蘇雪林，《屈原與九歌》（台北：廣東出版社，民國62年），頁464。
〔註47〕引自明·曹學佺，《蜀中名勝記》，卷五〈成都府、彭縣〉，頁75。
〔註48〕見《說文月刊》三卷九期，微卷，頁75。
〔註49〕李思純，《江村十論·灌口氐神考》（台北：弘文館出版社，民國74年11月

蜀只有侵擾，並無殊功」，〔註50〕所以他認爲二郎神絕非楊戩當。

楊向奎在〈李冰與二郎神〉序文中，〔註51〕指出小說的作者本可隨意杜撰人物姓名，無須推敲追究：二郎神何以名楊戩？

綜合上述諸說，筆者認爲：在宋代二郎神的信仰已極爲普遍，相關的奇異傳說也不斷滋生。例如：《夷堅‧丙志》卷八「江氏白鷳」、丙志卷九「二郎廟」、支癸志卷三「蔡七得銀器」。

同樣地，關於楊戩，在當時也已有了許多附會的神怪故事。例如：《夷堅‧乙志》卷十九，記載的「楊戩二怪」：

> 宣和中，內侍楊戩方貴幸。其妻夜睡覺，見紅光自牖入，徹帳粲爛奪目，一道人長尺許，繞帳乘空而行。……戩新作書室，壯麗特甚……有女子往來其中……但見巨蟒正白，蟠屈十數重，其大如臂……。

到了明初，話本小說的作者，便將這些民間口頭傳聞結合在一起，把二郎神爲道士假冒爲惡的故事發生地，定於楊戩的府中。於是二者便在〈勘皮靴單證二郎神〉這篇故事中同時出現了。

明代中葉以後，小說大盛，二郎神是靈怪小說中常出現的人物。他雖繼續擁有如戲劇中趙昱的神威，但變化之功卻更玄奇、形貌略有異，〔註52〕故而小說作者遂另外命名。基於地方傳聞、民眾熟悉的神異故事，綜合其他小說，二郎神先只被尊稱「眞君」（如：《四遊記——西遊記傳》），後爲「楊姓神」（如：吳承恩《西遊記》），最後，清源妙道眞君的名字就是楊戩了（《封神演義》）。〔註53〕由於二郎神早在南宋時便與清源妙道眞君相混爲一神，所以，二郎神自然亦名爲楊戩了。

---

初版），頁71。
〔註50〕劉德馨，〈讀灌口氏神考商榷〉，收於《江村十論》，頁75。
〔註51〕此序文見於《責善半月刊》一卷十九期，正稿存齊魯大學國學研究所，未見。
〔註52〕有了「三眼」的特徵。詳見第三章第四節。
〔註53〕柳存仁，〈毗沙門天王父子與中國小說之關係〉，頁77：「則四遊記文字之時代，較早於封神、西遊，且爲封神、西遊之作者所承襲其遺緒。」頁86：「封神有若干處，似俱可視爲西遊之藍本與先驅也。」《新亞學報》三卷二期。筆者以爲：就小說對二郎神的描寫而言，《西遊記》受《封神演義》的影響較小，承《西遊記傳》之特點而發揮者較多。

# 第三章　二郎神的特徵

　　民間傳說裡的神明，其故事在流傳的過程中，會隨著時空之轉換而產生衍變；但其中的某些特點則會一直保存，漸漸定型，爲人熟知，成爲這位神明的特徵。

　　二郎神故事的主角人物曾一再地更易，由趙昱取代李冰，楊戩又替換了趙昱。趙、楊在形象上固然有沿承前者的地方，但由於二郎神的特徵不斷地增益，故而三人亦得以擁有自己的特色。以下按特徵產生之先後，分別敘述。

## 第一節　變　形

### 一、李冰之變化

　　變形，是許多神話傳說中的人物擁有的本領。在二郎神故事的流傳中，《風俗通義》所載「李冰變爲牛與江神鬥」當是最原始的描寫。其後又有《茅亭客話》所錄「李冰神祠有神異，現大蛇（即龍）護堰」的故事。〔註1〕這都是以變形來化解危機，也是民間故事中常有的情節。

　　樂蘅軍在〈中國原始變形神話試探〉一文中說：

　　　每一變形，必包含一人生事件。

　　　變形神話便是原始人用幻想的手段，超越實際的智力窮竭，來戲劇
　　　化解決危機的一個途徑。因爲變形的本身便意味著對現實拘圍的突
　　　破與征服。

---

〔註1〕詳見第二章第一節的說明。

每當人有重大遭遇，而迫處於危機邊緣的時候，變形便成爲立即的
需要，這可説是一種潛意識的自然適應。〔註2〕

一般民眾易接受變形的故事情節，對於一些有降妖捉怪本領的神，更喜歡去
誇飾他們這方面的功能。蓋由於妖魔鬼怪既非我族類，必長得奇形怪狀，令
人恐懼；或矯爲他形，惑人耳目。故神明必得有更爲超越的變化以克制鎮伏
之。趙昱在宋元之時逐漸取代李冰成爲二郎神，亦承之具變化能力。不過，
他的變化不同於李冰，重點不是變形體，而是變容貌。

## 二、趙昱之變容

趙昱在傳聞中是一位年輕俊秀的青年，但他要降魔捉妖時，就會變成猙
獰可畏。元雜劇《二郎神鎖魔鏡》中描述：

> 驅邪院主：「二郎神他神通廣大，變化多般，身長高餘丈，腰闊數千
> 圍，面青、髮赤、巨口獠牙。二郎變化顯神通，掣電轟雷縹緲中。
> 領將驅兵活灌口，殺敗法力低微牛魔神。」〔註3〕

這種以惡相來面對敵對的妖怪，以震懾之，在中國其他神話人物的身上並不
多見。而佛經中的菩薩、明王、金剛卻常顯現：嚬眉怒目、青面赤髮、犬牙
上出之容貌特徵。此乃忿怒像。當他們欲嚇止邪魔入侵，或殲滅妖孽時，則
現此像。

柳存仁在〈毘沙門天王父子與中國小説之關係〉一文中認爲：「殷郊於
《封神演義》六十三回中，食仙豆後即現異相『面如青靛，髮似硃砂，上下
獠牙，多生一目』這種法身的描繪，是由於封神作者獨具密宗知識。教外人
不易獲知。」〔註4〕我們在《大藏經》密教部中，可見類似之記載，〈大摩里
支菩薩經〉卷二：

> 火天在日輪上，三眼四臂作施願。持淨瓶蓮花鬖杖數珠，身黃赤色
> 髮豎立，熾焰如一聚火。〔註5〕

---

〔註2〕 樂蘅軍，《中國古典小説散論》（台北：純文學出版社，民國71年5月三版），
頁25、28、31。
〔註3〕 古名家脈望館藏本，《全元雜劇》三編五冊（台北：世界書局，民國52年2
月初版）。
〔註4〕 此文收錄於《和風堂讀書記》下冊（香港：龍門書局，民國66年），頁324。
〔註5〕 宋・息天災譯，《大藏經》，第二十一卷密教部，四十一冊（台北：中華佛教

〈救度佛母二十一種禮讚經〉，〔註6〕二十一種造像中，青面者有四，皆三眼怒面。（附圖1）

〈無二等最上瑜伽大教王經〉卷四：

> 想金剛鈎安於心，依法諦心而鈎召，焰髮得迦忿怒王，及彼馬頭明王等，所有金剛杖明王，及彼不動忿怒尊，威光廣現三界中，作顰眉相而顧視。〔註7〕（附圖2）

這些神明雖外貌凶惡（多半三眼，可與第四節互相印證），卻內涵慈悲心。

〈金剛頂瑜伽三十七尊出生義〉卷一：

> 下方有十六執金剛神，蓋一切如來勇健菩提心所生化，亦明如來修行之時，有塵數心障煩惱，以是金剛慧破之。大覺之後，成塵數種類智門，以是金剛慧用之。故復現其暴惡可畏之身，操大威之智，以調伏難調。叱吒則大千震盪；指顧則群魔慴竄。所以鬼母怕懼而收歛，象頭畏威而遠引。彼大惑之主摩醯首羅，亦蒙被其害而成正覺矣。則知向時憑怒，適是大悲。〔註8〕

不論二郎神是變化相貌或身形，他的目的是鎮伏邪魔，解除人民的危難，並使妖怪不再陷溺於罪惡中，這也正是一種慈悲心的表現。

## 三、楊戩之七十二變化

楊戩在明代小說風行於世之後，取代了趙昱成為清源妙道真君、又是二郎神。在變化的能力上，他在小說中被特加標舉有「七十二」般變化。七十二此數字有著強調「神秘」及「多」的特性。〔註9〕二郎神本就神通廣大，為

---

文化館大藏經委員會影印，民國48年），頁268。

〔註6〕譯者不詳，《大藏經》，第二十卷密教部，三十九冊，頁480。

〔註7〕馬頭金剛王又名馬頭觀音，宋·施護譯，《大藏經》，第十八卷密教部，三十六冊，頁528。

〔註8〕唐·不空譯，《大藏經》，第十八卷密教部，三十五冊，頁298。

〔註9〕關於「七十二」此數字之研究，可參見：聞一多，〈七十二〉，收於《神話與詩》一書（台中：藍燈文化出版公司，民國64年9月），頁207～220。周法高，〈上古語法札記〉，《中研院史語所集刊》二十二冊，頁202～205。楊希枚，〈略論中國古代神秘數字〉，《大陸雜誌》四十四卷五期，頁28～31。楊希枚，〈古籍神秘性編輯型式補證〉，《國立編譯館刊》一卷三期，頁9～19。朱介凡，〈七十二〉，《中國謠俗論叢》（台北：聯經出版事業公司，民國73年），頁101。

大眾所推崇信服。小說鋪張揚屬的敘述，更使得二郎神會七十二變化成為他法力高、本領強的象徵。

　　楊戩的變化能力雖超乎李冰、趙昱，卻仍保有李冰鎖龍及趙昱變容貌的故事情節，由此亦可見出其承襲、遞變的痕迹。

　　《西遊記》第六回記載著：二郎神欲拿悟空時，變成「身高萬丈，青臉獠牙，赤紅頭髮」。四川當地傳言：「二郎神平時閉上他額中的豎眼，顯露他端整的丰姿。赴敵作戰時，便將那豎眼張開。他的容貌也變成青面赤髮，凶猛異常了。」〔註10〕綠蘿〈灌口孽龍故事〉中說：「川主（二郎神）有七十二變，孽龍也有七十二變。川主和孽龍戰鬥，當時便各顯神通，大戰不休。川主因得觀音之助，以藍靛塗臉，變成一副可怕的藍臉。孽龍見之心慌，故敗下陣來為川主所收服。」〔註11〕

　　在元明雜劇中，二郎神是趙昱，雖然由其他人物敘述他能變化千端，但可能限於舞台上不易扮演，故只是一語帶過而已。至楊戩出現後，小說裡就很詳細而神妙地描寫了他的變化。

　　《西遊記》故事中，二郎神與孫悟空藉多重變化來鬥法爭勝，這是一段描述精采而為人所津津樂道的文字。《四遊記》之《西遊記傳》第七回，真君捉猴王：

　　一變：真君與猴王來往三百餘回合，未分勝負。二人變身長萬丈，
　　　　　戰入雲端。
　　二變：猴王入水變魚蝦；真君化為鶿鷹欲啄之。
　　三變：猴王化作飛鳥；真君回復本像，拽弓一彈打下。
　　四變：猴王變真君模樣，逃往灌口；真君追至，以神槍刺之。

吳承恩，《西遊記》第六回，小聖施威降大聖：

　　一變：二郎神身高萬丈，青臉獠牙，朱紅頭髮。孫悟空亦變如此。
　　二變：孫悟空變成麻雀；二郎神化為雀鷹撲打之。
　　三變：孫悟空化為大鷥老，二郎神變作大海鶴以嗛之。
　　四變：孫悟空變魚；二郎神為魚鷹啄食之。

〔註10〕黃芝岡，《中國的水神》，頁12。
〔註11〕《民俗週刊》第一○二期，民國19年3月5日。

五變：孫悟空爲水蛇；二郎神化作灰鶴欲吹之。

六變：孫悟空變成花鴇；二郎神回復原身，以弓彈打之。

七變：孫悟空變成一座土地廟；二郎神視破，欲搗窗賜門以毀之。

這樣的變形情節，在中國故事中，殊不多見。而編號四五二四的降魔變文，敘舍利弗與勞度叉鬥法。〔註12〕二者亦是不斷地變形，以求能制敵。

一變：勞度叉化爲寶山；舍利弗變出金鋼，將之擊碎。

二變：勞度叉變成水牛；舍利弗化爲獅子迎戰。

三變：勞度叉變作水池；舍利弗變成白象之王，將之吸乾。

四變：勞度叉化爲毒龍，舍利弗即作金翅鳥王。

五變：勞度叉化出二鬼，毗沙門出現，二鬼乞饒。

六變：勞度叉變成巨樹，舍利弗變成風神，將其枝葉吹盡。

這種寫法，新奇有趣，充滿了豐沛的想像力。《西遊記》吸收之，而更增添材料，益發引人入勝。

在《封神演義》中，對清源妙道眞君——楊戩變化的能力，寫得更爲神奇了。他不但可以變爲動物，甚至也可化作金石等無生物。此即屬於樂蘅軍所說的「力動的變形」。〔註13〕《封神演義》四十回，四天王遇丙靈公，有詩爲證：

---

〔註12〕 Richards E. Strassbe 著，張芬齡譯，〈敦煌所發現的佛經講唱文〉，《中國文學論著譯叢》（下）（台北：學生書局，民國74年），頁843。此外，佛經中有許多舍利弗變形鬥法的記載：〈賢愚經〉，卷十：「勞度叉化爲大樹、水池、十首龍、吼奔之狂牛、夜叉鬼；舍利弗則以旋風吹拔、白象含水、金剛力士持杵碎山、金翅鳥王攪空、獅子王分裂食之、毗沙門天王咸鎮，一一破解。」元魏・慧覺等譯，《卍正藏經》四十九冊（台北：新文豐出版社，民國69年6月初版），頁593。〈根本說一切有部毗奈耶破僧事〉，卷八：「外道（名赤眼，善能幻化）變作大菴沒羅樹、蓮花大池、七首龍王、起屍鬼；舍利弗作大風雨摧樹拔根、象子踐池折花、大金翅鳥食龍而去、又以呪呪之、令鬼卻迴損外道。最後，外道折服。」唐・義淨譯，《大藏經》，第二十四卷律部三，四十七冊，頁140。〈佛說眾許摩訶帝經〉，卷十二：「赤眼婆羅門化作花樹、蓮華水池、七首龍、羅剎身；舍利弗即以微風吹散、大象入池踩踐、金翅王坐於龍首、持咒、神力縛之。加之降伏。」宋・法賢譯，《大藏經》，第三卷本緣部上，六冊，頁968。

〔註13〕 樂蘅軍，《中國古典小說散論》，頁4：「所謂力動的變形，指從某種形象蛻化爲另一種形象，包括人、動植物、和無生物之間的互變。」

秘授仙傳眞妙訣，我與道中俱各別。或山或水或巓崖，或金或寶或
銅鐵，或鶯或鳳或飛禽，或龍或虎或獅鴉。隨風有影即無形，赴得
蟠桃添壽節。

七十五回，土行孫盜騎陷身，有詩單讚楊戩玄功變化之妙：

悟到功成道始精，玄中玄妙有無生。蓬萊枉秘通靈藥，泜水徒勞化
血兵。計就騰挪稱幻聖，裝成奇幻盜英明。多因福助周文武，一任
奇謀若浪萍。

四十八回，陸壓獻計射公明，也敘述了楊戩發揮急智，變出一整座軍營及兵
卒，又化爲聞太師，奪回箭書。

這種變化隨意的超能力，在佛家乃是五神通中之如意通。又曰：神境
通、神足通。飛行自在，石壁無礙；又得行化石爲金、變火爲水等奇變。
〔註14〕〈大智度論〉卷五：

如意通，如意有三種，能到、轉變、聖如意。能到有四種：一種身
飛能行，如鳥無礙。二者移遠會近，不往而到。三者此出彼沒。四
者一念能至。轉變者，大能作小，小能作大，一能作多，多能作
一。轉轉諸物皆能轉變。聖如意者，外六塵中不可愛不淨物，能觀
令淨；可愛淨物，能觀令不淨。是聖如意法，唯佛獨有。〔註15〕

二郎神楊戩，他的七十二般變化就具有如意通中的特質。

由以上的敘述，可知二郎神的變化在李冰的時代，還是很質樸簡單的；
而趙昱、楊戩之時，就已受到了佛教文學在描寫法或想像力方面的影響，使
得他們不同於中國民間傳說中的其他神明。

# 第二節　武　器

二郎神的玄妙本領在於能變化，已如上節所述。但他仍有武器作爲他降
妖捉怪之輔助。而他的武器也隨著傳說的演變而有所更變。由二郎神武器愈
來愈多樣化，我們可看出故事主角受到的時空影響。

---

〔註14〕《佛學辭典》（台北：啓明書局，民國49年12月初版），頁96。
〔註15〕後秦·鳩摩羅什譯，《大藏經》，第二十五卷釋經論部上，四十九冊，頁97。

## 一、李冰用刀

最早出現用武器的記載是後魏·酈道元,《水經注》卷三十六沫水條:

> (李)冰乃操刀入水與神鬥。

其後,不再有李冰使用武器的直接描述。

## 二、趙昱用三尖兩刃刀及弓箭

宋·王銍偽作之《龍城錄》:

> (趙)昱持刀入水,左手執蛟首,右手執刀,奮波而出。〔註16〕

《三教源流搜神大全》所載相同,惟刀字改用「刃」,然其繪圖卻是一把劍。
(附圖3)

然而趙昱所用的刀已不是一般所認知的刀,乃是三尖兩刃刀。這樣武器的記載始於元雜劇:《二郎神醉射鎖魔鏡》——趙昱佩帶三尖刀、斬妖劍,以弓箭射鎖魔鏡。《二郎神鎖齊天大聖》——三尖兩刃刀、金臂弓、金彈。二郎神斬犍蛟——三尖刀、鳳翎箭。

至於使用弓箭的記載則較早,宋·張唐英,《蜀檮杌》,「王衍北巡……衍戎裝,珠帽錦袖,執弓夾矢。百姓望之,謂如灌口神。」話本,〈勘皮靴單證二郎神〉中,寫二郎神持弓及彈丸。這位攜弓帶箭,著獵著裝扮的神,雖未被言明他究竟是誰,但按其記載的時代及武器特色,再較諸元明戲劇,可知描寫的當為趙昱。

## 三、楊戩諸武器兼備,並增斧鉞

楊戩在武器方面,幾乎全部承襲趙昱所有。惟《西遊記》作者改三尖兩刃刀為三尖兩刃槍。而《封神演義》中,則既有槍又有刀,無所不備了。

《四遊記》之《西遊記傳》——以弓彈打齊天大聖所變的飛鳥,神槍刺住孫悟空,弓箭射下鳥精。吳承恩《西遊記》——第六回中描寫二郎神,「腰挎彈弓新月樣,手執三尖兩刀刃槍,斧劈桃山曾救母,彈打楼羅雙鳳凰。」六十三回敘二郎,「取金弓、安上銀彈、扯滿了弓,往上就打(九頭蟲)。」《封神演義》——四十回形容妙道真君楊戩騎白馬、執長槍。在五十五回中借三

---

〔註16〕《龍城錄》,趙昱斬蛟條,《說庫》一冊(台北:新興書局,民國62年4月),頁124。

昧火眼之照。入石穴得三尖兩刃刀。五十八回言以金丸打中呂岳肩臂。八十一回則同樣以彈弓發出金丸，正中余德。九十二回中，則是以三尖兩刃刀及變化之功殺除七怪。清代小說《薛丁山征西全傳》五十七回，二郎神楊戩，手執金槍。《三戲白牡丹》第八回，二郎神手執三尖兩刃刀，帶哮天犬，左懸弓、右帶彈，上了白龍駒。同書，四十四回：二郎眞君取出五行混元石，破了硃砂劍。

清代民間說唱——太平歌詞，《新出二郎劈山救母全段》：二郎神以開山斧劈山救母。彈詞，《新編說唱寶蓮燈華山救母全傳》：二郎劈桃山救母。所持的寶貝，亦爲斧頭。

黃芝崗說：「二郎神的神廟在長江一帶臨江的州縣都有。這神像也和楊四將軍一樣的帥盔金甲，手持鉞斧，足踏蛟龍。」〔註17〕

在上述諸般武器中，惟三尖兩刃刀最是特殊，乃其他戲劇小說人物所無。桑秀雲在〈李冰與二郎神〉一文中，引周緯，《中國兵器史稿》的一段文字：

> 西康一帶之戎民，喜作武士歌舞，舞輒用劍。其劍鐵刃，木或銅柄，長三尺左右，直形平刃，或作葉形銳尖，或半圓尖，或三角尖。

爲證，而認爲：

> 三尖兩刃刀和西康一帶戎民所使用的三角尖型雙刃劍非常接近。這種兵器流傳到川西，就成爲二郎神的特徵之一了。〔註18〕

但是按照周緯此書九十圖版——邊疆少數民族之武器，第二十五圖——戎民之武士歌裝看來，（附圖4）其所執與普通長劍無甚差異。而《西遊記傳》、《西遊記》中皆稱三尖兩刃槍。同書頁326有云：

> 邊疆各族長兵大都爲標槍式之長槍，或名梭標。其桿甚長。普通長清尺一丈五尺，亦有長一丈八尺者。槍頭或作前銳後叉型，而桿上綴以三層纓絡，桿尾有尖鐏——則係四川南部彝人之梭標。

再配合此書九十一圖版之三十圖來看，（附圖5）與三尖兩刃槍的描述近似。

刀劍是短兵器，槍爲長兵器，雖判然有別，但不論二郎神所執爲何，三

〔註17〕黃芝崗，《中國的水神》，頁11。
〔註18〕桑秀雲，《李冰與二郎神》，頁668

尖兩刃的形式則非中國所固有。或原爲西南邊疆民族所用，或取印度佛像手中常持之三戟叉之形狀而命以他名。

二郎神各式各樣的武器，是在元明的戲曲小說中出現，清代唯承繼原本的寫法而已。元朝因以騎兵爲主，故擅長使用弓箭、標槍；明代各式長槍、叉鏜多，亦講究射術。〔註19〕此時代背景或也影響戲曲小說的作者，對二郎神武器多樣化的描述。

而鄰近二郎神傳說發源地（四川西北）的西藏省，其武士之全裝軍裝，亦配備了各式兵器，如：弓箭、刀、長槍、火繩叉子槍、圓首雙鋒刀等，（附圖6）這也許正是那個地域所認定的武士造型。

總之，二郎神武器之多、之奇，在中國傳說的神明裡是極爲特殊的。

# 第三節　隨　侍

宋代以後，二郎神是趙昱之說漸盛，而伴隨他同時出現的，總有眉山七聖及白犬；此種情形，猶如其他民間故間中的觀音有金童、玉女；媽祖有千里眼、順風耳；包公有王朝、馬漢、張龍、趙虎四將。二郎神、七聖、白犬亦成爲婦孺皆知的特定組合，二郎神有固定的隨侍乃始於趙昱。在此以前的李冰雖有主簿、甲士助之降伏江神，卻只是表明他有部屬相從。而在其後取代趙昱於小說中出現的楊戩，則完全承用了趙昱有部將七聖及白犬的寫法；並更加強犬之神異。由於小說之風行，大眾所熟知的哮天犬，實已是楊戩之犬，而非趙昱那隻亦有表現的細犬了。

## 一、七　聖

《三教源流搜神大全》中說：「時有佐昱者七人，即七聖是也。」這是七聖助灌口二郎治水平妖有文字記載之首見。關於七聖，早在宋朝便有一種民俗活動，名曰：七聖刀。其內容，據《東京華夢錄》卷七，駕登寶津樓諸軍呈百戲之記載：

> 又爆仗響，有煙火就湧出，人面不相覩，煙中有七人皆披髮文身，著青紗短後之衣，錦繡圍肚看帶。內一人金花小帽、執白旗；餘皆頭巾，執真刀，互相格鬥擊刺，作破面剖心之勢，謂之「七聖刀」。

〔註19〕周緯，《中國兵器史稿》（台北：明文書局，民國70年），頁247、262、268。

由此可見，「七聖刀」這種活動是勇武的，與一般民眾對七聖的印象相符合。
《夢粱錄》卷一，八日祠山聖誕云：

> （二月）初八日，酒湖畫舫盡開，蘇隄遊人來往如蟻。其日，龍舟
> 六隻，戲于湖中。其舟俱裝十太尉、七聖、二郎神、神鬼、快行、
> 錦體浪子、黃胖，雜以鮮色旗纖、花籃、鬧竿、鼓吹之類。

可知南宋當時，七聖與二郎神已同樣地為民間所熟悉。

七聖的組合成員並不正派，而是市井無賴，且具邪術。《夷堅‧丁志》
卷三，韶州東驛：

> ……此有所謂七聖者，多爲往來之害。……良久，聞堂上兵刃戛
> 擊，其呼譟應和之聲全與世間惡少年所習技等。行中窺於門，見七
> 男子，被髮袒裼，各持兩刀，跳擲作戲。……其宿於外十輩亦有被
> 此害者，雖皆不死而神氣頓癡，顏色枯悴，蓋血液已流失故也。

《夷堅‧支癸志》卷八，闐山排軍：

> 饒民朱三者，市井惡少輩也，能庖治素臟亦僅自給。臂股胸背皆刺
> 文繡，每歲郡人迎諸神，必攘挟於七聖祆隊中爲上首。

又，有一種幻戲名曰「七聖法」，乃是作法將小兒斷頭、再續接。〔註20〕何以
名「七聖法」，今已不可知，但總是妖異之屬。

由以上可知，七聖本不值得尊重；但成爲二郎神趙昱的從屬之後，助其
斬妖除怪，爲民造福，在人們心目中的地位方才提昇。

宋時，二郎神與七聖常共同出現於節慶中，但彼此並無關係。至元明雜
劇，他們由朋友漸漸發展成將領與部屬。最後，在小說中，終成爲特定又不
可分的組合。元劇《唐三藏西天取經》，劇中七聖與二郎神乃處並列的地位：

> 二郎神率部將郭壓直，與李天王、哪吒太子、眉山七聖共同收服孫

---

〔註20〕《西湖老人繁勝錄》（《東京夢華錄》外四種本）：「行七聖法，切人頭下，賣
符，少閒依元接上。」（頁120）《武林舊事》卷六，諸色技藝人載：「七聖法：
杜七聖」，此種幻術故事源自南唐尉遲偓的《中朝故事》（叢書集成初編本，
上海：商務印書館，民國25年6月初版，頁9～10）。明‧謝肇淛，《五雜組
人部二》卷六，亦有此類故事（台北：新興書局，民國60年5月），頁469
～470。明小說，《平妖傳》十一回，杜七聖賣法之故事，與上引諸條近同。
台北：鼎文書局，民國67年。

行者。〔註21〕

元劇《二郎神鎖魔鏡》，二郎神自語：

> 仗劍入水斬佳州冷源二河中之犍蛟，又收伏眉山七聖。〔註22〕

明劇《灌口二郎斬犍蛟》，二折中敘及郭壓直與眉山七聖均為二郎神麾下之將：

> 題目：眉山七聖擒妖怪
>
> 正名：灌口二郎斬健蛟〔註23〕

明劇《二郎神鎖齊天大聖》，二折中描寫：

> 跣足開懷髮滿頭，堂堂七聖逞搊搜，山精野怪聞吾怕，占斷梅山第一籌。……隨二郎眞君，聽其神號斬妖除怪。〔註24〕

於是，自宋代流傳下來的二郎搜山之說，佐成其功者即為七聖。惟獨在明劇《西遊記》，第九齣，神佛降孫：

> 李天王命哪叱與眉山七聖搜山，尋找通天大聖孫悟空。〔註25〕

此劇中，二郎神未參加搜山的工作，是頗為特異的寫法。

從元明雜劇中，我們可看出七聖地位轉變的痕跡，由與二郎神同列降至為其部將。這大概是由於前述七聖本屬左道妖術之輩，必得隸屬、歸依於正神之後，方可降妖鎮邪。所以，《封神演義》九十二回有「二郎收七怪」之故事描寫。《西遊記》第六回中，介紹二郎神亦曰：「曾加誅六怪。又有梅山六聖與二郎結為兄弟。」可見，他們本為山怪，經二郎收伏後，為其部將；但稱兄弟，以見感情深篤。

七聖會被冠以眉山或梅山之名謂，〔註26〕乃是由於此地是趙昱斬蛟的地

---

〔註21〕原文未見。引自黃芝岡，《中國的水神》，頁12。

〔註22〕古名家脈望館本，《全元雜劇》三編五冊（台北：世界書局，民國52年2月初版）。以下所引《全元雜劇》俱此本。

〔註23〕脈望館鈔校內府附穿關本，《全明雜劇》十二冊（台北：鼎文書局，民國68年6月初版）。以下引全明雜劇俱此本。

〔註24〕明抄內府本，《孤本元明雜劇》二十九冊，收入《全元雜劇》外編八冊，商務印書館。

〔註25〕元曲選外編本，《全明雜劇》二冊。

〔註26〕雜劇中作「眉山」；小說如《西遊記》、《封神演義》、《三戲白牡丹》等，均作

方，而助昱斬蛟者有七人，所以，宋時尚各自獨立的二郎神與七聖，在元明之際的戲曲小說中，就成爲不可或分的團體了。

那麼，七聖究竟是那些人呢？在雜劇中皆未言明。但郭壓（牙）直爲二郎神部將，則爲共同的記載。《四遊記》中的《西遊記傳》第七回，「二郎有梅山六兄弟及康張姚李四太尉，郭申、直健二將軍，統領草將軍……」按此語氣，二郎是梅山七聖之一。《西遊記》第六回「梅山六兄弟——乃康張姚李四太尉，郭申、直健二將軍。……連本身七兄弟。」至於《封神演義》則將梅山兄弟改爲七怪，分別是猿、蛇、蜈蚣、狗、牛、豬、羊，並各有其名。袁洪、常昊、吳龍、戴禮、金大升、朱子眞、楊顯。清代小說《三戲白牡丹》，大抵承《封神演義》而述，但改七怪爲七聖。第八回敘眞君率七聖，一同破魚泡陣。在分配佈置時，細數之下卻只有六聖各守方位，加上眞君方爲七聖。他們是袁洪、常昊、吳龍、金大中、朱子眞、楊顯。少了戴禮。這種行文上的矛盾，乃因不知是否要將二郎神算作七聖之一造成的。

至此，有關眉山七聖的故事遂爲定型：他們本爲妖怪，經二郎神趙昱收伏後，成爲他降魔鎮邪的助手。西遊一系的故事中，承此寫法而不變，惟二郎神已從趙昱換成楊姓神耳。而《封神演義》中的楊戩，則將此七怪置於死地，始終都處於敵對的關係。

## 二、天　狗

二郎神的身旁出現狗始於元明之際，《三教源流搜神大全》云：

> 後因嘉州水漲溢，蜀人見青霧中乘白馬，引數人，鷹犬彈弓，獵者
> 波面而過，乃昱也。

此後，這隻狗便隨時跟在二郎神趙昱的身邊，並且幫助二郎神制敵降妖，立下許多人所不能及的功勞。戲劇與小說中，稱之爲細犬。

在元劇《唐三藏西天取經》中，有四折戲「二郎收豬八戒」明·孟稱舜評曰：此四折尤爲西遊中標奇極妍者。〔註27〕《西遊記雜劇》，第十四齣海棠傳耗中有云：「豬精諸佛不怕，只怕二郎細犬。」第十六齣細犬禽豬，二郎神唱：

「梅山七聖」。梅山，當爲同音之誤。眉山是隋代的眉山郡，在當初改爲嘉州，天寶中改爲犍爲郡，後來又改爲嘉州。今四川省眉山縣。

〔註27〕見《全明雜劇》二冊，頁 539～578。

這犬展草力應全，護家志當虔，禦賊的性堅，吠形的意專。顧兔逐狐那輕健，伶俐不容他寬轉，則一口咬番在坡岸前。

看了些日月盈虧、山河變遷；灌口把威施，天涯將姓顯。郭壓直把皂鷹擎，金頭奴將細犬牽，背著弓駑，夾著彈丸，濯錦江頭，連雲棧邊。

伏得些山神恐懼、木客潛藏、木獸拳攣。悶來時擔山趕日，閒來時接草量天。安然。寒暑相催不記年，物隨時變，脆似松枝，海變作桑田。

然而二郎神如此神通廣大，卻力不敵豬精，竟然要放細犬以咬之，方可得勝。

在西遊故事的系統中，被細犬咬住的，換成了孫悟空。《二郎神鎖齊天大聖》一劇中，有專扮狗兒者。二折，郭牙直云：（描寫二郎神趙昱）

手中三尖兩刃刀，跨下獨角異獸。細犬衝圍破陣，金彈打散妖兵。

《四遊記》之《西遊記傳》第七回，真君捉猴王：

老君擲下金剛圈予猴王腦上一打，猴王跌倒在地，被真君神犬咬住胸肚子，又拖跌一跤。

吳承恩《西遊記》第六回，**觀音赴會問原因，少聖施威降大聖**：

猴王只顧戰七聖……被二郎爺爺的細犬趕上，照腿肚子上一口，又扯了一跤。

除了收伏豬精、猴王外，細犬還與民間盛傳已久的九頭鳥，有了爭鬥。

《西遊記傳》三十七回，顯聖印彌勒佛收妖：

九天飛禽被八戒引上岸，與悟空、八戒三人大戰。適來灌口二郎出獵，行者始叫助陣。二郎一弓射了鳥精。

此段敘述簡單，未提及細犬。而在《西遊記》六十三回，「二僧怪鬧龍宮，群聖蕩除邪獲寶貝中」，卻將降妖之功歸於細犬，言細犬咬掉了九頭蟲的一個頭，至今滴血，為害人間。

九頭鳥最早的說法，當是《山海經》卷十七，大荒北經中的九鳳：

大荒之中，有山名北極天櫃，海水北注焉。有神九首，人面鳥身，

名曰九鳳。

梁‧殷芸《小說》，首先寫出射首的傳聞：

> 周公居東，惡聞此鳥，命庭氏射之，血其一首，猶餘九首。

梁‧宗懍《荊楚歲時記》：

> 正月七日多鬼車鳥度家，家搥門、打戶、捩狗耳，滅燈燭，禳之。
> 〔註28〕

捩狗耳的目的是為了引起犬吠，以嚇止鬼車鳥。

唐宋之際，談說九頭鳥的故事漸多，而且其中一定有犬。唐‧段成式《酉陽雜俎》卷十六：

> 鬼車鳥，相傳此鳥昔有十首，能收人魂，一首為犬所噬。

宋‧歐陽修《居士集》卷九，鬼車詩：

> ……其名為鬼車，夜載百鬼凌空游，……此鳥十頭有十口，十口插
> 一舌連一喉，……昔時周公居東周，厭聞此鳥憎若仇。夜呼庭氏率
> 其屬，彎弧俾逐出九州。射之三發不能中，天遣天狗從空投。自從
> 狗嚙一頭落，斷頭至今清血流。……有時餘血下點污，所遭之家家
> 必破。

宋‧周密《齊東野語》卷十八：

> 鬼車，俗稱九頭鳥。陸長源辨疑志：又名渠逸鳥。世傳：此鳥昔有
> 十首，為犬嚙其一，至今血滴人家，能為災咎。

由上述的記載，可知唐宋時，九頭鳥的傳說非但盛，而且已定型，所以明清
各地方志、傳聞所言，關於其精怪虛玄方面，便不再有新的發展。但值得注
意的是，九頭鳥滴血於小兒不利，《太平廣記》卷四六二，鶬鸆目夜明條：

> 鶬鸆乃鬼車之屬，……亦名夜行遊女，與嬰兒作崇，故嬰孩之衣，
> 不可置星露下，畏其崇耳。

明‧王圻《稗史彙編》卷一五九，禳鬼鳥：

---

〔註28〕今所見書為明萬曆年間刊行的寶顏堂本，無本條。此據宋‧謝維新，《古今合
璧事類備要》卷七十五，頁 1691 補。

> 玄中記云：「此鳥名姑獲，一名天帝女，一名隱飛鳥，一名夜遊鬼，
> 好取人女子養之。有小兒之家，即以血點其衣，以爲誌。」

噬去九頭鳥一首者爲天狗，二郎神身旁的細犬即爲天狗，所以，咬掉九頭鳥之首者即傳說成細犬了。

　　澤田瑞穗在《中國的民間信仰》一書中說：

> 俗信中的天狗是升天之狗，本來是妖星的象徵，一般迷信深的母親
> 們以其爲奪子魔物而懼怕之。……二郎神的神狗本來是二郎爺的獵
> 犬，決非奪子魔物，因同稱爲狗，所以不知不覺地和妖精的天狗混
> 同了。〔註29〕

這個看法，仍有待商榷。因爲下文中亦說道：「二郎神與張仙競爭靈職，成爲幼童保護神。」如果這隻狗爲奪子魔物，那麼其主人二郎神又怎能有保護幼童的職能呢？由於民間有「九頭鳥夜行，於小兒不利」的俗信，而二郎神的狗，傳說是九頭鳥所畏懼者，所以祈求二郎神遣犬逐怪以護兒。若是生病得癒，則常以犬的玩具還願。因此，二郎神才會增加了「幼童保護神」這項神職。而這位二郎神當是小說中的楊戩。

　　對二郎神的狗，稱揚最多的是《封神演義》這本小說。在作者的生花妙筆下，這隻狗有著更威風的本領，立下許多功績，號爲「哮天犬」——細腰，放出來形如白象。四十七回，有詩描寫它：

> 仙犬修成號細腰，形如白象勢如梟。銅頭鐵頸難招架，遭遇兇鋒骨
> 亦消。

哮天犬在此回中咬傷趙公明頸項。又七十五回，余元被哮天犬所咬，無法追楊戩。

　　此犬「牙如鋼劍傷皮肉，紅袍拉下半邊來。」

八十一回，哮天犬咬傷余化龍頸子，使之敗陣。而九十二回，有詩讚之曰：

> 梅山狗怪逞猖狂，煉寶傷人勢莫當。豈意仙犬能伏怪，紅塵血染命
> 空亡。

---

〔註29〕澤田瑞穗，《中國的民間信仰——こつの二郎廟》（東京：工作舍，民國71年），頁66。

九十六回，哮天犬咬下九頭雉雞的一個頭，此乃承自九頭鳥傳説。

> 那犬乃仙犬修成靈性，見妖精舞爪張牙，趕上前，一口將雉雞頭咬
> 掉了一個。那妖精神也顧不得疼痛，帶血止災。

在清代太平歌詞《新出二郎劈山救母全段》中，沈香放出哮天犬，收伏斧精，得開山斧。這完全是受明代小説的影響，才作如此的安排。而一般民眾熟知二郎神有一隻哮天犬隨侍身旁，神威很大，也是受到小説的影響。

## 三、女 子

二郎神的身旁伴有女子，殊為少見，只在廟宇中偶可見之。清·王士禎〈秦蜀驛程記〉——康熙三十五年四月二十九日詣江瀆廟。他見的殿宇神像是「一年少，金冠束髮，似世俗所謂二郎神。左右二神女皆南向，不知所指。」容肇祖在〈二郎神考〉一文中，提出問題「不知如何地從俊雅侍從、擎鷹牽犬，又變為二女侍從？」〔註30〕

這位二郎神當是楊戩，其造型或故事都曾受到華光的影響；這些將在第四章第三節中詳述，於此先行略過。《南遊記》故事中，華光有妹瓊娘、妻鐵扇公主。（附圖 7）王士禎所見，或為地方訛傳，竟以華光為二郎神，並將二女亦塑像，立在身旁。

又後蜀·何光遠《鑒戒錄》十卷，求冥婚：

> 蜀，曹如晦遊彭州導江縣灌口，謁李泳（按：當為冰）相公廟，覩
> 土塑三女，儼然而艷。〔註31〕

在這篇故事中，女子乃李冰的女兒。這或許是源自《風俗通義》中李冰以己女投江的傳説。但在其他文獻中，均不見有類似的記載。

## 第四節 三 眼

在一般人的心目中，二郎神形貌上的最大特徵，就是眉間額上有一隻豎眼，成為三眼。而這項特徵是從明代楊戩取代了李冰、趙昱成為清源妙道二郎

---

〔註30〕容肇祖，〈二郎神考〉，原刊《民俗週刊》第六十一、六十二期，現收入《中國民間傳説論集》（台北：聯經出版事業公司，民國 69 年 8 月初版），頁 237 ～258。

〔註31〕見《學海類編》第二冊（台北：文源書局，民國 53 年）。

眞君之後，方才有的。這種造型在中國神明中極爲特殊。雖然，《山海經》載：

> 奇肱之國……其人一臂三目。（海外西經）（附圖 8）

> 一目國……一目中其面而居。（海外北經）

> 有人一目當面中生。（大荒北經）

> 有神人面蛇身而赤，直目正乘……。（大荒北經）

但是他們多出的一目，並沒有特別的功用或象徵意義。而二郎神的第三隻眼，卻能超於常眼，照見人所不能見。此眼源何而來呢？

二郎神額上縱間一目，形成三眼的奇相，正如同佛經中的諸佛、菩薩、金剛面上之三目一般，這是他們的特徵。〈一切如來說佛頂輪王一百八名讚〉：

> 無邊世界中，一切皆恭敬。一切呪像主，此像未曾有，善像難有像，天眼及三眼。〔註32〕

佛家謂肉眼、天眼、慧眼、或佛眼、法眼、慧眼爲三眼。三眼的神有很多，例如：〈陀羅尼集經〉卷三：

> 畫大般若像法……其菩薩身，除天冠外，身長一肘，通身白色，面有三眼。〔註33〕

〈陀羅尼集經〉卷十一：

> 造水天像法：以白檀木刻作其像，身高五寸，似天女形，面有三眼。〔註34〕

〈五佛頂三昧陀羅尼經〉卷一：

> 畫毘俱胝女菩薩，身白色相，三眼四臂。〔註35〕

〈一字佛頂輪王經〉卷一：

> 畫軍吒利金剛菩薩，八臂三目，狗牙上出。

> 畫最勝明王金剛菩薩，身赤黃色，顰眉怒目，眉間一眼，狗牙上

〔註32〕宋・施護譯，《大正新修大藏經》，第十九卷密教部，三十七冊（台北：中華佛教文化館大藏經委員會影印，民國48年），頁330。

〔註33〕唐・阿地瞿多譯，《大正新修大藏經》，第十八卷密教部，三十六冊，頁805。

〔註34〕同註33，頁881。

〔註35〕唐・菩提流志譯，《大正新修大藏經》，第十九卷密教部，三十七冊，頁268。

出。〔註36〕

〈不空羂索神變眞言經〉卷八：

> 不空羂索觀世音菩薩，一面三目一十八臂。〔註37〕

〈大摩里支菩薩經〉卷三：

> 摩里支菩薩，坐身紫金色，放金色光，著青衣及青衣種種莊嚴。六
> 臂三面，各有三眼。〔註38〕

〈大智度論〉卷二：

> 摩醯首羅天，八臂三目騎白牛。〔註39〕（附圖9）

印度教的主神——溼婆，就是大自在天、摩醯首羅，其最大的特徵，亦是面
有三眼。〔註40〕（附圖10）

三目，代表著神明超乎尋常的法力與德性，這是印度宗教中特有的造
像。眉間的第三隻眼，有著天眼的神妙。天眼是色界四大所造之清淨眼根，
色界及欲界六道中之諸物，或近或遠、或粗或細，無一不照。〔註41〕〈大毘
盧遮那成佛神變加持經〉，〈蓮華胎藏菩堤標幟普通眞言藏廣大成就瑜伽〉卷
一：

> 悲生眼眞言曰：肉眼見一切色，天眼見一切眾生心，慧眼見一切眾
> 生諸根境界，法眼見一切法如實相，佛眼見十力。〔註42〕

〈蘇悉地羯經〉卷下：

> 雖無形色，天眼見道，譬如成者起心即至。〔註43〕

---

〔註36〕同註35，頁231。
〔註37〕同註35，第二十卷密教部，三十九冊，頁268。
〔註38〕宋・息天災譯，《大正新修大藏經》，第二十一卷密教部，四十一冊，頁268。
〔註39〕後秦・鳩摩羅什譯，《大正新修大藏經》，第二十五卷釋經論部上，四十九冊，頁73。
〔註40〕Pierre Grimal, "Larousse World Mythology" P.222 Hamlyn "Siva blasting kama with the fire of his third eye." 日本龍谷大學《佛教大辭彙》，三卷，頁1762，三眼。六卷，頁4252，摩醯首羅。書中對此神之三眼有較詳細之說明。東京：富山房，昭和47年10月25日再版。
〔註41〕《佛學辭典》，五神通，台北：啓明書局，頁96。
〔註42〕《大藏經》，第十八卷密教部，三十五冊，唐法全集，頁147。
〔註43〕唐・輸波迦羅譯，《大藏經》，第十八卷密教部，三十六冊，頁632。

〈大威德陀羅尼經〉卷四：

> 肉眼，依地水風火四大而生，凡夫所有。天眼，天所有眼，天修念
> 者。智眼，能覺本性，除滅惡道，遠離惡處，並及二邊。〔註44〕

由以上所引，可以知道擁有「三眼」的面貌，就象徵著有高度的智慧及無上
的力量。

二郎神的第三隻眼，產生的時代當在明朝中葉。宋人繪灌口搜山圖卷
（附圖 11）中，二郎乃俊秀少年，〔註45〕明版《三教源流搜神大全》所繪之
趙昱，（附圖 3）亦無三眼。元明雜劇中的穿關，未言二郎神面部有特別的粧
扮，可能仍是雙眼。至《封神演義》於第五十五回敘「楊戩借三昧火眼，現
出光華，照耀如同白晝。」之後，地方傳聞、廟宇塑像，都將二郎神描述畫
成三眼。因爲一般人認爲三昧火所從出者必非凡眼，正如同書四十一回述聞
太師「當中一目睜開，白光有二尺遠近。」一般。所以，二郎神亦有第三隻
眼。

中國民間傳說中的三眼神明，尚有華光——此神源自佛教，二郎神故事
受其影響之處甚多，詳見第四章第三節敘述。馬王——本爲西康大涼山羅羅
所奉。〔註46〕其像爲紅面多鬚，三目，一目豎立額際。六臂交叉，各執刀槍
劍戟，身披鎧甲。又雷震新燕語，祭馬王一則云：「南中於歲之六月二十三日
恒祭炎帝，而都城內外驟車夫皆醵錢以祭馬王。祭品全用羊一腔。……其像
則四臂三目，猙獰可怕。」〔註47〕按此形貌，與佛教中的金剛近同，可見西
南一帶信奉的三眼神，基於地緣關係，可能同源於印度。〔註48〕另外，《封神
演義》中述及的聞太師（封雷祖）、雷震子亦爲三眼，而他們也極富於佛教色

---

〔註44〕隋・闍那崛多等譯，《大藏經》，第二十一卷密教部，四十二冊，頁 769。

〔註45〕李霖燦在〈搜山圖卷的初步探討〉一文中，述及曾見羅原覺氏收藏的搜山圖，
　　　認爲可能是南宋・梁楷的作品。又有姜根收藏的白描圖稿，也是搜山圖。二
　　　者末段皆有水龍妖怪出現，與治水神話有關。所繪二郎神無第三眼。《大陸雜
　　　誌》二十六卷十一期，頁 344～347。

〔註46〕衛聚賢，〈二郎〉，《說文月刊》三卷九期，頁 130。

〔註47〕郭立誠，《行神研究》（台北：中華叢書編審委員會，民國 56 年 11 月），頁
　　　97。

〔註48〕位在中國與印度之門的不丹，每年有一個宗教性的節日。他們戴著有三眼且
　　　容貌猙獰的面具遊行、舞蹈；最後由死神來判定一個人的善惡。死神的造像
　　　十分巨大，面有三眼，黑面，巨口獠牙。Carol Stratton, "The Paro Tsechu Festival
　　　and the Giant Thang-ka" Orientations Vol.17 P.46, P.47 July, 1986.

彩。〔註49〕（附圖 12）

　　二郎神在中國固有的傳說故事中，本爲面貌俊秀之青年。故事的根源地在四川西北，在地理環境中易受到印度佛教造神像的影響；爲了加強二郎神的神異性，故而產生了奇特的第三隻眼。

　　蜀地民間傳說二郎神是三眼，而小說裡清源妙道眞君楊戩有與眾不同的三昧火眼，二郎神與清源妙道眞君又早在宋代便已相混，於是「二郎神楊戩有三眼」便隨著土俗信仰及小說的傳佈，而廣爲人知了。

〔註49〕段芝，《中國神話》（台北：地球出版社，民國 69 年），頁 36。

# 第四章　二郎神的來源

　　二郎神因治水有功，福澤鄉里而成神。這種過程極為傳統而類型化。但是他在戲曲小說的渲化描繪下，具有七十二般變化，使用三尖兩刃刀，面生三眼。這些特徵，在中國神祇中，卻是極為特殊的。所以，如蘇雪林、李思純、桑秀雲等學者認為：二郎神非中國固有。推究其來源，蘇氏曰：衍自西亞死神。李、桑二位則說：他是羌氏族的牧（獵）神。

　　在上章二郎神的特徵中，筆者亦曾說明二郎神確實曾受到外來文化的影響。但若因此而斷定他是外族神之變化，恐亦未必然。因為二郎神基本上是從灌口神——李冰漸次衍化而成，上述三位學者所提出的「西亞死神說」、「羌氏牧神說」，卻都只抓住了二郎神晚期的特質作為來源的論斷根據，不能照應到此傳說全面的發展。

　　筆者認為二郎神是中國本土產生的神明，但在流轉演變的過程中，因時空關係，故事及造型受到佛教的影響，以致於二郎神反而不類中國一般的地方神明。下面茲就各種說法，作一番討論。

## 第一節　西亞死神

　　蘇雪林教授認為二郎神乃九歌中少司命的化身之一，而少司命則來自西亞，是死神且繆子（Tammuz）。他是水主伊哇之子，為少年武士。〔註1〕關於少司命源自西亞之說，歷來學者多認為證據不足。〔註2〕蘇教授所據的理由，

---

〔註1〕蘇雪林，〈論九歌少司命〉，《師大學報》第一期，頁25～34。
〔註2〕桑秀雲，〈李冰與二郎神〉，《中研院成立五十周年紀念論文集》，頁667。王秋

是這樣的：

其一、二郎乃泰山七郎之一

> 唐·《野人閒話》：「灌口白沙有泰山府君廟，每至春三月，蜀人多往
> 設齋，乃至諸州醫卜之人亦嘗集會。」泰山司命原有七子，這可見
> 二郎神原侍父在灌口府君廟中，後來，他獨當一面，人們便忘記他
> 與他父親的關係了。《常熟縣志》言『趙昱司水、炳靈司火』趙昱即
> 係《龍城錄》所附會的二郎神趙昱，炳靈即泰山三郎，縣志並言，
> 可見他倆兄弟關係。〔註3〕

按蘇教授所引錄之唐·《野人閒話》，實看不出與二郎神有任何關係，只不過
是泰山府君廟在灌口香火盛而已。而灌縣其他的神廟有很多，豈盡與二郎
神相關？〔註4〕再說，「趙昱司水、炳靈司火」之語，並不能證明他倆是兄弟，
這只是一般行文用語中常見「水火並舉」的寫法而已。況今可見最早的《常
熟縣志》，乃是明嘉靖鄧韍所作；〔註5〕在此之前，二郎神早有各種傳說，卻
都與炳靈公或泰山七郎無涉。

> 「梅山七聖」在西遊記中是二郎結義兄弟，趙昱傳亦屢言昱斬蛟時，
> 七人暨犬隨入。

> 為神後顯靈常攜七人及犬。這七聖與七人，當是泰山七位郎君的衍
> 變。〔註6〕

七聖的問題在第三章第三節之一已經討論過，他們絕不會是泰山七郎的衍

---

桂，〈二郎神傳說補考〉，《民俗典藝》第二十二期，頁 16。

〔註3〕 蘇雪林，《屈原與九歌》（台北：廣東出版社，民國 62 年 4 月初版），頁 465。

〔註4〕 清·徐天寧纂修，《灌縣志》，卷五〈祠廟部〉，清乾隆五十一年刊本，就記載
了有火神廟、馬王祠、衡神祠、土地祠、獄神祠、城隍廟等。清徐昱纂修，《灌
縣鄉土志》，清光緒三十三年刊本，卷二下冊，載有銀祥寺、古碧雞祠，頁 5。
這些廟皆與二郎神無關。

〔註5〕 《常熟縣志》有三種版本：十三卷本，明嘉靖十八年刻，馮汝弼修，鄧韍纂
（台北：學生書局，民國 54 年 11 月初版）；二十六卷本，清康熙二十六年刻，
高士䰝修，錢陸燦纂；八卷本，清康熙五十一年刻，章曾印修，曾倬纂。不
知蘇教授所據為何本。「趙昱司水、炳靈司火」可見於《古今圖書集成》十五
冊，職方典六七七卷，蘇州府部附常熟縣（台北：鼎文書局，民國 65 年 2 月
初版），頁 521。

〔註6〕 同註3。

變。因爲七聖確爲七人，「而泰山諸郎其實也不過一神所衍。」〔註7〕且泰山三郎好取人婦，泰山四郎能送子，這些都不是小說中七聖的特性。〔註8〕且泰山七郎畢竟是地祇，又如何會成爲雜劇或《封神演義》中的七怪呢？

綜合上述，二郎神爲泰山二郎是難以成立的說法。

其二、二郎好獵

> 泰山諸神均好獵，傳說中的二郎持彈弓、牽獵犬，與梅山七聖終日逐獵。〔註9〕

具有獵者形象的二郎神，始自趙昱。於此之前，李冰仲子已被稱作爲二郎神。〔註10〕既無關於打獵的事蹟，且據灌縣二郎廟塑像，乃是一付書生裝扮。（附圖13）其後，《封神演義》中的楊戩，亦無打獵事，著裝則以道者打扮。〔註11〕至於《西遊記》及清代劉沅著〈李公父子治水記〉，陳懷仁著〈川主三神合傳〉，所描述的二郎神皆承元明戲劇中的趙昱而另加轉化，故亦有打獵事。獵者的裝扮是爲了顯示其英武，以便與搜山、降妖等情節相配合。衡諸二郎神整個故事的發展，並非歷來所有的二郎神皆好獵。

蘇教授並認爲：「二郎神獵者的形象，源自天文上的獵人星座。七聖則是迴翔在獵人星頂上，作爲引導的七仙女星的轉變。」〔註12〕按其所引錄關於獵人星座起源的希臘故事，完全與二郎神傳說在內容上無關。且中國民間接觸到西洋星座之說，是在近代，而二郎神卻在民眾口耳間相傳千餘年了。所以，說二郎神源自獵人星，實有所牽強。

其三、二郎有三目，是死神

> 由少司命轉變的神，有文昌帝君、二郎神、張仙、趙玄朗、保生大帝、趙玄壇、三官等。而少司命的來源，則是西亞死神旦繆子，傳入中國所衍化者。……要知三目乃死神特徵。〔註13〕

---

〔註7〕蘇雪林，〈二郎神與獵人星〉，《四川文獻》第六十四期，頁19。

〔註8〕在筆記故事中，常見泰山三郎好取人婦的記載。泰山四郎，見蘇雪林在《屈原與九歌》一書，討論張仙之文，頁467。

〔註9〕同註3。

〔註10〕詳見第二章第一、二節。

〔註11〕《封神演義》第四十回：「這道人帶扇、雲冠、穿水合服、腰束絲縧、腳登麻鞋。」（台北：陽明書局，民國73年4月）

〔註12〕同註7，頁20。

〔註13〕蘇雪林，〈談二郎神〉，《四川文獻》第六十三期，頁16、21。

二郎神之三目，誠然是他最大的特徵，但有三目者，卻未必皆死神。如中國《山海經》所載諸奇人奇相，佛經中諸佛、菩薩、金剛等，[註14] 雖有三目，而意義不同。某些地方所奉的死神，加上了第三眼，乃是爲了增強其外貌的兇威，突顯中間慧眼稽查人一生善惡的功能。[註15]

三目既然未必是死神的特徵，則二郎神就不一定源自少司命了。更何況，同源自「具死神色彩的少司命」者有許多位，他們的事蹟、特徵各不同，卻都不是三眼，何以二郎神獨然？

言二郎神與少司命有關，可能是因少司命與二郎神都有保嬰稚、稽察人間罪過的職能之故。可是，這些神力都只存在於明清民間文學中的楊戩身上。那麼，李冰之治水、趙昱之降妖，就與少司命不相關了。但我們豈能同意少司命略過二郎神是李冰、趙昱的時代，而直接轉化衍變成千百年後的楊戩？

所以，二郎神既非少司命之轉化、亦非死神。至於少司命是否源自西亞，則不需在本文中探討了。

# 第二節　羌氐牧神

李思純先生在〈灌口氐神考〉一文中認爲：「二郎神是氐族牧神。理由之一是因爲他兩眉之間的額際，有一隻縱列的眼。《封神演義》、《西遊記》所述，灌縣二郎廟塑像皆如此，正如西藏喇教多目手的佛像。而二郎神傳說最盛的巴蜀，又屬於西藏民族分支的羌氐族，因爲他們都信仰一種『縱目人』的人神。」[註16]

首先值得提出討論的是：縱目是不是那縱列眉間的第三隻眼呢？蘇雪林教授說：

> 縱目一名直目，《華陽國志・蜀志》云：「周失紀綱，蜀先稱王。蜀
> 侯蠶叢其目縱，死，作石棺石槨，國人從之。故俗以石棺石槨爲縱
> 目人冢。」今四川雙流蠶叢祠，蠶叢神像，兩目縱斜向上。古代四
> 川人皆稱縱目人。[註17]

---

[註14] 參見第三章第四節。
[註15] 例如不丹的死神即三眼。參見第三章第四節，註48。
[註16] 此文收錄於李思純著《江村十論》，頁63～78。上述意見在頁63～65有詳述（台北：弘文館出版社，民國74年11月初版）。
[註17] 蘇雪林，〈談二郎神〉，《四川文獻》第六十三期，頁21。

所以，她反對縱目即第三眼。

而衛聚賢在〈二郎〉一文中寫道：

> 縱目人在現在西藏及不丹尚有。在光緒三十年左右，成都有人看見
> 二十幾個三隻眼人，從西藏到北京去朝貢。……正中額上的一隻眼，
> 並非眞的眼睛，係於幼年時，以刀刻畫其額爲一小孔，含以黑珠。
> 長大以後，珠含肉內，肉縫裂開，恰似豎立的一隻眼睛。〔註18〕

他以爲此即古代邊疆民族的面部裝飾——雕題。由上段引文看來，衛先生也同意縱目是第三隻眼。

據藏人羅桑倫巴敘述他的親身經驗，第三眼並非面部裝飾，這是有智慧、有能力、天生具眼通的人，才得以開具的，爲一種宗教上尊崇地位的象徵。他們相信，完成這種祕法儀式之後，有第三眼者，可以看出人的善惡、病痛、甚至內心的念頭感受。〔註19〕羅桑倫巴的第三眼，開在前額正中，正如李、衛二位所敘述的縱目。

可見，一般所謂的縱目，即是兩眉間多生的直目，亦即第三隻眼。

李先生會認爲二郎神是羌氐族的牧神，另外的理由是：「二郎神携弓帶箭，正是獵神的形象。」〔註20〕「唐教坊記二郎神曲與羊頭神曲並列，令人不免想到氐族牧神的關係。且南宋時祭享二郎神用羊，所以，二郎神本是白馬氐楊姓，楊與羊同音。氐族的神是牧羊神，故二郎神牽犬，祭必以羊。」〔註21〕

筆者在上章述及二郎神的特徵時，就曾說明：具獵者形象，趙昱首開其端，而後楊戩沿承之。二郎神姓楊已是此傳說最晚期的發展了。早在宋代，李冰已被稱爲灌口二郎，若二郎神爲獵神，則此神名一旦附加於李冰身上時，他應當即有獵神的特色，實則不然。所以，二郎神形象受獵神影響，容或有之，但絕非源自羌氐族。

羌氐族以牧羊爲主，用羊作爲祭神之犧牲。在宋代蜀地祀李冰專用羊，李先生因而認爲二郎神必與羌氐族有淵源。但是，我們知道祭祀所用的犧

---

〔註18〕衛聚賢，〈二郎〉，《說文月刊》三卷九期，頁130。
〔註19〕羅桑倫巴著，徐進夫譯，《第三眼》第七章（台北：天華出版公司，民國69年8月1日初版），頁89～95。
〔註20〕同註16，頁66。
〔註21〕同註16，頁65、67。

牲，若非珍貴罕見，便是日常所畜。羊能適應西南地理環境而繁殖，且具經濟效益，故多。以之奉神，實與神本身無關。蜀地祀李冰以羊，而吳地祀具獵者形象的趙昱，卻以白雄雞；〔註22〕可見祀品亦可能取決於地方習慣。

再者，蜀地祀二郎神也非專用羊一物，宋英宗治平四年，宋祁，《文翁祠堂記》：

> 蜀之廟食千五百年不絕者，秦李公冰、漢文公翁兩祠。而祀冰爲蜀鑿離堆，逐悍水以漑民田，漑所常及無旱年。西人德之，因言冰身與水怪鬥，（怪）不勝死。自是江無暴流、蛟蜃怖藏，人恬以生。故侈大房殿，歲擊羊豕雄魚，伐鼓笑簫，傾數十州之人，人得侍祠，奔走鼓樂，以悅娛神，祝已傳嘏而後敢安。〔註23〕

〈李王廟祀典詁略〉，乾隆三十五年，灌縣知縣葉書紳稟請：

> 每年仲春、仲秋祀龍王次日，祀李王父子，牲用少牢，祭列九品。而祀典於以有定矣。〔註24〕

少牢是羊豕各一。《禮記・王制》：天子社稷皆太牢，諸侯社稷皆少牢。注云：士薦牲用特豚，大夫以上用羔，所謂羔豚而祭。《大戴禮記》，曾子天圓：大夫之祭牲，羊曰少牢。孔廣森補注：少牢，舉言以賅豕。

可見雖然宋代各筆記、詩文載錄，祭二郎神耗用了大量的羊，〔註25〕但是宋以前或以後，都不見有如此的記載。所以牲品爲羊，並不得用來斷定二郎神是牧羊族的神。

桑秀雲在〈李冰與二郎神〉一文中，將二郎與灌口二郎區分開來。二郎是李二郎，亦即水神李冰之分身。而二郎神是羌族的獵神。因羌人入蜀，爲漢人作「專修河堤，包打水井」的工作，被誤以爲是與水有關的神祇。故水神李二郎便與獵神灌口二郎神相混了。〔註26〕

筆者對於二郎是李冰分身的說法，亦深爲同意。〔註27〕至於羌族獵神之

---

〔註22〕詳見第二章第二節。

〔註23〕收錄於陳祥裔，《蜀都碎事》卷一，筆記小說大觀續編冊八（台北：新興書局，民國62年），頁4985。

〔註24〕徐天寧纂修，《灌縣志》，清乾隆五十一年刊本，卷五。

〔註25〕詳見第二章第二節。

〔註26〕同註2，〈李冰與二郎神〉，頁659～678。

〔註27〕詳見第二章第一節。

說，其所依據的理由是：

> 據 Darid Graham 的調查：羌人有類似二郎神身世的民間故事；羊是
> 羌人祭神主要的犧牲；羌人喜歡帶狗打獵。
>
> 周緯《中國兵器史稿》所記，三尖兩刃刀可能是羌人使用的兵器。
>
> 〔註28〕

大抵同於李思純的看法。關於祭品爲羊及獵者形象的問題，已於前討論，此
不再複述。與羌人的民間故事類似者爲清代的二郎神：天帝外甥、母爲天
女、父爲凡人、有一位妹妹。仍是以晚期的資料來推論早期傳說的來源，難
令人信服。

　　三尖兩刃刀的問題，在第三章第二節亦曾說明，它確實特別，可能是脫
胎自外族的武器、儀仗或法器。但桑秀雲也並不十分肯定此即是羌人所使用
的兵器。

　　所以，二郎神原爲羌氏族獵神的說法，就不能成立了。但是，羌氏族的
信仰仍可能曾予二郎神某些影響。

　　日人白川靜在《中國神話》一書中認爲：

> 《後漢書・西羌傳》所述的羌族社會與生活，極類似西藏……他們
> 遠達與西藏相連之地。現在洮域以西的四川青海之地，幾乎全是藏
> 族自治區。〔註29〕

羌人在後漢末年，勢力到達漢中、盆州等地。〔註30〕由於地緣關係，成都平
原既有的灌口水神受到地方民族敬重善戰者的影響，自宋代開始，漸漸發展
出剛毅威猛的特性；此時，乃與原本勇武的趙昱相混。比及元代雜劇，雄偉
的二郎神——趙昱，就更替了文雅的李二郎在民眾心目中的印象。

# 第三節　佛教的影響

　　在二郎神故事的發展中，元明兩代是極爲重要的時期。因爲此際戲曲中

---

〔註28〕同註2，〈李冰與二郎神〉，頁 667〜668。
〔註29〕白川靜著、王孝廉譯，《中國神話》（台北：長安出版社，民國72年5月初版），
　　　　頁86。
〔註30〕上引書，頁85。

的趙昱，形象漸定，除了承繼李二郎原有的治水傳說外，又產生了新的故事。小說中的楊戩，更有了獨特的性格、本領、武器、相貌，不再是類型化的神明，而成爲典型人物。細觀這時的二郎神傳說或形象，許多地方都脫胎自佛經故事，〔註31〕所以二郎神在元明以後，藉戲劇小說之力深入民間、眾所周知時，已然具有佛教人物故事的色彩了。

首先注意到二郎神與印度有關係的學者，是楊向奎。他在《責善半月刊》中曾經發表了〈李冰與二郎神〉之序文，言：「二郎神是外國貨。是印度神話中仁王護國的獨健太子。」〔註32〕由於未見原稿，不知楊先生是如何推論出的？〔註33〕下面要探討佛經中的獨健太子與二郎神，究竟有無關係？

## 一、獨　健

獨健是毘沙門天王第二子。唐・不空譯〈毘沙門儀軌〉：

> 天寶元載壬午歲，大石、康五國圍安西城，其年二月十一日有表請兵救援。……聖人忽見有神人二三百人，帶甲於道場前立。聖人問僧曰：「此是何人？」大廣智云：「此是北方毘沙門天王第二子獨健，領天兵救援安西，故來辭。」……

> 昔防援國界，奉佛教勅，令第三子那吒捧塔隨天王。三藏大廣智云：「每月一日，天王與諸天鬼神集會日；十一日第二子獨健辭王父巡界日；……。

> 天寶元載四月二十三日，內謁者監高慧明宜（宣）天王第二子獨健，常領天兵護其國界，天王第三子哪吒太子捧塔常隨天王。〔註34〕

〈別尊雜記〉卷五十四，載毘沙門天王有五太子，他們是：

> 最勝、獨健、那吒、常見、禪貳。〔註35〕

〈毘沙門天法〉中所錄，則次第略有別：

---

〔註31〕詳見第三章第一節——趙昱變容貌、楊戩七十二變，第四節——三眼。
〔註32〕《責善半月刊》一卷十九期，頁4～7。
〔註33〕稿存齊魯大學，國學研究所。
〔註34〕《大藏經》第二十一卷密教部四，四十一冊，頁228。
〔註35〕日本・心覺抄，《續大正新脩大藏經》八十八冊，圖像第三卷，頁78、579。

禪貳、獨健、那吒、常見、最勝。〔註36〕

〈祕鈔問答〉卷第十二本，記毘沙門五位太子有三種說法：

最勝太子、獨健太子、那吒太子、常見太子、禪尼師太子。

禪尼、獨健、那吒、鳩跋羅、甘露。

禪貳師、獨健、那吒狗拔羅、常見、最勝。〔註37〕

不論各種記載如何變易，獨健是毘沙門天王第二位太子，則可確定。

獨健是佛經中出現的名字，在中國的戲劇小說中，他是木叉。鍾嗣成《錄鬼簿》載，元·高文秀著有雜劇《鎖水母》：

題目：木叉行者降妖怪

正名：泗州大聖降水母

泗州大聖是僧伽，宋·贊寧著《宋高僧傳》卷十八〈僧伽傳〉：

中宗勅恩度弟子慧岸、慧儼、木叉各賜衣盂，令嗣香火。

〈僧伽傳附木叉傳〉：

弟子木叉者，以西域言爲華言，解脫也。〔註38〕

《宋高僧傳》中惠岸與木叉是兩個人，但宋元以降通俗文學中，已將二者合而爲一了。《西遊記傳》二十一回：觀音命惠岸與孫悟空同赴流沙河，叫悟淨歸順唐僧。事成之後，惠岸駕祥雲去。此回結尾的韻語曰：

木吒（叉）徑回東洋海，三藏上馬卻投西；悟淨從人遵佛教，師徒同心見阿彌。

《西遊記》二十二回，故事內容與《西遊記傳》二十一回相同，但在文字上，則直接稱惠岸爲木叉行者了。

惠岸聞言，謹遵師命，與大聖捧葫蘆出了潮音洞，奉法旨辭了紫竹林。……按落雲頭，來到流沙河岸。八戒認得是木叉行者，引師父上前迎接。

---

〔註36〕日本·實運撰，《續大藏經》，七十八卷續諸宗部九，七十八冊，頁322。

〔註37〕日本·賴瑜撰，《續大藏經》，七十九卷續諸宗部十，七十九冊，頁494。

〔註38〕贊寧著，〈宋高僧傳〉，《大藏經》第五十卷史傳部三，一〇〇冊，頁822～823。

惠岸與木叉合一後，小說作者爲他安排身爲李天王之二太子。李天王，指的
是——毘沙門天王李靖。李靖與毘沙門天王之相化合，宋以後已見諸通俗說
話中。〔註39〕

　　《封神演義》十二回：

　　　　（李靖）之元配殷氏，生有二子，長曰：金吒，次曰：木吒。〔註40〕

本吒在書中爲普賢眞人之徒，具有異行本領，在第四十回中，李靖父子四人
鏖戰魔家四將；第八十四回，在萬仙戰中使寶劍抗敵，頗爲英勇。

　　由以上各條可知，佛經中的獨健太子在中國通俗文學中成爲木叉行者，
是托塔天王李靖次子、觀世音菩薩之徒。在元雜劇、明小說中，都有降妖的
本領。二郎神亦如是。或由於皆爲降妖的二郎，所以獨健護國、巡界查善惡
的事功，也影響到宋元以後，二郎神在地方傳聞及民間文學中，愈來愈神妙
的表現，進而也產生了類似的職能。

　　雖然，獨健（木叉）與二郎神都有降妖的故事，但二人身世背景不同，
可見，他們並非同一人。

## 二、華　光

　　在中國民間流傳的神話人物中，華光與二郎神無論故事的內容或形貌都
有許多相同點。記述華光最完整的小說，自是《全像華光天王南遊志傳》。此
書與其他三遊，合編爲《四遊記》，刻於明中葉。〔註41〕但是胡適在〈跋四遊

〔註39〕柳存仁：「中國本土因崇拜英雄觀念已謚之爲神的唐代名將李靖，其姓名久已
　　　　與四天王之一毘沙門相化合，而產生一融合無間之名稱曰『毘沙門天王李
　　　　靖』。……趙宋以來，通俗說話之講述者已不明瞭此稱之眞實意義，寖假而毘
　　　　沙門成爲天上一門之名稱，於是更使天上大將如李靖者，得以鎮守此毘沙門
　　　　以顯其英勇。《七國春秋平話》卷上云：『繡靴踢空，有如天王托塔落雲軒』；
　　　　卷下則指稱『毗沙門托塔李天王』。」上引文見柳先生所作〈毘沙門天王父子
　　　　與中國小說之關係〉，《新亞學報》三卷二期，頁57、59。
〔註40〕柳存仁認爲《封神演義》的作者，「捨汗漫無依歸、令人無所適從之佛教傳
　　　　說，而建立以李靖爲中心，三吒爲其羽翼的佛教化故事。去獨健而代以木
　　　　吒，又別創長兄金吒之名，以期排行一律而益堅國人之崇信，……」見上註
　　　　引文，頁62。
〔註41〕周樹人，《中國小說史》，頁159：「今有《四遊記》行於世，……觀刻本之狀，
　　　　當在明代。」頁162：「此書在萬曆時已有。沈德符《野獲編》二十五亦有『華
　　　　光顯聖則太妖誕』語，是此神故事，當時且演爲刻本矣。」柳存仁在〈四遊
　　　　記的明刻本〉一文中，言及他在西元1957年7月於英國博物館中發現了明刻
　　　　本。牌記上有「辛未歲」的字樣。《新亞學報》五卷二期，頁326。按：此當

記本的西遊記傳〉一文中，有云：

> 華光小說起於民間，（元）吳昌齡西遊記雜劇中已有華光了，可見此
> 傳說來源很早。〔註42〕

趙景深在〈西遊記雜識〉中說：

> 先有南遊記戲劇，再有小說。〔註43〕

可見華光故事早在明以前便流行於民間，〔註44〕並漸漸與二郎神傳說相互摻
合、影響。

## （一）故事情節方面

### 1. 打破梭婆鏡

《南遊記》第七回，吉芝陀聖母言曰：

> 我當日同金睛百眼鬼，在北極驅邪院梭婆鏡內，被鏡鎮倒。得遇華
> 光鬧天宮，趕金槍太子。那太子走入北極驅邪院，躲在鏡後；華光
> 把那金磚拋起，打破那梭婆鏡，我同百眼鬼得脫出來。

射破鎖魔鏡──《二郎神醉射鎖魔鏡》雜劇寫道：「二郎神與哪吒飲酒，醉射
鎖魔鏡，走脫九首牛魔王、金睛百眼鬼。」這是華光與二郎神趙昱，在故事
中相類似之處。華光與明代的二郎神楊戩，則有更多的雷同。

### 2. 收伏千里眼、順風耳

《南遊記》第六回，「華光在離婁山，收下二人，名叫離婁（千里眼）、師
曠（順風耳）。」《封神演義》第九十回，「二郎神向師父太乙真人求救，得知高
明（千里眼），高覺（順風耳）之底細；向姜子牙獻計，破除其祟。」〔註45〕

---

以明正德六年或隆慶五年，較為可能。

〔註42〕收錄於新編本《胡適文存》第四集（台北：遠東圖書公司，民國42年12月
初版），頁408。

〔註43〕原載於《小說閒話》，現收入《四遊記》附錄中（台北：河洛公司出版，民國
69年2月初版），頁489。

〔註44〕元末明初時著成的《水滸傳》，七十回本中三十六回：梢公搖著櫓，唱起湖州
歌：「老爺生長在江邊，不愛交遊只愛錢；昨夜華光來趁我，臨行奪下一金磚。」
由此歌謠可知：當時華光神的傳說已經很普遍化了。

〔註45〕在《封神演義》的前身──《列國志傳》（明萬曆年間，十二卷刊本）卷一中，
收伏千里眼、順風眼者為姜子牙。可見《封神演義》的作者，受到華光故事
的影響，才會將此功歸屬二郎神。

### 3. 玉帝外甥

《南遊記》第十六回、第十七回，光佛皆對人言：「華光是玉帝外甥。」
《西遊記傳》第七回，觀音菩薩奏上玉帝曰：

> 貧僧舉一神可擒這猴，乃陛下令甥二郎眞君，今居灌州灌江口。

吳承恩《西遊記》第六回：

> 眞君喝道：「我乃玉帝外甥，勅封昭惠靈顯王，二郎是也。」

### 4. 救母脫難

《南遊記》第十七回，「華光三下酆都，費盡心血，救出被龍瑞王押在酆
都，日間銅棍三十下，夜間鐵棒不離身的吉芝陀聖母。」吳承恩《西遊記》
第六回，孫悟空言二郎神曾斧劈桃山救母。並有歌讚曰：

> 斧劈桃山曾救母，彈打梭羅雙鳳凰。……心高不認天家眷，性傲歸
> 神住灌江。

劈山情節之加入，乃是吸收了巨靈神劈華山的傳說。此說來源甚早，〈西京
賦〉：「綴以二華，巨靈贔屭，高掌遠蹠，以流河曲，厥跡猶存。」〈河東賦〉：
「河靈矍踢，掌華蹈襄。」

宋代，有了傀儡戲的扮演。《都城紀勝》，瓦舍眾伎：

> 凡傀儡敷演煙粉靈怪故事、鐵騎公案之類，其話本或如雜劇，或如
> 崖詞，大抵多虛少實，如巨靈神、朱姬大仙之類是也。(《東京夢華
> 錄》外四種本，頁 97)

宋時，沈香也有劈華山的傳說。《南詞敘錄》宋元舊編，即載有「劉錫沈香太
子」之戲文。又《錄鬼簿》載：李好古有〈巨靈神劈華岳〉，張時起作〈沈香
太子劈華山〉等劇曲。

### 5. 弄　火

《南遊記》中華光乃是火之精、火之靈、火之陽，每每用火丹，騙妖人
服下後，制服此怪；又以火爲武器。廣州民俗：八九月間要打起華光醮來送
火，因爲華光喜歡弄火。〔註 46〕《夷堅・支丁志》卷六，永康太守條，載二

---

〔註46〕劉萬章，〈華光的傳說與送火的風俗〉，《民俗週刊》第四十一、四十二合期，
　　　　頁 76。

郎神以火燒太守家，懲其不敬。《封神演義》四十三回亦寫道：「楊戩借胸中三昧眞火，燒毀殷之糧草，使得敵軍心慌潰散。」

### （二）形象方面

#### 1. 三　眼

《南遊記》第一回，如來欲送妙吉祥去投胎，

> 用法手一指頂門：「賜你一個天眼挪門，可見三界。」
>
> ……馬耳山娘娘……生下一子，亦有三眼。……即取名三眼靈光。

《封神演義》五十五回敘楊戩具三昧火眼。一般傳聞故事，皆言二郎神爲三眼神明。〔註47〕

#### 2. 武　器

《南遊記》第一回，「靈光（華光）盜取紫微大帝金槍。」從此用作降魔槍，制伏妖邪。二郎神在雜劇中，武器是三尖兩刃刀與弓箭；到了明小說，更增列了長槍這項武器。《西遊記傳》第七回：

> 猴王急變做眞君模樣，坐在中堂。被二郎用一神槍。猴王讓過，變
> 出本相，二人對較手段。

吳承恩《西遊記》第六回，則綜合三尖兩刃刀與金槍爲「三尖兩刃槍」。

由以上各例，可證明華光與二郎神故事，關係密切，而華光故事非常明顯地深受佛教影響。宋·魯應，《閒窗括志》云：

> 五顯靈官大帝，佛書所謂華光如來。〔註48〕

我們在《南遊記》中，亦可明顯地看出佛教的色彩：第一回「華光本是如來堂前一盞油燈，晝夜煌煌，聽經問法，燈光堆積。一日，如來念咒，咒成人身。本名作妙吉祥。」妙吉祥在佛經中爲一菩薩名，記其問法、說法之經論甚多。〔註49〕可見華光之名來自佛書。

---

〔註47〕詳見第三章第四節。

〔註48〕見《筆記小說大觀》三編第二冊（台北：新興書局，民國67年）。而容肇祖在〈五顯華光大帝〉一文中認爲「三眼的華光大帝，就是王靈官與五聖混合而成。」《民俗週刊》第四十一、四十二合期，頁74～75。

〔註49〕《大藏經》，經集部一〈佛說妙吉祥菩薩所問大乘法螺經〉、密教部二〈大聖妙吉祥菩薩說除災教令法輪〉、密教部三〈妙吉祥平等秘密最上觀門大教王經〉……等。

《南遊記》第一回，妙吉祥將投生於馬耳山，如來說：

> 「我就賜你五通：你一通天，天中自行；二通地，地府自裂；三通
> 風，風中無影；四通水，水無浸礙；五通火，火裡自在。」又用法
> 手一指頂門：「賜你一個天眼挪門，可見三界。」

五通、天眼、三界皆是佛書中常見的「專有辭彙」。

《南遊記》第八回，「華光投生蕭家莊，將如來所賜五通，總作一胞胎而
生。生時為一牛肚樣，被視為妖怪，投入河中，又數次滾上來。」這種情節
是極為特殊的，乃源自佛經。〈撰集百緣經〉卷七，百子同產緣：

> 佛在迦毘羅衛國，尼拘陀樹下。時彼城中，有一長者，財寶無量，
> 不可勝計；選擇族望，擇以為婦，作倡伎樂，以娛樂之。其婦懷
> 妊，足滿十月，生一肉團。……佛告長者：汝莫疑恠，相好養育滿
> 七日……七日頭到，肉團開敷有百男兒，端正殊特，世所罕有。
> 〔註50〕

《佛國記》上卷，毗舍離國塔條：

> 恆水上流有一國王，王小夫人生一肉胎。大夫人妬之，言汝生不祥
> 之徵，即盛以木函擲恆水中不流。有國王遊觀，見水上木函開來，
> 見千小兒端正殊特，王即取養之。〔註51〕

此外，《新編五代梁史平話》卷上，敘黃巢出生：

> 黃宗旦妻懷孕，一十四月不產。一日，產下一物，似肉毬相似，中
> 間卻是一個紫羅複裹得一個孩兒，忽見屋中霞光燦爛。

佛經中本述肉胞中有千百子，在中國的平話中則作一子。這正是華光以五通
化為五兄弟，總作一胎而生的淵源。

《南遊記》第二回，「靈耀（華光）收伏風火二判官，得二鬼之風輪、火
輪兩般法寶。」十一回，「華光不敵玄天上帝，將風龍、降火龍條拋去，被上
帝用七星旗收了。」相同的內容，見於《北遊記》十五回：

---

〔註50〕吳・支謙譯，《卍正藏經》（台北：新文豐出版社，民國69年6月初版），四
十九冊，頁777。

〔註51〕宋・釋法顯撰，《佛國記》，《學津討原》十一冊，清嘉慶張海鵬輯刊（台北：
新文豐出版社，民國69年12月），頁557。

華光心焦，又將風火輪擲去，又被祖師用七星旗收了。

可見，風輪、火輪為華光的武器。風輪、火輪源出佛經，本無實體。風輪，為佛教宇宙論中，支持此天地九山八海中的一輪。〈俱舍論疏〉卷十一：

> 風、水、金輪之相依，構成世界。〔註52〕

〈月灯三昧經〉卷十：

> 智光如來以偈說身律儀……若有住於身戒者，無能知彼身自性。四方所有諸風輪，羅網鈎羂可繫縛。〔註53〕

〈除蓋障菩薩所問經〉卷八：

> 云何是菩薩無量法雲，含潤任持廣大法雨。如世間風無其邊際，而彼風輪廣大安固，普徧任持一切世界。〔註54〕

火輪，是旋火輪之異名。旋轉火把，火光雖見輪形，卻無輪之實體。

〈持世經〉卷三，五根品第七：

> 信一切法皆從眾因緣生，顛倒所起虛妄緣合，似如火輪，又如夢性。〔註55〕

〈持世經〉卷四：

> 菩薩作是念，凡所有法憶想分別，從顛倒起眾因緣生，繫虛妄緣從二相起，空無所有如虹雜色，亦如火輪誑於凡夫。〔註56〕

〈入楞伽經〉卷二：

> 見諸法離自性故，如雲火輪揵闥婆城，不生不滅故，如幻陽炎、水中月故。〔註57〕

由以上的引文可證明：風火輪本不是武器，更不可以持拿；但是小說的作者襲用佛教中的名物，而作具體又易為接受的描寫。在另一部小說，《封神演

---

〔註52〕唐‧法寶撰，《大藏經》第四十一卷，論述部二，八十二冊，頁614～615。
〔註53〕高齊‧那連提耶舍譯，《大藏經》第十五卷，經集部二，三十冊，頁612。
〔註54〕宋‧法護等譯，《大藏經》第十四卷，經集部一，二十八冊，頁723。
〔註55〕姚秦‧鳩摩羅什譯，《大藏經》第十四卷，經集部一，二十八冊，頁659。
〔註56〕同註55，頁662。
〔註57〕元魏‧菩提流支譯，《大藏經》第十六卷，經集部三，三十二冊，頁522。

義》中，哪吒常踏著風火輪追敵。哪吒與華光均與佛教有關，故有類似的武器。〔註58〕

《南遊記》十七回，華光三下酆都救母。酆都乃地獄。此情節，使人不禁聯想到「目連救母」，〈佛說盂蘭盆經〉、〈目連緣起〉、〈大目乾連冥間救母變文〉，都是說此故事。〔註59〕可見，華光入冥間救母，乃脫胎自佛經。

三眼，華光具有三眼，（附圖13）在《南遊記》第一回中即有描述。這種特殊的面相佛經中諸神多有，已於第三章第四節中說明，此處不再複贅。

由上述可知，華光故事深受佛教影響；而二郎神又在許多地方和華光有所近同；所以二郎神的故事情節、形象在元、明之際，曾大量地吸收佛經中的素材、受其影響，這是可以確認的。而這些轉化、融合佛教故事、人物於中國傳說之中的新內容，遂構成了我們對二郎神的認知。

## 三、摩睺羅

顧祿，《清嘉錄》卷六，引蔡雲吳歈的詩，記錄了六月二十四日二郎神生日時的熱鬧：

> 巧製螢鐙賽練囊，摩睺羅市見昏黃。兒童消得炎天毒，蔎水灣頭謝二郎。

其中，摩睺羅一詞不似漢語，原來它竟是佛經中神將的譯名，又作摩呼羅、摩休羅。〔註60〕在中國古代七月七日乞巧時所供泥製或蠟製的孩子，稱為摩睺羅。《小說詞語彙釋》，頁723：

《蒿庵閒話》：

---

〔註58〕柳存仁認為「封神演義的內容，受四遊記影響。」見註39之引文，頁77。

〔註59〕有關目連救母故事的研究，可參見陳芳英撰，《目連救母故事之演進及其有關文學之研究》，臺灣大學中文研究所碩士論文，民國66年。

〔註60〕《大藏經》中尚常見摩睺羅伽及摩訶伽羅，譯音與摩睺羅相近，易生混淆。實為不同的神將。摩睺羅伽，八部眾之一，大蟒神也；其形人身蛇首。北周·闍那耶舍譯的〈大方等大雲經請雨品〉第六十四，卷一：「一切摩睺羅伽實行力故，能降大雨普使充足。」摩訶迦羅，唐不空譯的〈不空羂索毘盧遮那佛大灌頂光真言〉，卷一：「持真言者，……一千八十遍，則得除差；摩訶羅迦神作病惱者，亦能治遣。」上二條，分見《大藏經》三十八冊，頁505、606。又，慧琳《一切經音義》卷二十五，頁508：「如羅睺羅，此云覆障，謂是修羅障，月時生也；又昔因塞鼠穴，遂處胎經，六年始生也。」卷二十七，頁564：「羅睺羅，羅怙羅，此云執日，……。」（台北：大通書局，民國59年）皆非以下所討論的摩睺羅。這是要分別清楚的。

大同風俗，七夕以蠟製爲女子形，送婚姻家，名摩睺羅。

《歲時紀事》：

> 七夕俗以蠟作嬰兒形，浮水以爲戲，爲婦人宜子之祥，謂之化生。
> 本出西域，謂之摩睺羅。

《東京夢華錄》：

> 摩睺羅惟蘇州者極巧，木漬袁家所製益精。

《京本通俗小說》卷十，〈碾玉觀音〉中

> 郡王道：「摩睺羅兒只是七月七日乞巧使得，尋常間又無用處。」

爲何乞巧或求子時用這樣的童偶呢？摩睺羅原本是怎樣的神明呢？他是藥師十二神將中的第九位，爲佛法的守護者。有關之記載，最早於東晉時就已翻譯，傳入中國。〈灌頂經〉卷十二：

> 座中諸鬼神有十二神主，從座而起往到佛所，胡跪合掌白佛言：我等十二鬼神在所作護，若城邑聚落空閑林中，若四輩弟子誦持此經，令所結願無求不得。（第九名——摩休羅）……此諸鬼神別有七千以爲眷屬，皆悉叉手低頭，聽佛世尊說是藥師瑠璃光如來本願功德，莫不一時捨鬼神形，得受人身，長得度脫，無眾惱患。若人疾急厄難之日，當以五色縷結其名字，得如願已然後解結令人得。〔註61〕

〈藥師瑠璃光王七佛本願功德經念誦儀軌〉卷上：

> 摩虎羅：十二藥叉大將中第九。
>
> 善哉！大藥叉將，汝等念報七佛如來恩德，常應如是安樂利益一切有情。
>
> 藥叉大將摩虎羅，其身白色執寶斧，主領七億藥叉眾，誓願守護如來。〔註62〕

由上引文可知，此神有降伏後的藥叉作爲部將，得受人身後，率領他們解脫眾生之疾病厄難。而最值得注意的，是他所駕馭的天狗。〈淨瑠璃淨土標〉：

---

〔註61〕東晉・帛尸梨蜜多羅譯，《大藏經》二十一卷，密教部四，四十二冊，頁536。
〔註62〕元・沙囉巴譯，《大藏經》十九卷，密教部二，三十七冊，頁34、41、47。

> 十二神將形……第九摩睺羅，囀庚方上將，或云折風大將。駕狗，
> 狗形可畏，所謂天狗。〔註63〕

據《大藏經》中所附的藥師十二神將圖、醍醐本藥師十二神將圖，摩睺羅的
相貌是威猛怒面，（附圖 14）但傳入中國後，卻完全不同了。

《東京夢華錄》，卷八，七夕：

> 七月七夕，皆賣磨喝樂，乃小塑土偶耳。悉以雕木彩裝欄座，或用
> 紅紗碧籠，或飾以金珠牙翠，……又小兒須買新荷葉執之，蓋效顰
> 磨喝樂。（磨喝樂本佛經摩睺羅，今通俗而書之。）

《西湖老人繁勝錄》，本卷第三十五條：

> 御街撲賣摩睺羅，多著乾紅背心，繫青紗裙兒；亦有著背兒、戴帽
> 兒者。

《夢粱錄》，卷四，七夕：

> 內廷與貴宅皆塑賣磨喝樂，又名摩睺羅孩兒，悉以土木雕塐，更以
> 造綵裝欄座，用碧紗罩籠之，下以桌面架之，用青綠銷金桌衣圍
> 護，或以金玉珠翠裝飾尤佳。……市井兒童，手執新荷葉，效摩睺
> 羅之狀。

《武林舊事》，卷三，乞巧：

> 七夕節物，多尚果實、茜雞，及泥孩兒號「摩睺羅」，有極精巧，飾
> 以金珠者，其直不貲。

由以上所錄，可知宋代有種習俗，七夕時小兒要效摩睺羅狀。富豪之家，堆金
砌玉來裝飾它；貧戶小民惟以蠟製土塑耳。無論如何做，都可見其普徧性。

但是，為何要在七夕乞巧時供此呢？未見記載。筆者以為，可能是佛經
中的摩睺羅駕狗，有驅邪除祟的本領。唐宋時，民間有九頭鳥害兒、九頭鳥
畏犬的傳說（詳見第三章第三節）。一經附會，宋人就認為摩睺羅能護幼，故
有上述的習俗。

元代仍有七夕乞巧用摩睺羅的習慣，但祭拜它的目的，是求小兒聰慧、
女紅精妙；或為博戲所用。元雜劇《智勘魔合羅》，第四折：

---

〔註63〕不知譯者，《大藏經》十九卷，密教部二，三十七冊，頁 67。

張平叔（叫聲）：你曾把愚癡的小孩提教誨，教誨的心聰慧。若把這
冤屈事說與勘官知，（醉春風）：不強似你教幼女演裁縫，勸佳人學
繡刺。……你若出脫了這婦銜冤，我教人將你享祭，煞強如小兒博
戲。……（滾繡毬）：你若是到七月七日那其間，乞巧的將你做一家
兒燕喜，你可便顯神通，百事依隨。〔註64〕

元代的二郎神是趙昱，他有部將七聖（自妖怪中收伏）及一隻天狗，伴隨身
旁。而明代的二郎真君楊戩，有著如影隨形、護衛其主的哮天犬，助二郎降
伏妖魔。日人澤田瑞穗在〈こつの二郎廟〉一文中，曾提到：「二郎神與幼童
保護神張仙競爭靈職。……廟內無數狗的玩具是還願的用品；不用說，這些
都是孩子們疾病癒合的禮品。」〔註65〕由此可見，二郎神楊戩之所以會產生
保護幼童的神職，除了受到狗治邪祟的民間傳說及小說影響外，與摩睺羅恐
亦有關，因為他們都是攜犬伏魔的神。

　　總合本節所述，二郎神雖並非來自印度，但是元明以後，受到已揉合入
民間傳說的佛經故事影響，在故事內容及形象上，都染有佛教的色彩。楊戩
尤具此特點。這是我們在研究二郎神傳說時，不能忽視的。

〔註64〕元・孟漢卿著，張平叔，《智勘魔合羅》，《新鐫古今名劇酹江集》，《全元雜劇》
　　　　初編十三冊。

〔註65〕日本，澤田瑞穗著，《中國的民間信仰》，第一章〈こつの二郎廟〉（東京：工
　　　　作社，民國71年），頁66。另外，陳墨香，〈二郎神考〉，《劇學月刊》二卷十
　　　　二期，頁6～7亦載「北平燈市口二郎廟之狗，被人請回家去鎮宅降妖；還願
　　　　時，則塑隻小狗以為酬報。」之習俗，中央圖書館微卷。

# 第五章　民間信仰中的二郎神

　　任何一位民間傳說中的神，神能都不是固定的，會隨著時空的轉變、流傳時的舛誤或演化、民眾心理上不同的需要，而有所更易。這也是地方俗信必然的現象。

　　二郎神的信仰最早由四川省開始源起，漸次普及全國各地。〔註1〕時間上

〔註1〕 宋代關於二郎神祠廟的記載：
　　樓鑰，《攻媿集》卷一一一，北行日錄：靜安鎮早頓，又六十里，宿宿州。……去州二里許，二郎廟前有下馬亭，……四部叢刊六十二冊（台北：商務印書館，民國64年），頁1100。
　　《咸淳臨安志》，卷七十三：二郎祠在官巷，紹興元年立。文淵閣四庫全書本四九○冊。
　　《夢梁錄》，卷十四，土俗祠：清源真君廟在半道紅街。
　　同卷，東都隨朝祠：二郎神即清源真君，在官巷，紹興建祠。舊志云「東京有祠，隨朝立之。」
　　同書十五卷，僧壖寺壖：（杭州）北門關外二郎廟，廟前亦有甄壖。
　　《景定建康志》，卷五，建康府城之圖：二郎廟位於東門軍營之側。文淵閣四庫全書本四八八冊。
　　宋元之際刊行的《新編五代史平話》——漢史平話卷上：「劉知遠與六個秀才在汾州（今山西省汾陽縣）二郎廟中賭博。」（台北：河洛出版社，民國70年1月排印本），頁289。
　　明清以後的二郎廟，毛一波先生曾有整理：見於〈二郎神變二郎神〉一文。《台灣風物》十七卷四期，頁31，附《古今圖書集成》方輿彙編職方典載「二郎廟」表，在河南、陝西、四川、江蘇皆有廟。此表見本論文附表一。
　　又查《古今圖書集成》博物彙編，神異典四十九卷，神廟部——《畿輔通志》：二郎廟在博野縣桃李村，唐時建，相傳有泥龍飛昇。廟州縣各有，不悉記。
　　同典，五十卷神廟部——河南通志：二郎廟，廟在（開封）府城南奉神岡，始建未詳。

則自漢魏即有奉祀，〔註2〕至南宋時神威更盛；迨元明清三朝，藉著通俗文學之力，更成家喻戶曉的神明。各地祠廟或主祀之，或奉他神而以其配祀在旁。在這樣廣大的時空背景中，二郎神職司之事，也有了許多不同的內容，首先，我們從最原始的「地方水神」談起。

# 第一節　地方水神

二郎神本是凡人，因爲有效地治理長江灌口一帶的水患而受民愛戴敬仰，奉祀成神。所以水神是他的第一神格。這位二郎神指的是李二郎。（李冰仲子，實即李冰自己；因爲二郎是水神李冰之分身。）

雖然在元明戲曲小說中，李冰二郎神的地位已完全爲趙昱、楊戩所取代，可是自唐迄清，歷代的方志、類書收錄的雜記隨筆、或地理書籍，但凡言及蜀之水神、川主者，仍多半敘述李二郎的故事。〔註3〕例如：《藝文類聚》卷九十五，獸部下，犀——引《蜀王本紀》：

> 江水爲害，李冰作五石犀以厭水怪。〔註4〕

《白孔六帖》上冊，載：

> 水類，沈石犀——蜀郡水災，太守李冰乃刻石爲犀以厭洪水，水乃
> 止。隄渠類，廣溉道——秦時李冰導汶江水灌田，瀕水者頃千金。
>
> 〔註5〕

---

杭州府志：二郎神廟在杭州忠清里。（其記述的二郎神，名鄧遐，亦以殺蛟息水患，而立祠祭祀）

同典，同卷，《江西通志》：清源廟，廟在浮梁新田，舊傳神姓李名冰，秦孝公時守蜀，作五石牛以壓水怪，立祠灌口。宋，邑人李澗出使資神祐，立廟祀之。《古今圖書集成‧博物彙編‧神異典》（台北：鼎文書局，民國65年2月初版）。以下所引同此本。

〔註2〕參見第二章第一節。

〔註3〕周開慶整理四川省的方志，言各州縣所記川主，有李冰、李二郎、趙昱等說法。但是各地致祭川主——二郎神的祝文卻都指李冰父子而言（實爲一人）。且以奉李二郎的地方最多。見《蜀事叢談》（台北：四川文獻研究社，民國65年9月初版），頁46～55。

〔註4〕唐‧歐陽詢著，民國‧于大成編，《藝文類聚》（台北：文光書局，民國63年8月初版）。

〔註5〕唐‧白居易、孔傳編，《白孔六帖》（台北：新興書局，民國58年11月新一版）。

其他如《太平御覽》卷八二〇、八九〇；《冊府元龜》邦計部四九六卷，〈河渠類〉十冊，頁5935；同書牧守部六七八卷，〈興利類〉十四冊，頁8101；《海錄碎事》江湖淮溪灘澗潭類、風俗方言類；皆記李冰治水事。〔註6〕宋代地理書《輿地紀勝》一五一卷，成都府路永康軍，亦收錄許多李冰的神蹟。〔註7〕可見，李氏二郎神為水神的說法，傳統性強、地方色彩濃厚。

蜀地民眾對這位地方水神的奉祀，十分敬慎。宋·宋祁，〈成都府新建漢文翁祠堂記〉：

> 蜀之廟食千五百年不絕者，秦李公冰、漢文公翁兩祠。而祀冰為蜀鑿離堆，逐捍水以溉民田，溉所常及，無旱年。西人德之，因言冰身與水怪鬥，（怪）不勝死，自是水無暴流，蛟蜃怖藏，人恬以生。故侈大房殿，歲擊羊豕雉魚，伐鼓笑簫，傾數十州之人，人得侍祠，奔走鼓樂，以娛悅神，祝已傳蝦，而後敢安。〔註8〕

《灌縣志》卷五，〈李王廟祀典詁略〉：

> 惟王生為賢守，德配西陸，智鑿離堆沫水，順安瀾之軌，功開都堰，益州沾潤溉之休。維水土之平，翊神禹而惠流，蜀向濬井疆之利。先文翁而澤沛，蒸黎迄今。岷絡西澄，既敷奏乎清晏，瀧源東注，宜報享以豐盛。……爰修祭典於春秋，聿展微忱於吉日。敬陳牲醴，肅布几筵，虔奉瓣香，祈多受祉。伏願仁膏永沛全川，恒沐神庥，美利普存，則壤咸資優渥。〔註9〕

由於二郎神本是水神，所以專奉他的廟宇多半建於江河沿岸，賴水為生的船戶、漁夫，奉之以祈護祐。（附圖15～19）隨著江河本支流的衍伸，二郎神的事蹟漸次在其他地方稱揚傳頌開來。正因他的靈異昭著，所以其他地方

---

〔註6〕　宋·李昉等編，《太平御覽》（台南：平平出版社，民國64年6月初版）。宋·王欽若、楊億編，《冊府元龜》，今所據為明刻本（台北：中華書局，民國56年5月台一版）。宋·葉廷珪編，《海錄碎事》，明萬曆戊戌刻本，國防研究院圖書館藏本（台北：新興書局，民國58年5月新一版）。

〔註7〕　宋·王象之編，《輿地紀勝》，粵雅堂本（台北：文海出版社，民國51年4月）。

〔註8〕　見清陳祥裔，《蜀都碎事》卷一，筆記小說大觀續編八冊（台北：新興書局，民國62年），頁4985。

〔註9〕　見《灌縣志》，清乾隆五十一年刊本，卷五，頁61～62。此文為灌縣知縣葉書紳於乾隆三十五年致祭時，所作之祭文。

的水神也會取其故事梗要，而另加附會。湖南的楊泗將軍，就是最好的例子。
《大清會典事例》卷四十六：

> 同治五年敕封靈佑楊四將軍。「謹按神行四，名無考。明永樂元年六
> 月六日誕生，係河南溫縣人，生而稟異，未冠成神，明封將軍。以
> 治水功德在民，建廟張秋鎮。碑傳又載，國初敕封總理江湖河道翼
> 運平浪鎮東侯，唯時代無考，近年河工遇險，疊昭靈異。」〔註10〕

而黃芝崗在《中國的水神》，第一章中就寫出楊四將軍與無義龍的故事，其大
要為：

> 楊四將軍廟在湖南長沙縣東。
>
> 生辰：宋代戊申年六月六日，有兄弟四人，同日而生。
>
> 功績：斬龍護國。觀音菩薩助之，擒鎖無義龍。
>
> 塑像：頭帶金盔穿金甲，手拿鉞斧斬蛟龍，腳踩蛟龍。相貌端正，似
> 　　　白面書生。但驅邪的成佛寺將軍木像又作大忿怒像。〔註11〕

郭立誠，《行神研究》：

> 文納氏謂木商奉楊泗將軍……專保護商人所運之木筏及船夫，故縴
> 夫、水手、木商均祀之。……楊泗將軍之祀始於河南，漸傳至大江
> 南北，江西萍鄉、德安等地亦稱德安菩薩。在德安有六月六日楊泗
> 菩薩晒袍之說。又久病不瘥，有打菩薩捉魂之法。是楊泗將軍由水
> 神變為保佑家堂人口之神矣。〔註12〕

沈平山，《中國神明概論》：

> 楊泗將軍，水神也，神像塑形左手握蛇（龍），右手執斧。握蛇意味
> 有降龍伏波之能；執斧意味有斬龍殺蛟之概。……凡濱臨河、海的
> 居民，如犯有畏寒或疾病，而數日不能瘥癒者，就到神廟，迎楊泗
> 神像回家，奉置廳上，並請道士驅除病魔……此謂「打菩薩」。……
> 俗云，六月六日是楊泗晒袍日，如果這天下雨，而五月十三日恰好

---

〔註10〕《大清會典事例》，清光緒二十五年石刻本（台北：中文書局，民國52年）。
〔註11〕黃芝崗，《中國的水神》，頁1～6。
〔註12〕郭立誠，《行神研究》，頁74。

晴天，人們會說：「五月十三日楊泗沒送雨給關爺磨刀，所以今日，關爺也不撐日給楊泗晒袍。」〔註13〕

　　由以上的記述，可以看出楊泗將軍襲取二郎神故事之處甚多：其一、六月六日生——雖然二郎神生日有六月二十四或二十六日之說，但川省祭川主在六月六日，而二郎神相傳即爲川主。神話傳說中神的誕辰，本就不可確信。筆者認爲大禹、二郎神、楊泗將軍他們都與「治水」有關，所以生日皆爲六月六日；因爲「六爲陰數」、「水數成六」。〔註14〕其二、斬龍殺蛟，或云擒鎖孽龍——此情節楊泗與二郎神幾乎完全相同。其三、楊泗晒袍日與晒川主——湖南、河南一帶有楊泗晒袍的傳說，在四川則有晒川主的求雨風俗。周開慶，《蜀事叢談》：

> 晒川主，是抬著川主神遊行。……民間一般的傳說是，川主爲玉皇大帝的外甥。把川主神抬出去遊行，並把他抬到玉皇大帝的像前，代百姓求雨。意在使玉皇大帝憐惜其外甥受太陽晒之苦，可以由此下雨。……在川南江安等縣，盛行此法。〔註15〕

可見，楊泗與川主（在此指的是二郎神楊戩），都與致雨有關。其四、楊泗兄弟四人，同日而生——此與《南遊記》中華光，兄弟五人同日生的描寫雷同。而華光與二郎神又另有多處類似。（見第四章第三節）其五、晒袍日與磨刀雨——民間於六月六日，有晒書之風俗，取此時天氣較熱且罕下雨。〔註16〕而五月十三日，清·《帝京歲時紀勝》載：

> 關帝廟，春秋致祭。五月十三日爲單刀會，是日多雨，謂天賜磨刀水。〔註17〕

---

〔註13〕沈平山，《中國神明概論》（台北：新文豐出版社，民國68年6月），頁175、176。

〔註14〕歲時習俗資料彙編，二十四冊，《新增日月紀古》卷六，頁2146：唐堯戊戌六月六日生禹於棘茌之石紐鄉。《吳越春秋》注：石泉有禹廟，以六月六日生辰，百姓致祭，遠近皆至。頁2148：《搜神記》：楊四將軍六月六日生。頁2150：《月令廣義》：六六純陰之土（台北：藝文印書館，民國59年）。

〔註15〕周開慶，《蜀事叢談》，四川求雨風習，頁35。

〔註16〕筆記中載六月六日晒書者，多見。例：顧祿，《清嘉錄》卷六。潘榮陛，《帝京歲時紀勝》，頁24；富察敦崇，《燕京歲時記》，頁70（台北：木鐸出版社（二書合刊），民國71年8月初版）。

〔註17〕見上註，同書頁23。

由以上所述，可知楊泗將軍是將各地獨立流行的神話、民談故事加以附會、取擷，而成為一位複合體的神。其中，二郎神的傳說佔有相當大的比例。這是二郎神漸漸由地方水神的局限中走出，成為水神典型的明證。以致於他的故事被諸水神所吸收。例：許眞君斬蛟，與二郎神亦有部分情節相似。〔註18〕又據李獻章研究媽祖傳說之所得，媽祖亦曾與二郎神有兄妹的關係，因為娘媽傳吸收了《三教搜神大全》天妃娘娘及大奶夫人的情節，並將大奶夫人之兄「二相」附會於「二郎」神。

> 娘媽傳的傳說，一言之，主為守護海上漕運的媽祖神話，配以鎮定河川猖獗的二郎神。媽祖與二郎兩神特為兄妹而登場的理由，就編定者是江西人，刊行處是湖南地考之，恐是地理與媽祖的福建是東鄰，二郎神的四川是西鄰，而將平生熟知的兩神連結。〔註19〕

可見二郎神地方水神的威靈，在華南的長江流域一帶，極為盛行。但在華中或華北，他治水的神力減退，代之而起的，是新的職能——主掌個人的吉凶成敗。這項轉變發生在兩宋，當此際，趙昱也漸漸取代了李二郎的地位。

# 第二節　護國福民的保佑神

北宋時，二郎神的傳說已由南方擴展至北方，他的靈應愈來愈盛，由地祇升為天神，威臨宇內。四處建立的二郎神祠，可證信奉者非常多。〔註20〕其中京師神保觀的興建，是由於二郎神顯靈，有司聞之，遂遵意而修。《夷堅・丙志》，卷九〈二郎廟〉：

> （徽宗）政和七年，京師市中一小兒騎獵犬揚言於眾曰：「哥哥遣我來，昨日申時，灌口廟為火所焚，欲於此地建立。」……至晚，神降於都門，憑人以言，如兒所欲者。有司以聞，遂為修神保觀，都人素畏事之。自春及夏，傾城男女，負土助役，名曰「獻土」。至飾為鬼使巡門，催納土者之物。憧憧，或牓於通衢曰：「某人獻

〔註18〕參見黃芝崗，《中國的水神》第五、六兩章。
〔註19〕李獻章，〈以三教搜神大全與天妃娘娘傳為中心，來考察媽祖傳說〉，此文收錄於《三教源流搜神大全》（台北：聯經出版事業公司，民國69年7月初版），頁18。
〔註20〕宋時各地的二郎神祠，參見本章第一節，註1。

土。」識者以爲不祥，旋有旨禁絕。既而蜀中奏，永康神廟火，其日正同。

《大宋宣和遺事》，元集，亦載同一事，惟改時期爲宣和七年，可見，這件奇聞，必然是家喻戶曉了。

> 十二月，天神降坤寧殿，修神保觀。神保觀者，乃二郎神也，都人素畏之：自春及夏，傾城男女，皆負土以獻神，謂之「獻土」。又有村落人粧作鬼使，巡門催「納土」者，人物絡繹於道。徽宗乘輿往觀之。蔡京奏道：「獻土」、「納土」皆非好話頭。數日，降聖旨禁絕。〔註21〕

獻土助役，爲的是討好神明，表示自己遵奉神旨，不敢有違。而「自春及夏，傾城男女，負土助役」可見盛況，連皇帝都親自去視察。當二郎神生日時，祭典活動更是朝廷與民間共同參與的。《東京夢華錄》卷八，六月二十四日神保觀神生日：

> 二十四日州西灌口二郎生日，最爲繁盛。廟在萬勝門外一里許，勅賜神保觀。二十三日御前獻送後苑作與書藝局等處製造戲玩，……太官局供食，連夜二十四盞，各有節次。至二十四日，夜五更爭燒頭爐香，有在廟止宿，夜半起以爭先者。天曉，諸司及諸行百姓獻送甚多。其社火呈於靈臺之上，所獻之物，動以萬數。

此際，正是二郎神信仰的極盛時。

二郎神令人敬畏，不敢得罪，否則，即有災咎。此類的記載有：《夷堅‧丙志》，卷八〈江氏白鷳〉：

> 江遹舉宣和中爲虹縣令，長子自嚴州奉其母往官下。有白鷳白雀各一，皆瑩潔可觀，共一籠，置諸舟背。入汴數十里，過靈惠二郎祠，舟人入白曰：「神素愛此等物，願收祕之。」即攜入臥處。一婢從庖所來，至籠畔，無故失足，觸籠墜，視之，鷳死矣。

這個故似乎暗示著：白鷳仍爲神所取去，人終不得與二郎神相抗衡。《夷堅‧支丁志》，卷六〈永康太守〉：

---

〔註21〕《大宋宣和遺事》，收入《宋元平話五種》之中（臺北：河洛出版社，民國70年元月臺排印初版），頁394。

> 永康軍崇德廟，乃灌口神祠，……當神之生日，郡人釀迎盡敬，官僚有位，下逮吏民，無不瞻謁。慶元元年，漢嘉楊光為軍守，獨不肯出。……拒不聽，而置酒宴客。是夜，火作於堂，延燒不可救，軍治為之一空。數日後，其家遣僕來言，所居亦有焚如之厄，正與同時。楊始悔懼，知為觸神怒譴，然無及矣。

此篇明顯地表示出，不敬二郎神的後果。《夷堅・支癸志》，卷三〈蔡七得銀器〉：

> 湖州民蔡七，長大有力，……常見一偉丈夫，丰神秀整，舉動雅靜，衣銷金白袍，傍駱駝橋欄柱立。……蔡已醉，因盡力抱持之。其人哀祈求去，許以銀器。……隨其意所取。蔡喜不自勝，約二百餘兩，旦而視之，皆真物也。時郡中公庫忽失器皿，散牓捕緝。數日後得於蔡民，……元無穿窬之實，但杖而釋之。偉丈夫者，俗所謂二郎是已。方倚欄受辱時，何遽不能脫？蓋知蔡愚貪，聊戲之耳。

由上面三篇故事，可瞭解二郎神在兩宋人民的心中，是何等有威嚴！正因如此，民眾認為他的神力無限，對拜禱者所求，定然必應。所以，二郎神有了新的神職。

## 一、致 勝

由於南宋時有「二郎神顯靈，助張浚在蜀用兵得勝」之傳聞，〔註22〕所以，二郎神主掌個人的吉凶成敗，再加上這時的二郎神是以英武的姿態出現在各種故事中，〔註23〕故而他成為「競賽祈勝」時所要拜祭的神。

南宋・高翥，《菊磵小集》，有兩首詩：〈輦下酒行多祭二郎祠山神〉：

> 簫鼓喧天鬧酒行，二郎賽罷賽張王；愚民可煞多忘本，香火何曾到杜康。

〈迎酒匠〉（又有賽酒，謂之乞利市）：

> 賽罷祠山賽二郎，酒行明日欲開張；愚民可是多忘本，香火何曾到

---

〔註22〕《夷堅丙志》，卷十七，靈顯真人。《朱子語類》，卷三，葉賀孫所聞錄，清張伯行輯（長沙：商務印書館，民國28年）。

〔註23〕筆者認為宋時的二郎神，形象上取自趙昱，名字則或云李冰仲子、或云趙昱。即二者已發生混淆。參見本論文第二章第二節、第三章第二節。

杜康。〔註24〕

由上詩可得知酒行有祭賽二郎神的活動。酒行是什麼呢？《都城紀勝》，社會：「每歲行都神祠誕辰迎獻，則有酒行。」可見酒行負責祭賽迎獻的工作。宋時，凡遇吉慶節日，或逢神誕，朝廷與民間都極盡熱鬧歡騰之能事，各種技藝社會，紛然表演，〔註25〕並含有競賽的性質，以增加趣味。《夢梁錄》，卷一，八日祠山聖誕：

> （二月）初八日，西湖畫舫盡開，……其日，龍舟六隻，戲于湖中。其舟俱裝十大尉、七聖、二郎神、神鬼、快行……犒龍舟，快捷者賞之。

《西湖老人繁勝錄》，霍山行祠，本卷第十一條：

> 多有後生於霍山之側，放五色煙火，放爆竹，廟東大教場內，走馬、打毬、射弓、飛放鷹鷂、賭賽叫、……賽諸般花蟲蟻……。

《武林舊事》，卷二，元夕：

> 其下為大露台，百藝群工，競呈奇伎。

《武林舊事》，卷三，社會：

> 二月八日為桐川張王生辰，霍山行宮朝拜極盛，百戲競集。

二郎神在當時既被酒行的藝者所尊崇，可見其被視為能主掌祭賽之成敗者。

元·李文蔚，《燕青博魚雜劇》，二折：當燕青與燕大正要博（打賭）魚時：

> 燕青正末：比問及五陵人，先頂禮二郎神，……（按：此舉是為了求賭贏）

賭徒拜祭二郎，除了二郎神是競賽之神外，另一個原因可能是「二郎神在元朝曾被視為財神，就如同近世田都元帥的上司趙公明一般。」〔註26〕而筆者認為二郎神之所以被視作財神，乃與華光有關。《水滸傳》（七十回本）三十

---

〔註24〕見《高菊礀先生詩全稿》，收於清·范希仁編，《宋人小集》二三六卷本，卷四，中央圖書館微卷。

〔註25〕《夢梁錄》卷十九，社會：「每遇神誕日，諸行市戶，俱有社會，迎獻不一。」

〔註26〕王秋桂，〈二郎神傳說補考〉，《民俗曲藝》第二十二期，頁13。

六回，梢公唱道：

> 昨夜華光來趁我，臨行奪下一金磚。（意味有財運）

《三教源流搜神大全》，五卷，靈官馬元帥（按：即華光）：

> 玉帝以其功德齊天地而敕元帥于玄帝部下，寵以西方，領以答下民，妻財子祿之祝，百叩百應。

《行神研究》，引文納（E. T. C. Werner）之中國神話辭典：

> 金銀匠、首飾樓、珠寶商——彌勒佛、東方朔、華光佛

《行神研究》，工業行神，銀匠：

> 華光佛實與釋教無關，即五顯靈官馬元帥也，……彼有三角金磚善擊物，百發百中，碎後能復合，故金銀匠奉之爲祖師也。〔註27〕

華光因有金磚，故而容易聯想到財富。而二郎神與華光在傳說故事中有諸多類同，〔註28〕所以祈求有財運，則拜禱之。

明・沈德符，《野獲編》補遺，卷四，神名誤稱條：

> 蹴踘家祀清源妙道眞君。初入踘場，子弟必祭之，云即古二郎神。〔註29〕

蹴踘，本是一種健身的遊戲，演爲競賽，乃成一種激烈的活動。《夢粱錄》，卷十九，〈社會〉：

> 武士有躬弓踏弩社，皆能攀弓射弩，武藝精熟。射放嫻習，方可入此社耳。更有蹴踘、打毬、射水弩社，則非仕宦者爲之，蓋一等富室郎君、風流子弟與閒人所習也。

筆者在第三章、第四章中均曾說明，南宋時二郎神已有如武士般，具雄偉英勇的特徵。再加上宋元以來對二郎神的推崇，所以由他來主掌蹴踘之勝負，是可以理解的。

---

〔註27〕郭立誠，《行神研究》，頁 19、58。
〔註28〕參見本論文第四章第三節。
〔註29〕沈德符，萬曆《野獲編》補遺，爲其五世孫振於西元 1653 年所輯，筆記小說大觀十五編六冊。

## 二、除　病

　　由於二郎神在迎神賽技中，頗有地位，而「遊戲與競賽，同樣是過渡儀式中的標記（指新與舊、善與惡、平安與疫癘），它們亦肯定人和神的權威和聲望。」「迎神與驅邪的功能，就如同文戲與武戲，是相輔相成的。它們是同一儀式過程的兩面。」〔註30〕所以，二郎神亦能逐除疾疫。

　　文崇一在〈九歌中的水神與華南的龍舟賽神〉此文內，記（江蘇）川沙廳志——六月六日賽龍舟；（江蘇）吳江縣志——競渡……或以六月二十四日；（廣東）順德縣志——龍江歲五六月鬥龍船。他認為賽舟是為了娛樂龍神，可得到以下作用：

> 使農作物有適當的雨量，年年豐收。
>
> 驅瘟疫，使人們不再傳染惡疾。
>
> 消災，使人們免除一切災難。
>
> 保平安，這是一個廣泛的信仰，願菩薩保佑。
>
> 弔祭紀念屈原。〔註31〕

在前文敘及致勝的部分，筆者曾引《夢粱錄》卷一，八日祠山聖誕的記載，說明：南宋時有龍舟上裝二郎神及其他神道來競賽的活動。由此，我們得以瞭解，二郎神先為民間技藝者所崇，進而有了驅疾去病的神能。

　　我們又可從以下所錄，印證前述。宋・王銍，《龍城錄》，趙昱斬蛟：

> 趙昱，字仲明，……太宗文皇帝封神勇大將軍，廟食灌江口，歲時疾病禱之，無不應。（說庫本）

宋・楊无咎詞，調寄二郎神——清源生辰：

> ……灌口擒龍，離堆平水，休問功超前古。前中興、護我邊陲，重使四方安堵。
>
> 新府。詞庭占得，山州佳處。看曉汲雙泉，晚除百病，奔走千門萬戶。歲歲生朝，勤勤稱頌，可使民無災苦。……〔註32〕

---

〔註30〕龍彼得著，王秋桂、蘇友貞譯，〈中國戲劇源於宗教儀典考〉，《中外文學》七卷十二期，頁171、181。

〔註31〕文崇一，〈九歌中的水神與華南的龍舟賽神〉，《中央研究院民族學研究所集刊》第十一期，頁92、104。

〔註32〕楊无咎詞，見唐圭璋編，《全宋詞》第二冊（台北：明倫出版社，民國59年

話本，《勘皮靴單證二郎神》──韓夫人染病，楊戩之妻說：

> 告夫人得知，此間北極佑聖真君，與那清源妙道二郎神，極是靈應。夫人何不設了香案，親口許下保安願心。（按：乃求其身體健康）

> 楊時（龜山）知縣：聞知此間有個清源妙道二郎神，極是胏蜜（靈感通微，名聲四佈）便許下願心，待眼痛痊安，即往拈香答禮。〔註33〕

明・錢希言，《獪園》卷十二，二郎廟：

> 相傳灌口二郎神在四川成都府灌縣，香火甚盛。今吾葑門內水中漲一小沙汀，方廣不踰數尺，土人立二郎廟於其上。殿堂甚湫溢，臨水開窗如人家齋舍一楹。神像亦小，長可二尺許，著黃金兜鍪，衣黃袍，坐帷帳中；而香火之盛，莫與比者。自春徂冬，祭享不絕。瘧疾之家，許一白雞還願；既瘳，乃宰雞往獻。又裹麵為餅以飼廟中白犬。尚白者，豈謂蜀在西方，取義於金，以神其說歟？此不可曉。〔註34〕

清・顧祿，《清嘉錄》卷六，二郎神生日條：

> 六月二十四日，是日又為神生日，患瘧者拜禱於葑門之廟，祀之日必以白雄雞。〔註35〕

《蘇州府志》，本府，清源妙道真君祠：

> 神姓趙名昱，灌州人。……郡中患瘧者，禱之輒應。相傳六月二十四日為神生辰，傾城奔赴，以祈靈貺。

《蘇州府志》，常熟縣，二郎廟：

> 二郎廟在介福門內，即府城清源妙道真君祠。趙昱……因立廟灌口，

---

12 月），頁 1182。

〔註33〕見《醒世恆言》十三卷。明天啓七年刊行。此故事以宋宣和年間的開封為背景，題材可能源於宋元之間。收入《中國傳統短篇小說選集》（台北：聯經出版事業公司，民國 69 年 9 月 2 日版），頁 731～758。

〔註34〕《獪園》共十六卷，收在錢希言「松樞十九山」之中。萬曆二十八年刊行，藏日本內閣文庫，中央圖書館微卷。

〔註35〕同第二章第二節，附註24。

稱灌口二郎神。唐太宗不豫，禱於神，疾瘳，封大將軍。〔註36〕

《大清一統志》（嘉慶重修本），天津府祠廟條：

二郎廟在慶雲縣東，疾疫水旱，祈禱則應。〔註37〕

《蘇州府志》，大同府山川條：

二郎山在天鎮縣東北十五里，有泉不盈不涸，取之不竭。泉上有
廟，祈禱則應。〔註38〕

這種由「具有治水平患的功績」進而「有療疾去病的本領」之現象，亦見於
其他神祇的身上。例：沈平山載「楊泗將軍——打菩薩」：

凡濱鄰河、海的居民，如犯有畏寒或疾病，而數日不能痊癒者，就
到神廟迎楊泗神像回家，奉置廳上，並請道士驅除病魔。〔註39〕

《大明一統名勝志》：

許遜爲旌陽令（今四川德陽縣），屬歲大疫，死者十七人，遜以東方
治之。蜀民爲之謠曰：「人無盜賊，吏無妖欺。我君活人，病無能
爲。」〔註40〕

民間信仰中，神力的擴張，是隨著民眾的需要而增加。當然，基本上必須民
眾崇信此神；而二郎神正是如此。《西遊記》第六回——大聖至灌口，變作二
郎神模樣，入廟點查香火：

見李虎拜還的三牲，張龍許下的保福，趙甲求子的文書，錢丙告病
的良願。

由此可知，明代時二郎神仍是保平安的神。

---

〔註36〕《古今圖書集成》十五冊，方輿彙編，職方典，卷六七七，頁518、521。
〔註37〕《大清一統志》，嘉慶重修本。清·和坤等纂，穆彰阿等修，台北：商務印書
　　　　館影印，民國55年12月再版。
〔註38〕明·談遷，《棗林雜俎》（下），二郎山。遼東，綿城北三十里，二郎山破石多
　　　　如彈丸，可入砲而輕。督師孫承宗戲曰：「二郎神好用彈，想其餘物。」雖兩
　　　　座二郎山非同一山，但山既命爲二郎山，所祀當爲二郎神。
〔註39〕沈平山，《中國神明概論》，頁175。
〔註40〕《大明一統名勝志》，卷九，成都府漢州德陽縣，明·曹學佺撰，崇禎三年刊
　　　　本，中央圖書館微卷，頁9。

　　在本文第三章第三節中，筆者曾說道：明清以後，二郎神成爲幼童守護神。這固然是受小說影響，誇耀二郎神之犬驅邪除崇的能力；連帶地稱讚美二郎神具有護幼之功。但能使人有此聯想，就與歷來二郎神能「護祐身家平安無病痛」的認知，有絕大的關係。

　　本節所述，從兩宋至明代，人們信奉可以致勝、除病的二郎神，不再有地域性的束縛，神威增大。按種種的記載看來，他應是取代了李冰地位，與清源妙道眞君相混、合一後的二郎神——趙昱。然而在明中葉以後，二郎神又成爲楊戩了。

# 第三節　戲　神

　　中國的民間信仰崇尚多神，每一個行業都有其行神，即俗謂之祖師爺。從事這項工作者奉祀之，即可保此業繁榮，諸事順遂。那麼，演唱戲曲的伶人，他們奉誰爲戲神呢？歷來眾說紛云，莫衷一是。

　　明・湯顯祖在〈宜黃縣戲神清源師廟記〉中認爲：清源眞君是戲神。

> 奇哉清源師，演古先神聖八能千唱之節，而爲此道。初止爨弄參
> 鶻，後稍爲末泥三姑旦等雜劇傳奇。長者折至半百，短者折才四
> 耳。……予聞清源，西川灌口神也。爲人美好，以遊戲而得道，流
> 此教於人間。〔註41〕

清源眞君早在南宋即與二郎神混合爲一神，且稱西川灌口神，即爲二郎神無疑。這是現今可見，言戲曲源於二郎神，最早的一篇文字。

　　此後，又有清代李漁亦以二郎爲戲神。《比目魚傳奇》，第七齣入班：

> （生）請問師父，什麼叫做二郎神？（小生）凡有一教就有一教的
> 宗主。二郎神是做戲的祖宗。……我們這位先師，極是靈顯，又極
> 是操切，……凡是同班裡面，有些暗昧不明之事，他就會覺察出
> 來。大則降災降禍，小則生病生瘡。你們都要緊記在心，切不可犯
> 他的忌諱。

---

〔註41〕此文收在《湯顯祖集》，詩文卷三十四（台北：洪氏出版社，民國64年），頁
　　　　1127～1128。王秋桂，〈二郎神傳說補考〉：「宜黃縣之奉二郎神爲戲神，乃受
　　　　海鹽腔藝人的影響。」《民俗曲藝》第二十二期，頁9。

（駐雲飛）護法金湯，俛首處誠拜二郎。默把吾徒相暗使聰明長。
嗓開口便成腔，不須摹倣。身段規模，做出都成樣，一出聲名播四
方。〔註42〕

二郎神之所以成爲戲神，可能源於宋元以來，民眾即將他奉爲消災鎮邪、去
病保安的神，〔註43〕而有些傳統戲劇在演出時，就具有如此的作用。〔註44〕
這種禳災儀式與戲劇相結合的情形，在宋代就已十分明顯；中國古代驅疫的
大儺，流傳到宋代「已經徒有其名，改頭換面了。雖然原始『驅疫』的涵意
還尚保存著，但這時候的大儺，卻已完全和年節的『歡樂』的一面打成一
片，變成了熱鬧、戲劇性爲主的『迎神賽會』了。」〔註45〕同時，又有以伶
人扮神祇來除祟的習俗：《東京夢華錄》，卷十，除夕：

> 教坊使孟景初身品魁偉，貫全副金鍍銅甲裝將軍。用鎮殿將軍二
> 人，亦介胄，裝門神。教坊南河炭醜惡魁肥，裝判官。又裝鍾馗、
> 小妹、土地、竈神之類共千餘人。自禁中驅祟出南薰門外轉龍彎，
> 謂之「埋祟」而罷。〔註46〕

《夢粱錄》，卷六，除夜：

> 禁中除夜呈大驅儺儀，……以教樂所伶工裝將軍、符使、判官、鍾
> 馗、六丁、六甲、神兵、五方鬼使、竈君、土地、門戶、神尉等神，
> 自禁中動鼓吹，驅祟出東華門外，轉龍池灣，謂之「埋祟」而散。

宋、元人所繪的二郎神搜山圖及元明三齣以二郎神爲主角的雜劇，都具有共
同的主題──驅邪祟、滅群妖；並且「搜山圖和西元1954年發掘於山東沂南
漢畫像，石墓中的石刻大儺圖，有許多基本的相似之處；而南北大儺儀隊中

---

〔註42〕《李漁全集》十冊（台北：成文出版社，民國59年），頁4170～4171。王秋
　　　　桂，〈二郎神傳說補考〉，以此爲「二郎神是崑山腔戲神」的證明。
〔註43〕詳見本章第二節。
〔註44〕龍彼得著，王秋桂、蘇友貞譯，〈中國戲劇源於宗教儀典考〉論之甚詳，像演
　　　　目蓮戲、紂王自焚、岳飛畢命、何栗回話時，都有這種「以直接而觸目驚心
　　　　的動作來清除社區的邪祟，揮掃疫癘的威脅，並安撫慘死、冤死的鬼魂。」
　　　　似祭儀一般的作用。《中外文學》七卷十二期，頁171～178。
〔註45〕胡萬川，《鍾馗神話與小說之研究》（台北：文史哲出版社，民國69年5月初
　　　　版），頁77。
〔註46〕《東京夢華錄》，卷十除夕，頁62。《夢粱錄》，卷六除夜，頁182。

的六丁、六甲、神兵、鬼使、土地等，也出現在二郎神雜劇。」〔註47〕我們從這些證據中，可以得知，二郎神是降魔的神將；而降魔除疫是中國傳統戲劇演出的功能之一。故湯顯祖曰：「人有此聲，家有此道，疫癘不作，天下和平。」（前引文）二者關連起來，所以，二郎神成爲戲神。

再者，二郎神一向爲伶人所熟知、敬重，這亦可能是他被當成戲神之原因。《行神研究》引文納氏的説法：樂器之神有四人，即褚永、金花娘娘、二郎爺爺及伯魚。郭立誠云：「二郎爺爺未詳，或亦爲田元帥屬神。」〔註48〕筆者以爲，由於二郎神與音樂、田元帥均有關係，故二郎爺爺應指的是二郎神。

「二郎神」之名，首見於唐·崔令欽，《教坊記》，爲曲名。〔註49〕宋·吳曾，《能改齋漫錄》：「本朝樂府有二郎神，非也。……以大爲二，傳寫之誤。」〔註50〕雖然是傳寫之誤，但可證明當時確有此曲。莊季裕，《雞肋編》：「蓋柳永七夕詞云：須知此景，古今無價。按：此詞爲二郎神調。」〔註51〕「南曲商調有二郎神近、二郎神慢、二郎賺，當爲唐曲之遺音。」〔註52〕明代地方戲曲，崑腔系統中，不論是散曲套數或傳奇散齣，時以商調的「二郎神調」抒懷。〔註53〕

在戲劇扮演方面，五代武劇《灌口神隊》，是現今可見資料中，最早演灌口故事者。宋·張唐英，《蜀檮杌》：

> 廣政十五年夏六月朔，（蜀後主）宴，教坊俳優作灌口神隊，二龍戰鬥之象。〔註54〕

宋·周密，《武林舊事》，卷十，官本雜劇段數，記有：二郎熙州、鶻打兔變二郎、二郎神變二郎神。元·陶宗儀，《輟耕錄》，卷二十五，金院本名目：

〔註47〕王秋桂，前引文，頁12。
〔註48〕郭立誠，《行神研究》，頁89、124。
〔註49〕見《教坊記》，頁5，收入明·吳琯輯《古今逸史》，三函二十九冊，景明刻本。
〔註50〕宋·吳曾，《能改齋漫錄》，卷一事始，「樂府名大郎神」條（台北：木鐸出版社，民國71年5月初版），頁7。
〔註51〕夏敬觀，《彙輯宋人詞話》（台北：廣文書局，民國59年），頁5。
〔註52〕任半塘，《唐戲弄》上冊（台北：廣文書局，民國74年），頁714。
〔註53〕參見《善本戲曲叢刊》第二輯：十二冊，吳歈萃雅（一），頁61、641。十四冊，珊珊集，頁45、101、167、271、287、319、355、373、387、403。十五冊，月露音，頁60、175、213、283。十七冊，詞林逸響，頁97。台北：學生書局，民國73年。
〔註54〕《筆記小説大觀》六編三冊，頁1493。

諸雜大小院本，迓鼓二郎；諸雜院爨，變二郎爨。這些故事的內容如何，是否演二郎神之傳說，不得而知。至於元明雜劇：《二郎神醉射鎖魔鏡》、《二郎神斬健蛟》、《二郎神鎖齊天大聖》，則是以他為主角重心而敷演的。

由於樂曲、戲劇中，二郎神之名時見，所以，從事表演工作的伶人，對之十分熟悉。

早在宋代，二郎神就受到諸色藝人的尊敬，〔註55〕因為他有使人致勝的神力及除病的本領。元明兩代，聲威仍盛；至清以後，一般人的奉祀稍衰，但是戲曲界卻例外。「伶人將舞台上所用的三尖兩刃刀，叫做二郎刀。與關刀供在一處，鎮壇制魔。」〔註56〕「扮演二郎神時，需帶盔頭──金色的二郎叉；勾金臉，此來自佛經，取面現金光意。永用專備的金色三尖兩刃刀。」〔註57〕處處都表現出，伶人對二郎神特別的崇敬。

另一個使二郎神成為戲神的原因，可能是與其他戲神相混淆所致。戲曲界各樂派所奉戲神不一，其中京戲的老郎神、西皮的田都元帥、粵劇的華光大帝、閩南南管樂的孟昶，或多或少，都與二郎神有相似之處。以下，茲分別述之：

## 一、老郎神

老郎神是戲界普徧供奉的祖師爺，他究竟是誰？或云唐明皇、或云後唐莊宗、或云九天翼宿星君。種種說法，彼此爭議，卒無定論。〔註58〕不論是誰，老郎神總是一位面白無鬚者；〔註59〕而二郎神在傳說中，也始終都是一

〔註55〕參見第五章第二節。

〔註56〕陳墨香，〈二郎神考〉，《戲學月刊》二卷十二期，中央圖書館微卷，頁14。

〔註57〕齊如山，《國劇藝術彙考》（台北：重光文藝出版社，民國51年初版），頁227、295、385。

〔註58〕相關的討論甚多，可參考：清·顧祿，《清嘉錄》卷七，青龍戲「其神面白少年，相傳為明皇，因明皇與梨園故也。」清·楊掌生，《夢華瑣簿》，「聞人言老郎神是耿夢。」筆記小說大觀四編九冊，頁6155～6156。齊如山，《國劇藝術彙考》，以為「老郎神為翼宿星君。」頁9～10。敖鳳翔，〈誰是梨園行祖師爺〉，引楊閩泉之語，認為「可能是明季，楚王中官老郎寺人。」《台灣新生報》六版，民國51年5月13、14、16日。郭立誠，《行神研究》，頁118～119，主張「老郎神是翼宿星君，明皇、耿夢之說乃附會。」頁140，又引金素琴之語，「北派奉唐明皇，南派奉翼宿星君。」陳炳良，《神話、禮儀、文學》附錄：〈從書會到梨園──老郎身份的變遷〉，以為「老郎神是來自民間書會的說唱人。」（台北：聯經出版事業公司，民國74年），頁203。

〔註59〕關於老郎神的面相，參見上註諸文之敘述。

位俊逸的青年。

《清嘉錄》卷六，雷齋，記吳地伶人在六月二十四日雷尊誕時（此日亦是二郎神誕），「舁老郎神像，入觀監齋。圖簿儀從，皆梨園子弟所充。羽流吟泳洞章，拜表焚疏，嚴肅整齊，不敢觸犯天神。」另，據日人野上一英所考，福州地方在六月二十四日祀老郎神。〔註60〕

或許由於以二點的近同，加上老郎神、二郎神在語音上易有誤，所以二郎神被認作戲神。

## 二、田都元帥

田都元帥在閩粵一帶被奉爲戲神，是因爲他與二郎神有許多地方類似：

### （一）以犬從祀，祭物用雞

二郎神携犬之說，自元代即有，一直傳沿至今。而以白雄雞作祭品供獻，則是《清嘉錄》載吳地祀二郎神的風俗。至於田都元帥：

> 台灣田都元帥的腳旁也有雞犬之像，……關於這個雞和犬，台灣有兩種傳說。一種說法是，此雞、犬原來是福建兩座山上的妖怪，田都元帥用音樂、韻舞將之感化，於是成爲部下。……妖怪的說法彷彿是封神演義上的楊戩和梅山七怪。〔註61〕

### （二）祓除不祥，療疾治瘡

二郎神具除病、保平安、護幼兒的神力，自宋至清，一直廣被民眾崇信。而田都元帥亦「有除病、消災、治療、或是小兒守護神等地方神的性格。」〔註62〕《三教源流搜神大全》，卷五，沖天風火院田元帥：

> 帥作神舟，統百萬兒郎，萬鼓競奪錦之戲。京中諠噪疫鬼出觀，助天師法斷而送之，疫患盡銷，至今正月有遺俗焉。

由此可見，二者有相同的神力。

---

〔註60〕引自鄭正浩著，吳文理譯，〈樂神一考〉，《民俗曲藝》第二十三、二十四合期，頁134。

〔註61〕鄭正浩，上引文，頁128。

〔註62〕鄭正浩，上引文，頁136。頁139之註30引《廈門志》，相公宮——祀唐忠烈樂官雷海清。唐肅宗追封爲太常寺卿，宋高宗追封爲大元帥，嬰孩生瘡毒，祈禱屢效。按：雷海清是田都元帥的正體之一。

## （三）祭　日

關於田都元帥的祭日，有六月十一日、六月二十四日、八月二十三日三種說法。〔註63〕其中，六月二十四日早在南宋就傳為二郎神的生日；而八月二十三日同樣也為台中的九天宮當作楊戩仙師的誕日。神明之生日、祭日本就不可能實際考究出來，不過是民間的習俗而已。但是，二郎神與田都元帥祭日在同一天，亦可作為兩者近似的證據。

## （四）塑　像

田都元帥的塑像有童子與青年兩種。童子像乃取哪吒三太子之形；（附圖20）青年像則是白面青年，並有著文官服或元帥服兩種造型。其中，穿元帥服的青年像與二郎神的廟宇塑形相像。

> 田都元帥做為教師爺的聲望，不僅建築在他的音樂才具上，而且在他調兵遣將的能耐上，因為武生也祭祀他。他同時是潮州英歌隊和台灣宋江陣的守護神。因此他們表演武力對抗脅及社團的凶神惡煞時，他也主持其事。……他是藉其武功來賜福於民。〔註64〕

這點正與宋元以後的二郎神形象相同。

湯顯祖前引文曰：「清源師以田竇二將軍配食」（頁 1128）按：田竇將軍即是田都元帥。〔註65〕在戲曲小說中，二郎神與哪吒常並肩作戰（哪吒之像亦為田都元帥造型之一）；寺廟中又與田都元帥並祀；所以，容易將戲神田都元帥，謬為二郎神。

## 三、華光大帝

據田仲一成的調查，粵劇團的祖師戲神是華光大帝和田竇元帥。〔註66〕華光和二郎神在容貌上有共同的特徵——三眼。川劇在表演前，「要請靈官鎮台，有鎮邪驅鬼，保定太平之意。」靈官開光之後（以雞血點額），察望戲台

---

〔註63〕鄭正浩，上引文，頁 134。

〔註64〕龍彼得，上引文，頁 180～181。

〔註65〕鄭正浩，上引文，頁 122：「將田竇訛為田都，甚至混入前述之田元帥、雷海清諸要素，而成為台灣的田都元帥信仰。」另外，田仲一成，《中國祭祀演劇研究》第三章，亦認為「田都」來自於「田竇二將軍」（東京：東京大學東洋文化研究所民國 70 年），頁 701。

〔註66〕田仲一成，上引書，頁 547。

四周，大吼三聲，唸鎮邪語。〔註67〕由於三眼靈官能以那隻天眼照見妖孽，所以由他來主持淨台、鎮台的工作。同理，二郎神亦具三眼，自然可成為戲班所奉之神。

閩南系的戲神田都元帥與粵系的戲神華光大帝，可以並祀；惠州劇團供奉的神位列有：田元帥、眞君大帝（海陸豐系）、大聖佛祖、華光大帝、吹簫童子、接板仙師。上寫「異位同功」。〔註68〕那麼，二郎神與田都元帥、華光大帝一起被伶人祭祀，亦是可能的。

## 四、孟府郎君

孟昶是閩南南管樂的戲神，號爲孟府郎君。〔註69〕他與二郎神亦十分相像，下引這段敘述可以爲證：

> 二郎神衣黃、彈射、擁獵犬，實蜀漢王孟昶像也。宋藝祖平蜀得花蕊夫人。奉昶小像于宮中。藝祖怪問，對曰：此灌口二郎神也，乞靈者輒應。因命傳于京師令供奉。蓋不忘昶以報之也。人以二郎挾彈者即張仙，誤也。二郎乃詭詞……。〔註70〕

這些神明的相連，是由於地方戲曲的傳播、民間信仰的交通，使得他們在形象及性格上有了相互融合的現象。總之，戲神是誰的討論，頗爲紛雜；而二郎神竟與他們都有些許近同。

二郎神爲戲神的說法雖不普遍，而且難以確定他成爲戲神的時代；但是基於下述的三種原因：二郎神是鎮魔大將，有逐疫之功，而傳統戲劇之演出，原本亦有此作用。二郎神向來爲伶人所熟知、敬重。二郎神之形貌與其他戲神相似而混同。此說之成立，應可獲得肯定。

在二郎神傳說演變的過程中，「身爲戲神」，是影響力較小，較不爲人知的一個部分。雖然如此，我們也不能完全忽略了這一小段發展，因爲就其成爲戲神的源由來看，在在都顯示出曾受到既有傳說的影響。至於這位二郎神指的是誰呢？他兼具了趙昱與楊戩的特色，應是二者共同的化身。

---

〔註67〕蔡啓國，〈川劇習語〉，《四川文獻》第一○九期，頁34。
〔註68〕田仲一成，上引書，頁700。
〔註69〕王秋桂，上引文，頁12。有關孟昶爲戲神之討論，可見孟府郎君考，收於劉鴻溝，《閩南音樂指譜全集》（馬尼拉，民國42年），頁2～6。
〔註70〕《古今圖書集成》，博物彙編，神異典，四十六卷雜鬼神部雜錄，引自《見聞錄》，六十冊，頁531。

# 第四節　天界的執法者

在民眾的想像中，天庭一如人世，有君有臣（天帝及眾神），有法有律，還有諸仙畜養的奇禽異獸。凡干犯天條者，必逃向下界，躲避罪責，以至於禍亂民間；或有違反戒律者，須受懲戒；這時都需要本領高強、嚴正公平的天界執法者來維持宇宙的秩序與安寧。二郎神由於早有鎖龍斬蛟、平災息患的功績，逮以其為主角的戲曲小說出現後，他就成為天界最倚仗的執法者了。

宋元明之際，二郎神被強調的仍是降魔伏妖的能力；清以後，除了承襲原有傳說的特點外，又著重其執法公正的描寫，二郎神遂成為社會規範的代表。以下，茲分別敘述：

## 一、宋元明之際

元明雜劇對二郎神的描寫，是頗為用心著力地；從劇中，我們可看出當時他神威之盛。元雜劇，《二郎神醉射鎖魔鏡》：

> 第一折，牛魔：吾神乃九首牛魔王是也，兄弟是金睛百眼鬼。俺一人誤犯了天條，罰俺在鎖魔鏡裡受罪。玉帝勑令，鎖魔鏡破，方才得出天獄。（頁4）

> 第二折，天神：妙道真君他平生武藝施呈盡，賣弄他神通廣大，倚仗著勳力無倫，扯的弓開秋月，忽的箭去流星，誰想走了百眼金眼那牛魔王死裡逃生。他如今暗點下山鬼和那山精。俺如今準備下天兵和那地兵，則要你個二郎神千戰千贏。（頁6）

> 第三折，二郎：尊神想吾神，神通廣大，變化多般。我則今日與那吒神領本部下神兵，擒獲此業畜走一遭去。（頁7）

> 第四折，院主：二郎神與那吒拿住兩洞妖魔也，殺氣騰騰萬道光，鬼怪山精遍地亡，一場大戰妖魔怕，方顯神通法力強。（頁13）〔註71〕

元明雜劇，《二郎神鎖齊天大聖》：

> 頭折，乾天大仙云：此業畜（齊天大聖）無禮，將金丹仙酒盜去了，更待干罷。爭奈此業畜神通變化極難擒拿，則除是清源妙道二郎真君方可破齊天大聖。（頁3）

---

〔註71〕《全元雜劇》三編五冊，脈望館藏古名家本。

第四折，院主云：二郎神顯耀威靈，奉勅旨統領天兵，犯天條齊天大聖，偷仙酒罪犯非輕，盜靈丹合當斬首，罰陰司不得超生。（頁25）〔註72〕

明雜劇，《灌口二郎斬健蛟》：

頭折，老人云：告的相公得知，今有冷源河內有一健蛟興風作浪，吐霧噴雲，致傷禾稼、損害人民，遺禍一方，深爲大患。（頁3）

第二折，二郎神：這業畜罪犯天條，害民情、意多貪、暴損生靈，波浪風濤。我將那個潑妖魔生擒住，我教他受一會凌虐怎肯輕饒。你看我顯神威，施逞惡躁。（頁8）

第三折，尾聲：將這些潑妖魔擒向驅邪內，都做了鄷都餓鬼。平定了，百姓永無憂，共享昇平萬萬里。（頁18）

第四折，院主云：統率天兵斬健蛟，二郎神聖顯英豪。跨騎趁日白龍馬，手搭三尖兩刃刀。嘉州黎庶遭塗炭，冷源河內起波濤。天兵怒戰邪魔怕，山精野怪盡難逃。（頁22）〔註73〕

明雜劇，《西遊記》第八齣，華光署保：

華光唱：二郎神神通廣，五顯聖驅兵將，頓劍搖環顯出那英雄像，一路上保護唐三藏，轟雷掣電從天降，壓伏定魔王。（頁497）〔註74〕

被認爲是百回本《西遊記》小說編定者的吳承恩，在〈二郎搜山圖歌並序〉中，頌揚二郎神誅凶劃惡之功：

……少年都美清源公，指揮部從揚靈風，星飛電掣各奉命，蒐羅要使山林空。名鷹搏挐犬騰嚙，大劍長刀瑩霜雪。猴老難延欲斷魂，狐狼空灑嬌啼血。江翻海攪走六丁，紛紛水怪無留蹤。青鋒一下斷狂虺，金鑠交纏擒毒龍。神兵獵妖猶獵獸，探穴搗巢無逸寇，平生氣焰安在哉，牙爪雖存敢馳驟！……〔註75〕

---

〔註72〕《全元雜劇外編》八冊，脈望館鈔校內府附穿關本。
〔註73〕《全明雜劇》十二冊，脈望館鈔校內府附穿關本。
〔註74〕明·楊景賢作，《全明雜劇》二冊，頁497。
〔註75〕見《射陽先生存稿》，卷一〈七言古詩〉。《吳承恩集》（台北：世界書局，民國53年2月初版），頁16。

從這首詩中可以瞭解他對二郎神傳說非常熟悉，鎖龍、搜山、攜鷹帶犬掃蕩群魔。種種描寫生動入微，留予讀者深刻的印象。

關於搜山圖的研究，金維諾在《中國美術史論集》一書中有云：

搜山圖是明代畫家李在所作。

關於搜山圖的記載，最早見於劉道醇〈聖朝名畫評·高益傳〉。傳記中談到畫家高益畫「鬼神搜山圖」一本，以之酬謝孫四皓對他的厚遇。孫四皓爲皇室近戚，又將「搜山圖」獻神宗；因作品得到皇帝的賞識，高益得待詔圖畫院。……一個出生在契丹占領下的涿郡畫家，來到宋代的都城汴京，卻以流傳於西蜀的民間傳說爲題材，創作了一卷引人入勝的圖畫，可以說明這一傳說在宋初的流行。「搜山圖」表現的是民間傳說二郎降魔搜山的故事，所以也稱爲「二郎搜山圖」。

昆明藏本（元末明初），畫卷左端爲斬蛟除害，然後爲二郎神降服牛魔王，在二郎神形象之後，才爲搜山捕殺小妖魔。〔註76〕

由上述可以得知二郎神在宋元明三代的民間，有著相當大的神威，地位崇高。只要是禍害人民、違犯天理的妖魔，不論其本領何等高強，遇到二郎神，都只有束手就擒而伏法了。

二郎神不同於其他民間傳說中的神，他專門解決別人不能消弭的禍端。例如：明雜劇，《西遊記》第十四齣，海棠傳耗：

魔利支天御車將軍（豬精），諸佛不怕，只怕二郎細犬。〔註77〕

明小說《西遊記》，第六回中述孫悟空大鬧天宮，諸神莫可奈何，惟二郎神得以降之。六十三回，悟空遇見腳利如鈎、血口咬人，善飛力大的九頭蟲，無法克制，向二郎神求援，二郎神乃助之得勝。

## 二、清代以後

二郎神傳說至清代後，他不但可以制妖伏鬼，對於不循法的天神地仙，

---

〔註76〕金維諾，〈搜山圖〉，收於《中國美術史論集》（台北：明文書局，民國73年10月初版），頁225、226、229。另外，關於搜山圖之研究，可參見第三章「二郎神的特徵」，第四節「三眼」之註45。

〔註77〕同註74，頁669。

他也得加以糾舉懲治。例如：《聊齋誌異》卷十，〈席方平〉——其故事的梗要爲：席父枉死，在地獄中受苦，席方平至陰間喊冤，城隍、郡司、冥王因受賄，反以酷刑加諸其身，以嚇阻其訴訟。席方平走投無路，乃奔灌口：

> 世傳灌口二郎爲帝勳戚，其神聰明正直，訴之當有靈異。……席視二郎，修軀多髯，不類世所傳。

當二郎神拘審城隍、郡司、冥王時，三官畏懼戰慄，狀若伏鼠。二郎神遂處以嚴刑。

雖然，蒲松齡寫作此篇的目的，不在於強調二郎神執法的公平；但見微知著，我們可由此瞭解到這正是二郎神在大眾心目中的印象。

清代的民間說唱，將明小說中的二郎神與宋元劈山救母的沈香，二者故事接合起來。最初的情節，是二郎劈山救母——太平歌詞，《新出二郎劈山救母全段》：「二郎姓楊名戩，爲玉帝外孫。母三仙女，因沾污五湖長江水，被花果山孫行者拿獲，壓在桃花崗下。二郎以哮天犬收伏斧精，持此開山斧劈山救母。」〔註78〕其中對二郎神的描述，仍承襲、綜合了以往口傳及小說中的形象：身穿道袍鵝蛋黃、手持金弓銀彈子、擔山趕太陽、會變化、降伏妖邪。

其後，沈香出現，回復原有的劈山主角地位，爲華岳三娘之子，而二郎神則被安排成其舅父，二人分庭相抗。沈香反吸收了二郎神傳說中「善變化」的特色，而更勝一籌。彈詞，《新編說唱寶燈華山救母全傳》：「三仙聖母思凡，與劉錫結姻緣。楊姓二郎眞君不容情，壓在華山黑風洞受苦。二郎曾斧劈桃山救母雲台夫人。沈香拜師習得七十四變化，遂變成外公外婆形，令二郎再度以開山斧劈山，救出三仙。最後，甥舅言歸于好。」〔註79〕

寶卷，《新刻寶蓮燈救母全傳》：「華岳三娘子與劉晉有緣成親。二郎神得知，降魔索綑之，推至黑風洞內。沈香長大，學會七十三變、七十二般萱

---

〔註78〕杜穎陶編，《董永沈香合集》（台北：明文書局，民國70年12月初版），頁347～350。此太平歌詞據清末致文堂、聚魁堂兩種刊本校訂，此與明嘉靖三十四年，北京刊刻的「清源妙道顯聖眞君二郎寶卷」內容近同，故云是最早的情節。寶卷未見，唯胡適〈跋銷釋眞空寶卷〉中曾引錄，其中與百回本西遊記不同的是：行者把二郎的母親雲花夫人壓在太山底下，二郎救出母親後，反把行者壓在太山下。參見鄭明娳著，《西遊記探源》（上）（台北：文開出版社，民國71年9月），頁13。

〔註79〕同註78，頁245～269，據舊抄本校訂。

花斧，又得師父贈斧，與二郎相鬥。彼此互以變化爭勝，二郎神不勝，乃向孫悟空求救；仍爲沈香所敗。最後，二郎神竟落到被綑的困境。三娘子遂自井底石匣中被沈香救出。」〔註80〕

上述二者，沈香雖取替了二郎神在救母故事中的地位，但未實際劈山。以下所引三篇，才有真正的劈山情節。

寶卷，《新編說唱沈香太子全傳》：「華岳三娘子與劉向二人姻緣前定。三娘大姐是九天玄女，哥哥是紅孩兒——即是二郎神，二姐百花張四姐。二郎將三娘壓在華山底下十三年。沈香長大拜八仙爲師，習得七十二變；而二郎神卻只有三十六變。雙方對敵，各有仙人助陣，但二郎戰敗。太白金星勸解，各收人馬。於是沈香

> 手中輪動開山斧，掇起心頭火一盆，望了華山一劈乒乓響，八百里
> 華山兩邊分。中間山上母親見，領了母親路上行。〔註81〕

鼓詞，《沈香救母雌雄劍》：「華岳三仙娘娘，父爲楊姓凡間男子，母爲王母娘娘之女，兄乃二郎神楊戩。天意注定與劉希有夙緣，因『不法私把神通遣，傷害青苗苦萬民』而遭玉帝貶至華山黑雲洞。沈香拜霹靂仙爲師，法力武藝精通。計騙梅山七聖，偷二郎之劈山斧，

> 沈香子，用力掄開劈山斧，至寶高揚舉在空，照著山頂往下砍，渾
> 身使勁力無窮。只聽乒乓連聲響，……登時高山分兩半……一連三
> 斧砍下去，這不就，瞧出黑雲古洞門？

沈香救出母親，玉帝亦赦罪。二郎神來到，

> 牽著狗來駕著鷹，當先顯出一神將，威風殺氣不同尋。頭戴一頂三
> 山帽，身披鎖子甲黃金，白面微鬚三隻眼，手使三尖兩刃鋒，降魔
> 捉怪稱魁首，英名萬古令人欽。眾神看罷楊小聖，認得是，臨江灌
> 口二郎神。

他怒責沈香偷斧燒廟，但因有太白金星勸解，只得忍氣含嗔，與妹妹、外甥相見。」〔註82〕

---

〔註80〕 同註78，頁215～241，據舊抄本及石印本校訂。
〔註81〕 同註78，頁182～214，據清道光壬午年（1822），高陽許如來抄本校訂。
〔註82〕 同註78，頁295～344，據清咸豐、同治間北京文興堂刊本及清末舊抄本彙訂。

《沈香寶卷》:「華岳娘娘起凡心,月老言其與劉向有三宿夫妻緣份。玄妙眞君得知妹妹有孕,大怒,綑仙繩縛住,壓在華華山腳底。沈香終南山拜八仙爲師,一日偷吃仙桃、仙丹,盜得寶劍、兵書。

> 此時收了諸般寶,登時力氣長千斤,一身法術盡通曉,千變萬化件件能。

來至華山待救母,與二郎神較鬥。觀世音奏與玉帝,差太白金星令二者收兵。土地告知沈香,其母壓在華山下,

> 沈香聽説心中苦,開山鈇斧手中存,望空一劈乒乓響,百里華山兩處分。洞中抱得親娘母,放聲大哭叫娘親。

最後,劉向夫妻三人共相會。」〔註83〕

雖然,民間説唱中的故事充滿了矛自盾、不合理;也有明顯拼湊、融合各種傳説的痕跡;這卻是民眾心理、情感最眞實的反映。由上述的寶卷、彈詞、鼓詞中,我們可看出二郎神他代表的是社會規範;男女若未經媒聘,逾躐門戶等第(仙凡不類)而私下結合,就會遭到不齒,應受懲處、遭苦難。這是一般共同的認知。可是,另方面,民眾在心理上又同情他們,故託言「姻緣乃天註定,不可違背」。所以,行孝救母的沈香本領超強,而與之對立的二郎神,幾乎成了反派人物——嚴苛無情,不顧念手足。喪盡宋明以來的威風,淪爲沈香手下敗將,反而卑憐地向之乞求:

> 妹妹你且聽我因:怪我、怪我、眞怪我,望你恕罪我當身。件件寶貝交還你,你放愚兄轉山林。

奉師命,沈香上前向二郎神施禮。二郎回言:

> 不敢!賢甥不必太謙遜。當日誤聽旁人話,不想參商兄妹情。喜得賢甥能孝道,救得母親出洞門。〔註84〕

這種委屈的態度,眞是二郎神前所未有的!正表現出民眾對社會禮教既不敢不遵,又欲反抗的心理。故將對二郎神的崇敬,轉爲對沈香的喜愛與同情。

我們從李漁,《比目魚傳奇》中,亦可證實他是禮法的執行者,監視、勘

〔註83〕同註78,頁167~182,據清同治癸酉年(1873),朱柏尤抄本校訂。
〔註84〕寶卷,〈新刻寶蓮燈救母全傳〉,同註78,頁240。

察著下界。第七齣——入班：

> （二郎神）最忌的是同班之人不守規矩，做那褻瀆神明之事。或是
> 以長戲幼，或是以男謔女，這是他極計較的。

> 同班兄弟似天倫　　男女何嘗不相親
> 須識戲房無內外　　關防自有二郎神〔註85〕

二郎神雖在清代以後，地位漸趨下降，不復往日那般受尊崇。但是在清代的戲曲中，二郎神仍是降妖伏怪、懲治不法者的神明。楊潮觀，吟風閣雜劇——〈灌口二郎初顯聖〉，據朱熹說法編寫，李二郎以法收服豬婆龍，李冰、二郎鎖住孽龍母子。〔註86〕而張照編撰的《昇平寶筏》，鋪演西遊記故事，自然仍有二郎神助諸神收伏悟空的情節。〔註87〕二郎神繼續著正義、萬能的特質。

陶君起，《平劇劇目初探》，曾介紹了數齣與二郎神有關的劇，〔註88〕例如《梅山收七怪》：

> 一名「梅花嶺」。楊戩收伏蜈蚣、蛇、豬、牛、羊、犬、鄔文化。見
> 《封神演義》九十二回。秦腔、同州梆子有「降七怪」。（頁12）

《鬧天宮》：

> 原名「安天會」。見《西遊記》第五至六回，「孤本元明雜劇，二郎
> 神鎖齊天大聖」，又見「升平寶筏」。川劇有「五行柱」，徽劇、秦腔、
> 同州梆子都有此劇目。（頁158）

《十八羅漢鬥悟空》：

> 玉帝差遣十萬神兵捉孫悟空，仍非孫之敵，乃調二郎神助戰。……
> 悟空大反天宮，如來遣十八羅漢與之酣鬥。略見《西遊記》第四至
> 七回。（頁159）

---

〔註85〕清・李漁，《李漁全集》冊十（台北：成文出版社，民國59年），頁4170、4173。
〔註86〕莊一拂，《古典戲曲存目彙考》卷八，清代中編雜劇（台北：木鐸出版社，民國75年9月初版），頁751～752。
〔註87〕清・張照，《昇平寶筏》，一本，第十六齣——營開細柳專征討，即演此故事。中央研究院傅斯年圖書館藏微卷。
〔註88〕陶君起，《平劇劇目初探》（台北：明文書局，民國71年7月初版）。

《寶蓮燈》：

> 一名「劈山救母」，又名「神仙世界」。見元人「沈香太子劈華山」
> 雜劇，又見「沈香寶卷」。川劇、漢劇、湘劇、徽劇、晉劇、滇劇、
> 秦腔、河北梆子均有此劇目。〔註89〕（頁292）

上海益民書局，於抗戰後期，出版了一本《的篤班新編紹興文戲全部鵲橋相會》，乃是紹興老戲師傳的舊本。其中對金牛星的處理，不同於一般：

> 它是因爲在王母壽日，見月宮卯女美貌，起了凡心，私自逃出牛房
> 下凡。化身爲假的寶單國王，去找尋已爲寶單皇后的卯月女。一國
> 二王，眞假難分。由於寶單后的祝告，玉帝派眞武大帝傳諭「梅山
> 收七怪，威名鎮灌江」的二郎神下凡捉金牛。「由你神通廣大，我金
> 牛不來怕你」，「要上天庭萬不能」，戲鬥十分激烈。金牛戰敗……投
> 入伯琴放牧的牛內。

故事中金牛這條副線，推動了主線牛郎織女的發展。〔註90〕

以上所述諸劇，除了梅山收七怪以外，就戲份而言，很顯然地，二郎神只不過是一個小角色而已。但是，他是天界執法者的認定，卻是不變的。這些皆脫胎於二郎神晚期的傳說，所以描述的對象，當是楊戩。

---

〔註89〕據傅斯年圖書館藏、曾永義整理之俗曲資料，劈山救母故事，尚見於下列諸
　　　　戲：

| 劇　種 | 劇　　名 | 版　別 | 出版處所或抄寫者 |
| --- | --- | --- | --- |
| 越　劇 | 寶蓮燈 | 石　印 | 仁和翔 |
| 梆　子 | 寶蓮燈 | 木　版 | 義順和 |
| 皮　黃 | 寶蓮燈 | 鉛　本 | 大　東 |
| 皮　黃 | 劈山救母 | 抄　本 | 史語所抄藏車王府 |
| 大鼓書 | 劈山救母 | 刻　本 | |
| 大鼓書 | 二郎爺劈山救母 | 刻　本 | 寶文堂 |
| 平　話 | 沈香救母 | 石　印 | 益　聞 |
| 鼓　詞 | 寶蓮燈 | 石　印 | 椿蔭、協成 |

〔註90〕戴不凡，《小說見聞錄》（台北：木鐸出版社，民國72年4月初版），頁28、
　　　　29、31。

# 第六章 結 論

經由上述幾章的說明，我們對二郎神傳說的演變，可得有以下的認識：

## 一、二郎神是從史實人物演化出來的

李冰治水，歷代史籍、方志多有著錄，都江堰至今猶存。自東漢末，《風俗通義》著寫李冰神蹟後，人民基於崇敬及誇耀的心理，愈加渲染其高明神妙。在口耳相傳的過程中，又融注了各種相關的民間傳說。北宋朝，李冰神之子——二郎及清源妙道真君——趙昱，於焉產生。初，李二郎威名並駕於李冰；其後，遂超乎其上；並漸與妙道真君混合為一，英明神武，丰神俊秀，受民間崇信。

自此時至明中葉，趙昱威名極盛。趙昱雖不見於正史，[註1] 但假託寄寓於歷史環境中——隋煬帝時嘉州太守，可以用真實的時空背景來加強神異故事的可信度。

逮明之中葉，《封神演義》、《西遊記》小說出現，其敘神言怪，雖多憑空臆造，卻也頗能為民眾所接受與歡迎。二郎神遂完全脫離史實，成為架空的神話人物——楊戩。

在民間傳說的神明中，若追本溯源，實有其人可見諸史籍，又有具體事功可資考證者，在所多見；但通常只是簡單陳述此人之生平始末而已。隨著

---

〔註 1〕根據商務版的《中國人名大辭典》，頁 1404 所載，趙昱有四位：後漢·琅琊人，字元達，潛志好學。隋·蜀人，拜嘉州太守，斬蛟除民害。宋人，字希光，性沖淡。清·仁和人，字功千，號各林；藏書數萬卷。顯然，第二位才是我們討論中的二郎神趙昱。但隋書中未載其事蹟，可見，極可能是虛構的人物。

時空的轉換，民眾在民史料的基礎上，敷演變化，增飾奇行異蹟；因此，本就有嘉德偉業的人，在大家的津津樂道、輾轉傳頌中，愈加完美而高明。人就被神格化了。

這種由歷史人物超昇為天界神明者頗多，[註2] 二郎神即是其中一位。不過，由於他的身份數度更易，所以，歷代、各地強調的神威重點，各有不同。

## 二、故事及造型受到佛教的影響

二郎神的故事原來很質樸，但在戲曲、小說等文學作品的描述下，開始有了種種馳騁想像的傳奇色彩。

雜劇中的二郎神趙昱，被形容成「能夠千變萬化、降妖伏怪、本領高強」，但這種概括性的敘述，根本顯不出特性。而《二郎神鎖魔鏡》一劇中，驅邪院主云：

> 二郎神他神通廣大，變化多端；身長萬餘丈，腰闊數千圍，面青、髮赤、巨口獠牙。

如此描寫正神，很不尋常。因為這是一般認知裡，妖異才會具有的容貌；神明應該都是慈眉善目的。這就是吸收了佛教中神祇有忿怒相的觀念：忿怒尊者有制止邪魔來襲的責任，以及殲滅妖孽的任務。他們以恐怖的面容來威嚇鎮伏敵對的魔怪，護祐維持宇宙間的清淨、平安。

小說中二郎神與孫悟空以變形來鬥法爭勝的情節，更是受到佛教的影響，變文及佛經中，皆有類似的描述。[註3] 在清代的民間說唱中，二郎神又與沈香變形相鬥；可見這種描述，已成為二郎神故事中，具有代表性的環節了。

二郎神有三隻眼睛，幾乎人盡皆知。而我們從佛經的描述，印度西藏神像的圖繪中，可以知道：具有額上第三眼面相的大神、菩薩、金剛、明王非常普遍。他們多呈三頭六面（或多頭多面）、顰眉怒貌、威嚴兇惡之狀。額上

---

〔註2〕例如：伍子胥、關雲長、岳飛等武將。諸葛亮、華陀、孫思邈等文士、醫者。

〔註3〕鄭明娳認為「降魔變文變化次序顛倒錯亂，不見層次。故西遊記應是直承佛經而來。」《西遊記探源》（下）（台北：文開出版社，民國71年9月初版），頁165。不過，筆者以為我們只要確認西遊記這種寫法受到佛教文學的啓迪即可。至於直承自佛經或變文皆不影響上述的論定。

的天眼能照見宇宙一切肉眼所不能察明的現象，以及善由惡端。在明代小說中，三眼的面相被加之於二郎神，既保留了天眼故有的神妙，又捨棄原神明的凶貌，代以中國傳統的認定——二郎神是英姿煥發的青年。二者結合之後，就成爲一種易爲民衆接受的特殊面相。

### 三、小說裡的二郎神，最爲民衆所熟知

　　雖然早在宋代，二郎神之名已在民間廣爲流傳；元雜劇亦搬演其神異故事；但至今活在民衆心中者，卻是通俗小說中的二郎神楊戩。他的神妙變化，與孫悟空齊名；哮天犬的厲害，神魔俱怕；額生奇特三眼，婦孺皆知。這些都是源自小說的描寫。

　　自從明代《封神演義》、《西遊記》小說風行於世之後，二郎神的身份、形象遂被定型，不論清代的民間說唱、民國以來的地方戲曲、乃至於臺灣的通俗信仰，〔註4〕其中的二郎神，都是承續延續著小說中的敘述。

　　即使清源妙道眞君楊戩在《封神演義》中、二郎神在《西遊記》裡，並非主角，但是因爲描寫生動鮮活，再加以相關的民間傳說早爲人所聞知。所以，二郎神楊戩可藉著小說的廣佈，在孩子的幻想世界、成人的崇信奉祀中，占有一席重要的地位，給予人深刻的印象。

### 四、二郎神信仰最盛期在兩宋

　　二郎神在宋以前，還只是灌口的地方水神；但自唐開始，威名日盛。北宋時，李冰神子二郎出現，二郎神祠逐漸遍佈全國。南宋之際，聲譽達於顛峰。保國護家，去病除災，人人爭著奉祀崇拜。我們從記載當時民俗資料的《東京夢華錄》、《都城紀勝》、《西湖老人繁勝錄》、《夢粱錄》、《武林舊事》，及筆記小說《夷堅志》中，可看出二郎神在兩宋的民間信仰中有很高的地位。

---

〔註4〕二郎神，台灣民間又稱「李星君」，簡稱「亞爺」，俗稱「二郎眞君」。目前在台灣地區以「二郎神」爲主的廟宇，有二：台中市的九天宮，稱「楊戩仙師」。彰化縣的救世宮，稱「二郎尊神」。鍾華操，《台灣地區神明的由來》（省文獻會，民國68年6月），頁145～146。仇德哉，《台灣寺廟與神明》四冊（省文獻會，民國72年6月），頁158。記載相同，而考究起源更詳。曾勤良，「三峽祖師廟則奉二郎神爲太陽神。」《台灣民間信仰與封神演義之比較研究》（台北：華正書局，民國73年元月初版），頁127。鄭志明，「在俗信鸞書內扶乩的神仙中，二郎神（楊戩仙師）也是時常出現的一位，而且扮演重要的角色。」《台灣民間宗教論集》（台北：學生書局，民國73年9月初版），頁115。

這種現象，與時代風氣有很大的關係，王年雙，《南宋文學中民間信仰》：

> 北宋尊崇道教，修纂道藏，封賜方士，遍設宮觀，政宣之間，乃臻
> 於極盛。……宋室南渡，江南俗尚淫鬼，故祠宇如鬼，其風所扇，
> 士大夫亦親習之，遂致封賜，往來如織，逾於東都。（頁2）

> 徽宗尊崇道教，……其於民間類似道教山陵川瀆四境之神祠，特加
> 留意，……宋帝對祠廟之封賜，自徽宗始大盛，及至南渡，循襲故
> 事，亦持續其盛況，更因受民風之影響，遂至於濫也。（頁130）

> 南宋朝廷對於祠廟的態度，一再予以昇格，追認，促成民間信仰發
> 展極為有利之形勢。此外，南宋處偏安之局，內部尚稱穩定，對於
> 歲時之祭拜活動，皆能定期舉行；而祠廟在社會經濟富庶之情況下，
> 尚有餘力擴展至四方。再以朝廷封贈之頻，致祠廟之發展，乃一日
> 千里，……（頁159）〔註5〕

趙昱清源妙道眞君之封，始於北宋。徽宗時，京師建神保觀祀二郎神；理宗時，親下旨興建清源崇應觀於吳山。神誕之日，人人爭獻頭炷香，熱鬧非凡。這些資料在五章二節中均曾援引，此不再複贅。《宋史》，卷一○五，志五十八，禮八〈諸祠廟〉：

> 故凡祠廟賜額、封號，多在熙寧，元祐、崇寧、宣和之時。……其
> 他州縣嶽瀆、城隍、仙佛、山神、龍神、水泉江河之神及諸小祠，
> 皆由禱祈感應，而封賜多，不能盡錄云。〔註6〕

上位者既重視祠廟奉祀，風行草偃，下民自然敬愼膜拜諸神。由此可知，二郎神在兩宋之所以特別靈驗，實乃由於時人的崇信超乎歷代之故。

元明之時，雖未見奉祀如宋的記載，但有雜劇的搬演及小說的描述，可見二郎神仍活躍在民間。《三教源流搜神大全》所收錄、介紹的神祇，〔註7〕

---

〔註5〕政治大學中文研究所碩士論文，民國69年6月。
〔註6〕《新校本宋史》四冊（台北：鼎文書局，民國69年5月），頁2562。
〔註7〕據聯經公司民國69年出版之繪圖源流搜神大全有關版本之考證說明，今所見
　　　雖是清版（麗廔叢書本），然此乃據明刻本校刊（繆小珊藏本）。葉德輝言「此
　　　即元板畫像搜神廣記之異名。書中畫像與元本無甚差異。」故元明之時，二
　　　郎神在民間宗教中仍頗有地位。

都是人民熟知的，二郎神亦廁身其中。但此時崇祀者，已漸將之奉為技藝方面，致勝的神了。

自清以降，二郎神雖不復有往日那般崇高的地位，卻仍是民間傳說中，一位公正地查勘天神、地祇、人鬼之行事，維持宇宙秩序的執法者，代表著公理與正義。

二郎神從史實人物李冰轉化而出後，進入了民間信仰。然後為戲曲、小說、說唱等通俗文學所取材，其間又融匯其它相關的傳說、吸收佛教文學的特色，而以鋪張揚厲的描寫、瑰麗奇巧的想像，呈現出嶄新的面貌。使得民眾深深地為之所吸引。

二郎神能夠從民間信仰的神明中突顯出來，樹立其典型特色：「能七十二變、七聖相隨、哮天犬護衛、面生三眼」，而廣為人知，乃源於文學作品之助。這是二郎神傳說，在演變的過程中，始終為民眾所喜愛，最重要的一股力量。

# 參考書目

說明：中、日文資料茲按書名、篇名首字筆畫排列；首字同者按次字，以此
類推。西文，則以作者姓氏首字之字母順序爲排列依據。

## 一、中　文

### （一）正　史

1. 《史記》，西漢・司馬遷，台北：鼎文書局，民國 66 年三版。
2. 《宋史》，元・脫脫，台北：鼎文書局，民國 69 年再版。
3. 《漢書》，東漢・班固，台北：鼎文書局，民國 65 年再版。

### （二）地理類

1. 《大明一統名勝志》，明・曹學佺，崇禎三年本。
2. 《嘉慶重修一統志》，清・和坤等纂，台北：商務印書館，民國 55 年再版。
3. 《太平寰宇記》，宋・樂史，台北：文海出版社，民國 52 年。
4. 《水經注》，後魏・酈道元・四部叢刊初編史部十七冊，台北：商務印書館，民國 64 年 6 月台三版。
5. 《四川通志》，清・楊芳燦，清嘉慶二十一年重修本，台北：華文書局，民國 56 年 8 月。
6. 《咸淳臨安志》，宋・潛說友，台北：商務印書館，民國 72 年初版。
7. 《華陽國志》，晉・常璩，四部叢刊初編史部十六冊，台北：商務印書館，民國 64 年三版。
8. 《常熟縣志》，明・馮汝弼修、鄧韍纂，嘉靖十八年刻本，台北：學生書局，民國 54 年 11 月初版。
9. 《景定建康志》，文淵閣四庫全書四八八冊。
10. 《蜀中名勝記》，明・曹學佺，上海：商務印書館，民國 26 年。

11. 《輿地紀勝》，宋・王象之，台北：文海出版社，民國 59 年。

12. 《灌縣志》，清・徐天寧，清乾隆五十一年刊本。

13. 《灌縣鄉土志》，清・徐昱，清光緒三十三年刻本。

## （三）政書類

1. 《大清會典事例》，清光緒二十五年石刻本，台北：中文書局，民國 52 年。

## （四）筆記雜著

1. 《太平廣記》，宋・李昉等編，台北：文史哲出版社，民國 70 年 11 月。

2. 《夷堅志》，宋・洪邁，台北：明文書局，民國 71 年。

3. 《東京夢華錄》（外四種本），宋・孟元老等，台北：大立出版社，民國 69 年 10 月。

4. 《茅亭客話》，宋・黃休復，學津討源十二冊，台北：新文豐出版社，民國 69 年。

5. 《事物紀原》，宋・高承，台北：商務印書館，民國 40 年 4 月台一版。

6. 《風俗通義》（佚文卷），東漢・應劭，中法漢學研究所通檢叢刊之三，台北：成文出版社，民國 57 年。

7. 《茶香室叢鈔》，清・俞樾，筆記小說大觀正編九冊，台北：新興書局，民國 49 年。

8. 《清嘉錄》，清・顧錄，台北：商務印書館，民國 65 年 6 月初版。

9. 《野獲編》，明・沈德符，筆記小說大觀十五編六冊，台北：新興書局，民國 69 年。

10. 《棗林雜俎》，明・談遷，筆記小說大觀正編三冊，台北：新興書局，民國 49 年。

11. 《堅瓠集》，清・褚人穫，筆記小說大觀續編六冊，台北：新興書局，民國 62 年。

12. 《蜀都碎事》，清・陳祥裔，筆記小說大觀續編八冊，台北：新興書局，民國 62 年。

13. 《夢華瑣簿》，清・楊掌生，筆記小說大觀四編九冊，台北：新興書局，民國 67 年。

14. 《獪園》，明・錢希言，萬曆二十八年刊行。

15. 《隨園隨筆》，清・袁枚，台北：啓明書局，民國 49 年。

16. 《獨醒雜志》，宋・曾敏行，筆記小說大觀正編一冊，台北：新興書局，民國 49 年。

17. 《龍城錄》，宋・王銍，說庫一冊，台北：新興書局，民國 62 年 4 月。

18. 《錄異記》，五代・杜光庭，説庫一冊，台北：新興書局，民國 62 年 4 月。

19. 《韓門綴學續編》，清・汪師韓，叢睦汪氏遺書二十六冊。

20. 《鑒戒錄》，後蜀，何光遠，學海類編二冊，台北：文源書局，民國 53 年。

## （五）類　書

1. 《太平御覽》，宋・李昉等編，台南：平平出版社，民國 64 年 6 月初版。

2. 《古今圖書集成》，清・陳夢雷編，職方典、神異典，台北：鼎文書局，民國 65 年 2 月初版。

3. 《白孔六帖》，唐・白居易、孔傳編，台南：平平出版社，民國 64 年 6 月初版。

4. 《冊府元龜》，宋・王欽若、楊億編，台北：中華書局，民國 56 年 5 月台一版。

5. 《海錄碎事》，宋・葉廷珪編，台北：新興書局，民國 58 年 11 月新一版。

6. 《藝文類聚》，唐・歐陽詢撰，台北：文光書局，民國 63 年 8 月初版。

## （六）宗教類

1. 《一切經音義》，唐・慧琳，台北：大通書局，民國 59 年。

2. 《三教源流搜神大全》，無名氏編，台北：聯經出版事業公司，民國 69 年初版。

3. 〈一切如來説佛頂輪王一百八名讚〉，宋・施護譯，《大藏經》三十七冊，台北：中華佛教文化大藏經委員會，民國 45～48 年。

4. 〈一字佛頂輪王經〉，唐・菩提流志譯，《大藏經》三十七冊。

5. 〈入楞伽經〉，元魏・菩提流志譯，《大藏經》三十二冊。

6. 〈大方等大雲經〉，北周・闍那耶舍譯，《大藏經》三十八冊。

7. 〈大威德陀羅尼經〉，隋・闍那崛多等譯，《大藏經》四十二冊。

8. 〈大毘盧遮那成佛神變加持經〉，唐・法全譯，《大藏經》三十五冊。

9. 〈大智度論〉，後秦・鳩摩羅什譯，《大藏經》四十九冊。

10. 〈大摩里支菩薩經〉，宋・息天災譯，《大藏經》四十一冊。

11. 〈不空羂索毘盧遮那大灌頂光眞言〉，唐・不空譯，《大藏經》三十八冊。

12. 〈五佛頂三昧陀羅尼經〉，唐・菩提流志譯，《大藏經》三十七冊。

13. 〈月燈三昧經〉，高齊・那連提耶舍譯，《大藏經》三十冊。

14. 〈宋高僧傳〉，宋・贊寧著，《大藏經》一〇〇冊。

15. 〈別尊雜記〉，日本・心覺抄，《續大藏經》八十八冊。

16. 〈陀羅尼經〉，唐·阿地瞿多譯，《大藏經》三十六冊。

17. 〈佛説眾許摩訶帝經〉，宋·法賢譯，《大藏經》六冊。

18. 〈金剛頂瑜伽三十七尊出生義〉，唐·不空譯，《大藏經》三十五冊。

19. 〈持世經〉，姚秦，鳩摩羅什譯，《大藏經》二十八冊。

20. 〈毗沙門天法〉，日本·實運撰，《續大藏經》七十八冊。

21. 〈毗沙門儀軌〉，唐·不空譯，《大藏經》四十一冊。

22. 〈除蓋障菩薩所問經〉，宋·法護等譯，《大藏經》二十八冊。

23. 〈根本説一切有部毗奈耶破僧事〉，唐·義淨譯，《大藏經》四十七冊。

24. 〈俱舍論疏〉，唐·法寶撰，《大藏經》八十二冊。

25. 〈秘鈔問答〉，日本·賴瑜撰，《續大藏經》七十九冊。

26. 〈救度佛母二十一種禮讚經〉，不知譯者，《大藏經》三十九冊。

27. 〈淨瑠璃淨土標〉，不知譯者，《大藏經》三十七冊。

28. 〈無二等最上瑜伽大教王經〉，宋·施護譯，《大藏經》三十六冊。

29. 〈藥師琉璃光王七佛本願功德經念誦儀軌〉，元·沙囉巴譯，《大藏經》三十七冊。

30. 〈蘇悉地羯囉經〉，唐·翰波迦羅譯，《大藏經》三十六冊。

31. 〈灌頂經〉，東晉·帛户梨蜜多羅譯，《大藏經》四十二冊。

32. 〈撰集百緣經〉，宋·支謙譯，《正藏經》四十九冊，台北：新文豐出版社，民國 69 年 6 月。

33. 〈賢愚經〉，元魏·慧覺等譯，《正藏經》四十九冊。

34. 《佛國記》，宋·釋法顯撰，收入學津討原冊十，台北：新文豐出版社，民國 69 年 12 月。

## （七）文集類

1. 《石湖居士詩集》，宋·范成大，四部叢刊初編六十四冊，台北：商務印書館，民國 64 年 6 月台三版。

2. 《宋代蜀文輯佚》，傅增湘編，台北：新文豐出版社，民國 63 年 11 月初版。

3. 《吳城錄》，宋·范成大，筆記小説大觀續編四冊，台北：新興書局，民國 62 年。

4. 《攻媿集》，宋·樓鑰，四部叢刊六十一冊、六十二冊。

5. 《李漁全集》，清·李漁，台北：成文出版社，民國 59 年台一版。

6. 《射陽先生存稿》，明·吳承恩，台北：世界書局，民國 53 年 2 月初版。

7. 《高菊磵先生全稿》，收入清·范希仁編，《宋人小集》。

8. 《湯顯祖集》，明·湯顯祖，台北：洪氏出版社，民國 64 年。

## （八）小說類

1. 《四遊記》，吳元泰等，台北：文化圖書公司，民國 73 年 1 月 5 日版。
2. 《列國志傳》，明·萬曆年十二卷刊本。
3. 《西遊記》，吳承恩，台南：第一書局，民國 69 年 5 月初版。
4. 《封神演義》，陸西星，台北：陽明書局，民國 74 年 3 月。
5. 《聊齋誌異》，蒲松齡，台南：第一書局，民國 68 年 1 月初版。
6. 《新編五代史平話》，台北：河洛出版社，民國 70 年 1 月台排印初版。

## （九）戲曲類

1. 《二郎神斬健蛟》，無名氏，台北：鼎文書局，民國 68 年 6 月初版。
2. 《二郎神醉射鎖魔鏡》，無名氏，全元雜劇三編五冊，台北：世界書局，民國 52 年 2 月初版。
3. 《二郎神鎖齊天大聖》，無名氏，全元雜劇外編八冊，台北：世界書局，民國 52 年 2 月初版。
4. 《西遊記》（雜劇），明·楊景賢，全明雜劇二冊，台北：鼎文書局，民國 68 年。
5. 《同樂院燕青博魚》，元·李文蔚，全元雜劇初編五冊，台北：世界書局，民國 51 年 6 月初版。
6. 《昇平寶筏》，清·張照，朱絲欄紗本。
7. 《善本戲曲叢刊》，第二輯崑腔系統，台北：學生書局，民國 73 年。
8. 《智勘魔合羅》，元·孟漢卿，全元雜劇初編十三冊，台北：世界書局，民國 51 年 6 月初版。
9. 《錄鬼簿》，元·鍾嗣成，台北：世界書局，民國 49 年 11 月初版。

## （十）現代專書

1. 《山海經校注》，袁珂，台北：里仁書局，民國 70 年 11 月。
2. 《小說見聞錄》，戴不凡，台北：木鐸出版社，民國 72 年 4 月初版。
3. 《五十年來中國俗文學》，婁子匡、朱介凡，台北：正中書局，民國 53 年。
4. 《中國小說史略》，周樹人，北平：人民出版社，民國 41 年 2 月。
5. 《中國古代神話》，玄珠等，台北：里仁書局，民國 74 年 1 月。
6. 《中國民俗史話》，郭立誠，台北：漢光出版社，民國 73 年再版。
7. 《中國民間傳說論集》，王秋桂編，台北：聯經出版事業公司，民國 69

年 8 月初版。

8. 《中國兵器史稿》，周緯，台北：明文書局，民國 70 年。

9. 《中國的水神》，黃芝崗，香港：龍門書局，民國 47 年。

10. 《中國神明概論》，沈平山，台北：新文豐出版社，民國 68 年 6 月。

11. 《中國神話》，段芝，台北：地版書局，民國 66 年三版。

12. 《中國神話》，白川靜著、王孝廉譯，台北：長安出版社，民國 72 年 5 月初版。

13. 《中國神話研究》，譚達先，台北：木鐸出版社，民國 72 年 3 月再版。

14. 《中國謠俗論叢》，朱介凡，台北：聯經出版事業公司，民國 73 年 6 月初版。

15. 《另一個世界的秘密》，台北：宇宙光出版社，民國 70 年 11 月初版。

16. 《古典小說散論》，樂蘅軍，台北：純文學出版社，民國 71 年 5 月三版。

17. 《古神話選釋》，袁珂，台北：長安出版社，民國 71 年 3 月初版。

18. 《民間戲曲散記》，邱坤良，台北：時報文化公司，民國 68 年。

19. 《平劇劇目初探》，陶君起，台北：明文書局，民國 71 年 7 月初版。

20. 《台灣民間信仰與封神演義之比較研究》，曾勤良，台北：華正書局，民國 73 年 1 月初版。

21. 《台灣民間宗教論集》，鄭志明，台北：學生書局，民國 73 年。

22. 《台灣地區神明的由來》，鍾華操，省文獻會，民國 68 年 6 月。

23. 《全宋詞》，唐圭璋編，台北：明倫出版社，民國 59 年 12 月初版。

24. 《行神研究》，郭立誠，台北：中華叢書編審委員會，民國 56 年 11 月。

25. 《西遊記取經圖》，台北：故鄉出版社，民國 70 年 11 月。

26. 《西遊記探源》（上）、（下），鄭明娳，台北：文開出版社，民國 71 年 9 月。

27. 《宋元伎藝雜考》，李嘯倉，上海：上雜出版社，民國 42 年。

28. 《屈原與九歌》，蘇雪林，廣東，民國 62 年 4 月初版。

29. 《南宋文學中之民間信仰》，王年雙，政大中文研究所碩士論文，民國 69 年 6 月。

30. 《封神演義研究》，沈淑芳，東吳中文研究所碩士論文，民國 68 年 6 月。

31. 《神話論》，林惠祥，台北：商務印書館，民國 68 年 11 月台三版。

32. 《神誕譜》，朱元壽編，台北：中午出版社，民國 64 年 10 月。

33. 《唐戲弄》，任半塘，台北：漢京文化事業有限公司，民國 74 年初版。

34. 《第三眼》，羅桑倫巴著、徐進夫譯，台北：天華出版公司，民國 69 年 8 月初版。

35. 《細說中國民間信仰》，王世禎編，台北：武陵出版社，民國 74 年 9 月初版。

36. 《國劇藝術彙考》，齊如山，台北：重光文藝，民國 51 年 1 月初版。

37. 《董永沈香合集》，杜穎陶編，台北：明文書局，民國 70 年 12 月初版。

38. 《新增日月紀古》，收入歲時習俗資料彙編二十四冊，台北：藝文印書館，民國 59 年。

39. 《戲劇縱橫談》，俞大綱，台北：傳記文學，民國 68 年 6 月再版。

40. 《關公的人格與神格》，黃華節，台北：商務印書館，民國 57 年 5 月二版。

## （十一）單篇論文

1. 〈二郎神考〉，容肇祖，收入《中國民間傳說論集》，台北：聯經出版事業公司，民國 69 年 8 月初版。

2. 〈中國的水神傳說與西遊記〉，陳炳良，收入《神話、禮儀、文學》，台北：聯經出版事業公司，民國 74 年。

3. 〈不死的探求——道教信仰的介紹與分析〉，李豐楙，收入《中國文化新論，宗教禮俗篇——敬天與親人》，台北：聯經出版事業公司，民國 71 年 8 月初版。

4. 〈元劇中二郎斬蛟的故事〉，馮沅君，收入《古劇說彙》，台北：學海再刊，民國 31 年著。

5. 〈以三教搜神大全與天妃娘娘傳為中心來考察媽祖傳說〉，李獻章，收入《三教源流搜神大全》，台北：聯經出版事業公司，民國 69 年 7 月初版。

6. 〈四遊記雜識〉，趙景深，收入《四遊記》附錄，台北：河洛出版社，民國 69 年 2 月台初版。

7. 〈西遊記玄奘弟子故事之演變〉，陳寅恪，收入《陳寅恪先生全集》（下），台北：九思出版社，民國 66 年三版。

8. 〈敦煌所發現的佛經講唱文〉，Richards E. Stassberg 著，張芬齡譯，收入《中國文學論叢》，台北：學生書局，民國 74 年。

9. 〈搜山圖〉，金維諾，收入《中國美術史論集》，台北：明文書局，民國 73 年 10 月初版。

10. 〈灌口氐神考〉，李思純，收入《江村十論》，台北：弘文館出版社，民國 74 年 11 月初版。

## （十二）期　刊

1. 〈二王廟非二郎廟辨〉，呂佛庭，《中央日報副刊》，民國 56 年 7 月 27 日。

2. 〈二郎〉，衛聚賢，《說文月刊》三卷九期。

3. 〈二郎神考〉，容肇祖，《民俗週刊》第六十一、六十二期。

4. 〈二郎神考〉，陳墨香，《劇學月刊》二卷十二期。

5. 〈二郎神的轉變〉，樊縯，《民俗週刊》第六十一、六十二期。

6. 〈二郎與大郎〉，王元輝，《四川文獻》第五十八期。

7. 〈二郎神與獵人星〉，蘇雪林，《四川文獻》第六十四期。

8. 〈二郎廟即二王廟〉（上、下），毛一波，《中央日報副刊》，民國 56 年 8 月 12～13 日。

9. 〈二郎神傳說補考〉，王秋桂，《民俗曲藝》第二十二期。

10. 〈二郎神變二郎神〉，毛一波，《台灣風物》十七卷四期。

11. 〈九歌中的水神與華南的龍舟賽神〉，文崇一，《中研院民族所集刊》第十一期。

12. 〈上古語法札記〉，周法高，《中研院史語所集刊》二十二冊。

13. 〈大禹與李冰治水的關係〉，黃芝崗，《說文月刊》三卷九期。

14. 〈中國的地方傳研究〉，鍾敬文，《民俗學集鐫》第一期。

15. 〈中國戲劇源於宗教祀典考〉，龍彼得著，王秋桂、蘇友貞譯，《中外文學》七卷十二期。

16. 〈四川治水者與水神〉，林名均，《說文月刊》三卷九期。

17. 〈古代巴蜀與中原關係說及其批判〉，顧頡剛，《齊魯、華西、燕京大學中國文化研究彙刊》一冊。

18. 〈四遊記的明刻本〉，柳存仁，《新亞學報》五卷二期。

19. 〈古劇中的二郎神〉，陳萬鼐，《中央日報副刊》，民國 56 年 8 月 10 日。

20. 〈古籍神秘性編撰型式補證〉，楊希枚，《國立編譯館館刊》一卷三期。

21. 〈曲牌上的二郎神〉，錢南揚，《民俗週刊》第八十六至八十九期合刊。

22. 〈李冰與二郎神〉，楊向奎，《責善半月刊》一卷十九期。

23. 〈李冰與二郎神〉，桑秀雲，《中研院成立五十週年紀念論文集》。

24. 〈佛教故實與中國小說〉，臺靜農，《東方文化》十三卷一期。

25. 〈毘沙門天王父子與中國小說之關係〉，柳存仁，《新亞學報》三卷二期。

26. 〈從方志記載看近代四川的宗教與禮俗〉，呂實強，《漢學研究》三卷二期。

27. 〈華光的傳說與送火的風俗〉，劉萬章，《民俗週刊》第四十一至四十二合期。

28. 〈略論中國古代神秘數字〉，楊希枚，《大陸雜誌》四十四卷五期。

29. 〈搜山圖的探索〉，李霖燦，《大陸雜誌》二十六卷十一期。

30. 〈跋四遊記本的西遊記傳〉，胡適，《國立北平圖書館館刊》五卷三期。

31. 〈跋銷釋眞空寶卷〉，胡適，《國立北平圖書館館刊》五卷三期。

32. 〈試論傳說材料的整理與傳說時代的研究〉，徐炳昶，《史學集刊》第五期。

33. 〈談二郎神〉，蘇雪林，《四川文獻》第六十三期。

34. 〈論九歌少司命〉，蘇雪林，《師大學報》一期。

35. 〈樂神一考〉，鄭正浩著，吳文理譯，《民俗曲藝》第二十三、二十四合期。

36. 〈誰是梨園行祖師爺〉，敖鳳祥，《台灣新生報》，民國 51 年 5 月 13、14、16 日六版。

37. 〈關於二郎神的誕日〉，葉德均，《民俗週刊》第八十一期。

38. 〈灌口孽龍故事〉，綠蘿，《民俗週刊》第一○二期。

# 二、日　文

## （一）專　書

1. 《中國の民間信仰》，澤田瑞穗，東京：工作舍，民國 71 年。

2. 《中國祭祀演劇研究》，田仲一成，東京：東京大學東洋文化研究所，民國 70 年。

3. 《孫悟の誕生》，中野美代子，町田：玉川大學，民國 69 年。

## （二）期　刊

1. 〈二郎神考〉，吉田隆英，《東洋學集刊》第三十三期。

2. 〈二郎神傳說について〉，内田道夫，《漢學會雜誌》八卷三期。

3. 〈元曲に見ゆる二郎神と泰山の神に就て〉，上村幸次，《大谷學報》十四卷三期。

# 三、西　文

## （一）專　書

1. Glen Dudbridge "Erh-lang shen" in Chapter 9 Monkeys in tsa-chu literatature in The Hsi-yu chi: A Study of Antecedents to the Sixteenth-Century Chinese Novel, Cambridge University press, 1970.

2. Pierre Grimal "Larousse World Mythology" Hamlyn 1977.

## （二）期　刊

1. Carol Stratton "The Paro Tsecha Festival and the Giant Thang-ka Orientations" Vol.17 July 1986.

# 附　圖

附圖 1：救度佛母二十一種禮讚經，四種忿怒像

附圖 2-1：馬頭觀音

附圖 2-2：馬頭明王（左）、十忿怒尊的馬頭明王（右）

附圖 2-3：愛染明王

附圖 2-4：護法尊的代表嘛呵訶羅

附圖 3：趙昱斬蛟

附圖 4：西康戎民古武士歌裝

附圖 5：四川南部彝族所用標槍

附圖 6：西藏武士全套軍裝

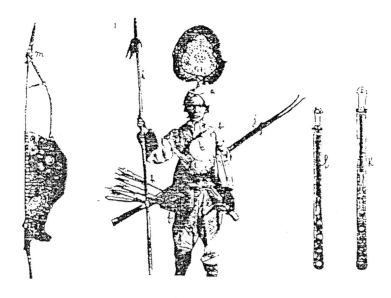

附圖 7：繪圖本南遊記中的華光

附圖 8：山海經中一臂三目的奇肱國人

附圖 9：摩醯首羅天

附圖 10-1：溼婆神石雕像

附圖 10-2：溼婆神

附圖 11：搜山圖（南宋・梁楷繪）

附圖 12-1：雷　祖

附圖 12-2：雷震子

附圖 13-1：五顯華光帝像

附圖 13-2：靈官馬元帥

附圖 14-1：藥師十二神將圖中的摩睺羅

附圖 14-2：醍醐本藥師十二神將圖中的摩睺羅

附圖 14-3：醍醐本藥師十二神將圖中的摩睺羅

附圖 14-4：醒醐本藥師十二神將圖中的摩睺羅

附圖 14-5：清刊本西遊真詮圖中，帶犬的二郎真君

附圖 15：二王廟山門

▲二王廟又名崇德廟，在四川灌縣，奉祀著追捕孫悟空的主要天將二郎眞君。二王廟開基
於西元五世紀末葉，由此處可俯視岷江。聯云：「恢拓禹功名父子，創開天府古神仙。」

附圖 16：四川灌縣的二王廟（原名為崇德廟）

### 附圖 17：二王廟琉璃寶塔

▲悟空逃到灌江口的二郎眞君廟，搖身一變
　爲二郎眞君模樣，堂而皇之的進入廟裏。

### 附圖 18：二王廟

▲在四川省灌縣，廟內供有李冰父子神像

附圖 19：二王廟中的李冰、李二郎像

附圖 20：潮州韓江劇團的戲神——田元帥

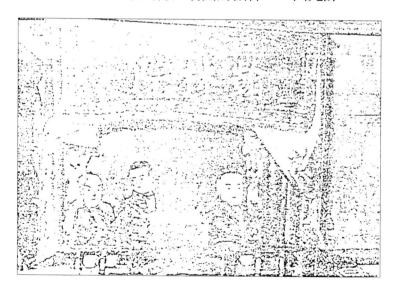

# 附　表

附表一：「二郎廟」表

轉載自毛一波〈二郎神變二郎神〉一文，據《古今圖書集成‧方輿彙編‧職方典》所整理。

| 表　號 | 府 | 縣 | 紀　　　　事 | 備　　註 |
|---|---|---|---|---|
| 1 | 豫歸德 | 鹿　邑 | 在城內水橋巷。 | 《職方典》卷三九五 |
| 2 | | 夏　邑 | 在縣南門外，爲水所沒，基址猶存。 | 《職方典》卷三九五 紀事錄集成 |
| 3 | | 永　城 | 在縣北門外寇毀（此條標目灌口二郎廟，灌口二字，他條所無）。 | 原文，各條原文俱有「二郎廟」字樣，概從略 |
| 4 | | 睢　州 | 在老君堂西，今移南門月城內。 | |
| 5 | | 考　城 | 在縣治西北，明正德八年知縣黃雄重建，以關張二將並之。當流賊王鑌攻城急，人心惶懼，忽見二郎衣黃衣，牽白犬，在城上往來，賊遂解去。人感其靈，至今香火不絕。後被寇焚，今移於關聖廟內並漢車騎將軍同祀。 | |
| 6 | 衛　輝 | 本　府 | 在府城南關八蠟廟東。 | 《職方典》卷四一一 |
| 7 | 懷　慶 | 濟　源 | 在南門外西。 | 《職方典》卷四二○ |
| 8 | | 府　城 | 在府城西關，祀隋灌州刺史楊煜。煜嘗斷蛟，築堤以防水患，故民爲立廟焉。 | |
| 9 | 河　南 | 鞏　縣 | 在縣北。 | 《職方典》卷四三三 |
| 10~11 | | 宜　陽 | 一在西官莊，一在王燿村由阜。 | 《職方典》卷四五七 |
| 12 | 南　陽 | 泌　陽 | 在王家店。 | 《職方典》卷四五七 |
| 13 | 汝　寧 | 府　城 | 在府城西關，即蜀嘉州太守趙昱，以能除水患故前代建此。 | 《職方典》卷四七四 |

| 14 | 汝　州 | 魯　由 | 在縣西關。 | 《職方典》卷四八四 |
|---|---|---|---|---|
| 15～16 | | 郟　縣 | 凡兩處，一在縣治東南，一在北甕城內（三郎廟凡兩處一在縣治東南一在縣治東北，此條錄作參考）。 | |
| 17 | 陝西安 | 三　原 | 在龍橋北永清坊元至正二十四年重修。 | 《職方典》卷五〇四 |
| 18 | 鳳　翔 | 本　府 | 在府城東八里。 | 《職方典》卷五二五 |
| 19 | | | 在府城南。 | |
| 20 | | 扶　風 | 在縣北一里。 | |
| 21～22 | 漢　中 | 本　府 | 有二一在府治東三里，一在府治西二里。神姓張名嘉字伯達，漢天師七代孫。唐肅宗時爲雲居宰，有功於漢，民思而祀之。 | 《職方典》卷五三一 |
| 23 | 延　安 | 安　塞 | 順惠王廟，在城西五十里，祀宋李顯忠。明英宗夢一金甲人嘗護衛，問：「何人？」對曰：「宋大將李顯忠也。現居保安。」後勑封順惠大王。命保安、安定、安塞歲時致祭。其子二郎廟在保安馬頭山，三郎廟在安定東山清澗九十里，後坪亦有廟。二郎廟在馬頭山之東，封號波海即順惠王之次子，祈雨響應。三郎廟在縣東山，順惠王之三子。 | 《職方典》卷五四六 |
| 24 | | 保　安 | | |
| 25 | | | | |
| 26 | 鞏　昌 | 岷州衛 | 與東嶽廟近。 | 《職方典》卷五六一 |
| 27 | 臨　洮 | 本　府 | 在城東二十里。 | 《職方典》卷五六八 |
| 28 | | 蘭　州 | 在五泉西。 | |
| 29 | | 河　州 | 在州西原。 | |
| 30 | 慶　陽 | 眞　寧 | 在縣後城。 | 《職方典》卷五七二 |
| 31 | 川成都 | 本　府<br>仁　壽 | 在城東祀李冰之子。<br>在縣治東，俱秦李冰子，冰有功於蜀，故其子皆崇祀焉。今廢。 | 《職方典》卷五九〇 |
| 32 | | 灌　縣 | 崇德廟在縣治西三里，祀蜀守李冰。皇清巡撫張德地捐金重修。知府冀應熊於廟中書有「澤被民生」四字於碣（灌縣獨無二郎廟之稱，眾稱之灌口二郎廟是否即此，謹錄呈參考）。 | |
| 33 | 保　寧 | 蒼　溪<br>通　江 | 一在槐樹壩一在劍州界。<br>二王廟，在治東，崇祀關張二王（先生大作說及二王此雖無關而名涉焉因錄以呈）。 | 《職方典》卷五九九 |
| 34 | 龍　安 | 本　府 | 在舊青川所城內。 | 《職方典》卷六二〇 |

| 35 | 潼川州 | 遂　寧 | 在治東郭，祀蜀守李冰之子。 | 《職方典》卷六二二 |
|---|---|---|---|---|
| 36 | 嘉定州 | 本　州 | 二郎東嶽廟亦祀東嶽。 | 《職方典》卷六二九 |
| 37 | 瀘　州 | 本　州 | 在治東，祀秦李冰之子。 | 《職方典》卷六三五 |
| 38 | 江　南<br>江　寧 | 本　府 | 在西華門大街巷內祈禱靈驗順治己亥馬鳴佩建痘神廟於旁（按溧陽縣有三郎廟按記錄與本題無關，不錄）（溧水縣有七郎廟亦然）。 | 《職方典》卷六六〇 |
| 39 | 蘇　州 | 常　熟 | 二郎廟在介福門內，即府城清源妙道眞君祠。趙昱初隱青城山，徵爲嘉州守，隋末棄官去。會嘉州江漲，蜀人見青霧中白馬乘流而過，乃昱也。因立廟灌江，稱灌口二郎神。唐太宗不豫，禱于神，疾瘳，封大將軍。明皇時，進封王。宋眞宗時改封「眞靈」。寧宗開禧中，和州寇警。守臣夢白袍神謂曰：「吾、隋人趙昱也，陰爲子助之（據博縣典第三十九卷引《常熟縣志》，記與此同，當益之上有「子」字，揆意有子字意歟）。當益奮！」屢戰，見神光燭塞前，躍白馬空中如夢狀。獲破石矻樁。寇大創，引去。和州始安，江淮無恙。守臣以狀聞，封爲王。今本邑以神平水患，凡遇水旱，請禱輒應。<br>同卷蘇州本府「清源妙道眞君祠」條云：「清源妙道眞君祠在鬥門門內西營。神姓趙名昱，灌州人。隋大業中，召爲嘉州守。曾握劍入江斬蛟除害。後嘉州江水汎溢，神顯蹟平之：星幢羽蓋，出入江波間。當時神其事，累封神勇大將軍赤城王。宋眞宗時進今封。郡中患瘍者，禱之輒應。相傳六月二十四日爲神生辰，傾城奔赴，以祈靈既。今婁門平江路新創一祠亦云禱應。」似有所出入。 | 《職方典》卷六七七 |

## 附表二：二郎神傳說歷代演變簡表

| | 二 郎 神 傳 說 | 龍門鎖水怪 | 劈　山 | |
|---|---|---|---|---|
| 東　周 | | 《左傳》（鄭大水，龍門於石門之有淵） | | |
| 漢 | 《史記》（秦蜀守李冰興水利）<br>《漢書》（大略同於《史記》）<br>《蜀王本紀》（李冰以五石犀厭水精）<br>《風俗通義》（李冰化牛入水與江神相鬥） | | 〈西京賦〉〈河東賦〉（巨靈劈華岳） | |
| 魏 | 《水經注》（李冰操刀入水與江神相鬥） | | | |

| | | | | |
|---|---|---|---|---|
| 晉 | 《華陽國志》（李冰以五石犀厭水怪，又操刀與水神門。作三石人立水中，與神要約：水竭不至足，盛不沒肩。） | | | |
| 南北朝 | 北齊時建崇德廟祀李冰 | | | |
| 唐 | 《成都記》（江神爲龍，化爲牛，李冰亦化爲牛與之相門。李冰後化龍再度與江神門於灌口。） | 僧伽西來，入寂後稱泗州大聖。《古岳瀆經》（禹鎖無支祈） | | 教坊記（二郎神曲） |
| 五代 | 《錄異記》（李冰顯靈護水堰） | | | |
| 北宋 | 《蜀檮杌》（後蜀宮廷演二龍相門武劇，灌口鎖龍處震撼）二郎神之名產生歐陽修，〈程琳墓誌銘〉（蜀妖人自稱李冰神子）張商英，元祐初建三郎廟記（李冰其子二郎以靈化顯）趙昱封清源妙道眞君。 | 僧伽是觀音的化身蘇軾，〈塗山詩〉（川鎖支祈水尚渾） | | 二郎神爲詞牌名 |
| 南宋 | 二郎神與清源妙道眞君混合爲一神楊无咎詞（壽清源生辰，寫灌口擒龍事）《夢梁錄》（二郎神即清源眞君）《輿地紀勝》（清源眞君蓋灌口神王）《龍城錄》（趙昱除蛟爲灌口神）《獨醒雜志》（李冰父子鎖孽龍）《茅亭客話》（李冰化爲大蛇護水堰）七聖在民俗活動中出現 | 《楚辭辯證》（僧伽降無支祈）《輿地紀勝》（泗州僧伽降水母） | 宋元戲文（劉錫沈香太子） | 宋雜劇（二郎熙州，鵬打兔變二郎，二郎神變二郎神） |
| 金 | | | | 金院本（迓鼓二郎、變二郎囊） |
| 元 | 《三教源流搜神大全》（清源妙道眞君即灌口神，名趙昱，其友七人隨之入水斬蛟，即七聖。攜鷹犬彈弓、獵者裝扮） | 雜劇（鎖水母）（洢水母） | 雜劇（巨靈神劈華山）（沈香太子劈華山） | 雜劇（二郎神醉射鎖魔鏡）（唐三藏西天取經，二郎神收伏孫行者） |
| 明 | 趙昱爲清源妙道眞君、二郎神（善變化，本領高強，用三尖兩刃刀，帶細犬，七聖爲部將）楊戩爲清源妙道眞君（具七十二變能力，有哮天犬，七聖隨行，生有三昧火眼，曾劈山救母） | | 傳奇（華山緣） | 雜劇（二郎神斬健蛟）（二郎神鎖齊天大聖）（西遊記）小說（西遊記傳）（封神演義）（西遊記）寶卷（清源妙道顯聖二郎寶卷） |
| 清 | 二郎神楊戩（承襲明代小說中的一切描述，在地方傳聞及通俗信仰中，是一位三眼神明） | | 寶蓮燈系列民間說唱（沈香劈山救母，二郎神執法阻之） | 太平歌詞（二郎劈山救母） |